La lentitud como método

CARL HONORÉ

LA LENTITUD COMO MÉTODO

*Cómo ser eficaz y vivir mejor
en un mundo veloz*

Traducción de
JULIA ALQUÉZAR

RBA BOLSILLO

Algunos nombres en este libro han sido cambiados
para proteger la privacidad de las personas.

Título original inglés: *The Slow Fix*.

© Carl Honoré, 2013.
© de la traducción: Julia Alquézar, 2013.
© de esta edición: RBA Libros, S.A., 2019.
Avda. Diagonal, 189 - 08018 Barcelona.
rbalibros.com

Primera edición: marzo de 2013.
Primera edición en RBA Bolsillo: junio de 2019

REF.: OBOL376
ISBN: 978-84-9187-343-3
DEPÓSITO LEGAL: B.13.231-2019

PLECA DIGITAL · PREIMPRESIÓN

Impreso en España · *Printed in Spain*

A MIRANDA, BENJAMIN Y SUSANNAH

No se puede resolver un problema
a partir de la misma conciencia que lo creó.
Hay que aprender a ver el mundo como si fuera nuevo.

ALBERT EINSTEIN

CONTENIDO

introducción

LA CUERDA ANDON

> ¡Cuán pobres son aquellos que no tienen paciencia!
> ¿Hay herida que sane de otra manera que no sea
> poco a poco?
>
> WILLIAM SHAKESPEARE

En una pequeña habitación sin ventanas, en una pequeña clínica del sur de Londres, está a punto de empezar un ritual familiar. Llamémoslo Hombre que visita a un Especialista para Tratarse su Dolor de Espalda.

Puede que reconozca la escena: las paredes blancas están desnudas aparte de un póster anatómico y unas cuantas huellas emborronadas. De una bombilla del techo emana una luz fluorescente. Un tenue olor a desinfectante flota en el aire. En un carrito junto a la camilla de tratamiento hay agujas de acupuntura colocadas como las herramientas de un torturador medieval.

Hoy, soy el hombre que busca alivio para el dolor de espalda. Boca abajo en la camilla, mirando a través de un anillo de espuma envuelto en papel, veo el dobladillo de una bata blanca arrastrándose por el suelo. Pertenece al doctor Woo, el acupuntor. Aunque está a punto de jubilarse, sigue moviéndose con la gracia ligera de una gacela. Para la muchedumbre dolorida que aguarda en la sala de espera es el estandarte de los beneficios de la medicina tradicional china.

El doctor Woo está plantando un pequeño bosque de agujas a lo largo de mi columna. Cada vez que me pincha la piel, suelta un gruñido amortiguado de triunfo. Y cada vez la sensación es la misma: un cosquilleo de calor seguido por una contracción extrañamente placentera del músculo. Me quedo quieto, como una mariposa rendida ante un coleccionista victoriano.

Después de insertar la aguja final, el doctor Woo baja las luces y me deja a solas en la penumbra. A través de las paredes delgadas, lo oigo charlando con otro paciente, una mujer joven, sobre sus problemas de espalda. Más tarde, regresa para extraerme las agujas. Mientras volvemos a la zona de recepción noto que mi ánimo va mejorando. El dolor ha cesado y puedo mover el cuerpo con entera libertad, pero el doctor se muestra prudente.

—No se deje llevar —dice—. La espalda es complicada y necesita tiempo para curarse adecuadamente, así que debe ser paciente. —Asiento, mientras aparto la mirada y entrego mi tarjeta de crédito. Ya sé lo que viene a continuación—: Debería someterse, al menos, a cinco sesiones más —sentencia.

Mi respuesta es la misma que la última vez, la misma de siempre: concertar una nueva cita, mientras que, en secreto, planeo cancelarla.

Dos días después, como siempre, mi espalda ha mejorado lo suficiente como para cancelar la siguiente visita, y además tengo la petulante sensación de que estoy ahorrando tiempo, molestias y dinero. De todos modos, ¿quién necesita múltiples sesiones de acupuntura? Con una ya vuelvo a estar en plena forma.

¿O tal vez no? Tres meses después vuelvo a estar en la camilla del doctor Woo, y en esta ocasión el dolor me baja por las piernas. Me duele incluso tumbado en la cama.

Ahora le llega el turno al doctor Woo de ser condescendiente. Mientras prepara sus agujas, me comenta que la impaciencia es la enemiga de la buena medicina, y después, me dice algo más personal:

—Alguien como usted no va a mejorar nunca —me dice, con más lástima que enfado—, porque es de esas personas que quiere solucionar rápidamente sus problemas de espalda.

Ay.

Su diagnóstico da en el clavo. No solo soy culpable de todos los cargos (llevo veinte años buscando soluciones rápidas para resolver mis problemas de espalda), sino que, además, a estas alturas, debería haberme aprendido la lección. Después de todo, viajo por todo el mundo dando conferencias sobre lo maravilloso que es ir con calma, tomarte tu tiempo, y no hacer las cosas lo más rápidamente posible sino lo mejor que se pueda. Incluso he predicado las virtudes de la lentitud en congresos médicos. Sin embargo, aunque la desaceleración ha transformado mi vida, el virus de la prisa, evidentemente, sigue corriendo por mis venas. Con precisión quirúrgica, el doctor Woo ha puesto el dedo en la llaga de una verdad incómoda que he evitado durante años: cuando se trata de curarme la espalda, sigo siendo un adicto a las soluciones rápidas.

Mi historial médico parece un periplo sin fin. A lo largo de las últimas dos décadas, una procesión de fisioterapeutas, masajistas, osteópatas y quiroprácticos han retorcido, hecho crujir y estirado mi espalda. En sesiones de aromaterapia, me han frotado la región lumbar inferior con abedul y manzanilla azul. Los reflexólogos han trabajado en los puntos de presión conectados con la espalda en la planta de mis pies. He llevado una abrazadera, he engullido analgésicos y relajantes musculares, y me he gastado una pequeña fortuna en sillas ergonómicas, en plantillas y en colchones ortopédicos. Piedras calientes, ampollas calientes, corrientes eléctricas, esterillas de calor y bolsas de hielo, cristales, reiki, ultrasonidos, yoga, técnica Alexander y Pilates; sí, he pasado por todas y cada una de esas cosas. Incluso visité a un curandero brasileño.

Hasta ahora, nada ha funcionado. Por supuesto, durante todos estos años ha habido momentos de alivio a lo largo del camino, pero después de dos décadas de tratamientos sigue doliéndome la espalda, e incluso empeora.

Quizá todavía no he encontrado la cura adecuada para mí. Al fin y al cabo, otros han superado el dolor de espalda con técnicas de mi plan de tratamiento, e incluso me recomendaron encarecidamente al curandero brasileño. O quizás, y eso me parece mucho más razonable, el doctor Woo tenga razón. En otras palabras, busco soluciones rápidas para el dolor de espalda, y me centro en los síntomas sin llegar hasta la raíz del problema, lo que tiene como resultado un alivio temporal, y que me irrite cuando dejo de hacer progresos, o que tenga que esforzarme más, hasta que paso al siguiente tratamiento; vamos, como una persona que vigila continuamente su peso y salta de una dieta a la otra. El otro día vi un enlace a una página web en la que se anunciaba que la terapia de imanes era una panacea para el dolor de espalda. Lo primero que pensé no fue: «Claro, y las vacas vuelan», sino: «¿Pueden hacerme eso en Londres?».

Este libro no es un diario sobre mis problemas de espalda. No hay nada más tedioso que escuchar a los demás quejarse de sus achaques y dolencias. Si creo que vale la pena explorar mi batalla perdida con la región lumbar es porque señala un problema mucho mayor que nos afecta a todos. Seamos honestos: no soy el único que busca resultados inmediatos. En todos los aspectos de la vida, desde la medicina y las relaciones hasta los negocios y la política, todos estamos enganchados a la solución fácil.

Buscar atajos no es nada nuevo. Hace dos mil años, Plutarco denunció al ejército de curanderos que engatusaban a los crédulos ciudadanos de la antigua Roma con curas milagrosas. A finales del siglo XVIII, las parejas que no eran fértiles hacían cola con la esperanza de concebir en la legendaria Cama Celestial de Londres. El dispositivo amoroso prometía música suave, un espejo montado en el techo y un colchón relleno de «trigo nuevo dulce o avena sativa, mezclada con bálsamo, pétalos de rosa y flores de lavanda, así como crines de las colas de los mejores sementales de Inglaterra». Se suponía que una corriente eléctrica generaba un campo magnético «calculado para dar el grado necesario de fuerza y esfuerzo para los nervios». La promesa: una concepción instantánea. El coste de una noche de torpes maniobras fértiles: 3.000 libras actuales.

Hoy en día, no obstante, la solución rápida se ha convertido en norma en todos los ámbitos de nuestra cultura desbocada, a la carta y del mínimo esfuerzo. ¿Quién tiene el tiempo o la paciencia para efectuar una reflexión aristotélica o para pensar a largo plazo? Los políticos necesitan resultados antes de las siguientes elecciones, de la próxima conferencia de prensa. A los mercados les da un ataque de pánico si las empresas que se tambalean o los gobiernos inestables no consiguen darles un plan de acción inmediato. Las páginas web están repletas de anuncios que prometen soluciones rápidas a cualquier problema que Google conozca: un remedio de hierbas para reactivar tu vida sexual, un vídeo para perfeccionar tu *swing* de golf o una aplicación para encontrar al hombre de tus sueños. En los viejos tiempos, las protestas sociales conllevaban llenar sobres, ir a manifestaciones o asistir a reuniones en los ayuntamientos. Ahora muchos de nosotros nos limitamos a pinchar «Me gusta» o escribimos un tuit de apoyo. Por todo el mundo se presiona a los médicos para que curen rápidamente a los pacientes, lo que a menudo significa que tengan que recurrir a una pastilla, que es la solución rápida por excelencia. ¿Te sientes triste? Prueba el Prozac. ¿Te cuesta concentrarte? Únete al equipo de Ritalin. En la inacabable búsqueda de un alivio instantáneo, un británico medio toma, según una estimación, 40.000 pastillas a lo largo de una vida.[1] Ciertamente no soy el único paciente impaciente en la sala de espera del doctor Woo.

—La forma más fácil de hacer dinero hoy en día no es curar a la gente —me dice—, sino venderles la promesa de una curación instantánea.

De hecho, gastar dinero se ha convertido en una solución fácil por sí misma, puesto que se ha promovido la idea de que arrasar en los centros comerciales es la manera más rápida de levantar un estado de ánimo hundido. Bromeamos sobre las compras impulsivas mientras enseñamos nuestro nuevo par de zapatos Louboutin, o la última funda de iPad. Las empresas dedicadas a la dietética han convertido la solución fácil en toda una forma de arte. «¡Consiga un cuerpo perfecto para lucir biquini en una sola semana! —grita el anuncio—. Pierda 5 kilos... ¡en SOLO 3 días!».

Incluso puedes recurrir a una solución fácil para arreglar la vida social. Si necesitas un compañero de entrenamiento para el gimnasio, un padrino para tu boda o un tío amable para animar a tus hijos el día de un partido, o si solo quieres un hombro sobre el que llorar, puedes recurrir a agencias de alquiler de amigos. La tarifa media para alquilar un colega con el que dar una vuelta por Londres es de 6,50 libras la hora.

Todas las soluciones rápidas susurran la misma promesa seductora de obtener el máximo resultado por el mínimo esfuerzo. El problema es que esa ecuación no funciona. Piénselo por un momento. ¿Adorar el altar de la solución rápida nos hace más felices, más sanos y más productivos? ¿Sirve para encarar los retos épicos a los que se está enfrentando la humanidad a principios del siglo XXI? ¿Realmente hay una aplicación informática para todo? Por supuesto que no. Intentar resolver los problemas a toda prisa, ponerse una tirita cuando lo que se necesita es cirugía puede que proporcione un respiro temporal, pero por lo general conlleva que más adelante tengamos que enfrentarnos a problemas peores. La verdad, dura e inapelable, es que una solución rápida nunca arregla nada en realidad. Y a veces no hace más que empeorar las cosas.

Hay pruebas por todas partes. Aunque nos gastamos miles de millones de libras en productos dietéticos que nos prometen unos muslos a lo Hollywood y unos abdominales dignos de *Men's Health* a tiempo para el verano, la cintura de la gente por todo el mundo no deja de ensancharse. ¿Por qué? Pues porque no hay nada parecido a un consejo que permita mantener una barriga plana. Los estudios académicos demuestran que la mayoría de las personas que pierden peso con dietas lo recuperan todo, y a menudo lo aumentan, en los primeros cinco años.[2] Incluso la liposucción, la opción por excelencia en la carrera por tener unos brazos delgados, puede volverse en contra. La grasa aspirada de los muslos de una mujer y del abdomen suele resurgir al cabo de unos años[3] en alguna otra parte de su cuerpo y dar como resultado unos brazos fofos, por ejemplo, o lorzas en los hombros.

A veces, la solución rápida puede ser peor que no hacer nada en absoluto. Echemos un vistazo a la «terapia de un día de compras». Comprar el último bolso de Louis Vuitton puede hacer mejorar tu humor, pero el efecto suele ser pasajero. Al cabo de poco tiempo, vuelves a encontrarte comprando de nuevo por Internet o en el centro comercial en busca de nuevas emociones, mientras facturas sin abrir se amontonan en el buzón.

Veamos el daño que causa nuestra adicción a las píldoras. Hay estudios que sugieren que cerca de dos millones de estadounidenses abusan de los medicamentos con prescripción médica,[4] y que se producen más de un millón de hospitalizaciones cada año por efectos secundarios de la medicación.[5] La sobredosis por pastillas legales es ahora la principal causa de muerte accidental en Estados Unidos, donde el mercado negro de medicamentos difíciles de conseguir ha provocado un gran aumento de los robos a mano armada en las farmacias. Incluso las unidades de neonatología informan de un incremento en el número de bebés nacidos de madres adictas a los analgésicos. Y no es una visión agradable: los recién nacidos que sufren el síndrome de abstinencia gritan, tienen espasmos y vomitan, se frotan la nariz hasta dejársela en carne viva, y tienen problemas para comer y respirar.

Desde luego, no se pueden resolver los problemas difíciles nada más que con dinero. En un intento de mejorar sus deficientes escuelas públicas, la ciudad de Nueva York empezó a vincular la paga de los profesores a los resultados de sus alumnos en 2008.[6] Después de desembolsar más de cincuenta y cinco millones de dólares a lo largo de tres años, los encargados desestimaron el proyecto porque no se hallaron diferencias en los resultados de los exámenes ni en los métodos de enseñanza. Resulta que reflotar una escuela que hace aguas, como se verá más adelante en este libro, es mucho más complicado que limitarse a repartir unos cuantos incentivos económicos.

Incluso en el mundo de los negocios, donde la velocidad suele ser una ventaja, nuestra afición a las soluciones rápidas tiene consecuencias perjudiciales. Cuando las empresas se meten en arenas movedizas, o se las presiona para reducir las pérdidas o revalorizar el precio de las acciones, la respuesta automática suele ser una reducción de plantilla. Sin embargo, los recortes de personal hechos a toda prisa raramente salen a cuenta. Pueden vaciar una empresa, desmoralizar a los trabajadores que se quedan, y ahuyentar a los clientes y a los proveedores. A menudo, los problemas de base ni se tocan. Después de revisar concienzudamente treinta años de estudios longitudinales y transversales, Franco Gandolfi, profesor de Dirección de Empresas, llegó a una conclusión tajante: «El resultado global de los recortes de plantilla es que producen efectos financieros negativos».[7]

El auge y caída de Toyota es una historia con moraleja. El fabricante japonés de coches conquistó el mundo buscando obsesivamente las fuentes de los problemas para resolverlos. Cuando algo iba mal en la cadena de montaje, incluso el obrero con la menor responsabilidad podía tirar de un cordón, conocido como la cuerda Andon, que activaba un timbre y encendía una bombilla roja sobre ellos. (*Andon* significa «lámpara de papel» en japonés.) Como niños pequeños, los empleados se preguntaban: «¿Por qué, por qué, por qué?» una y otra vez, hasta llegar a la raíz del problema. Si resultara que este era serio, podrían llegar a parar toda la producción. No se detenían hasta encontrar una solución permanente.

Sin embargo, todo cambió cuando Toyota se embarcó en una carrera precipitada para convertirse en el constructor de coches número uno del mundo. La dirección se vio abrumada, perdió el control de la cadena de montaje e hizo caso omiso de los avisos de la planta de producción. Empezaron a apagar fuegos sin haberse preguntado antes qué los originaba.

Resultado: una retirada de más de diez millones de vehículos defectuosos que destrozaron la reputación de la firma, costaron miles de millones de dólares en ingresos y desencadenaron una oleada de demandas legales. En 2010, Akio Toyoda, el escarmentado presidente de la compañía, explicó al Congreso de Estados Unidos la caída en desgracia de Toyota: «Perseguimos el crecimiento a una velocidad por encima de la que nuestros trabajadores y nuestra organización podían asumir». Traducción: dejaron la cuerda de Andon y cayeron en las soluciones rápidas.

Puede verse la misma insensatez en el deporte profesional. Cuando un equipo sufre un bajón, y el clamor por un giro radical llega al paroxismo en las gradas y en los medios de comunicación, los responsables siempre echan mano de la solución más vieja del manual: despedir al entrenador y contratar uno nuevo. Como el mundo se ha vuelto más impaciente, la lucha por conseguir resultados en el campo se ha vuelto más frenética. Desde 1992, el promedio de tiempo que un entrenador de fútbol profesional se mantiene en Inglaterra en un equipo ha caído de los tres años y medio al año y medio. En las categorías inferiores, la norma ahora va de seis meses a un año. No obstante, convertir el puesto de entrenador en una puerta giratoria es un modo equivocado de dirigir un equipo.[8] Una investigación académica demuestra que la mayoría de los entrenadores nuevos solo proporcionan un pequeño periodo de luna de miel de mejores resultados. Después de una docena de partidos, el rendimiento del equipo suele ser el mismo, o peor, de lo que era antes de que se produjera el cambio, igual que las personas a dieta que recuperan kilos después de saltársela.

Se ven los mismos errores en la guerra y en la diplomacia. La coalición dirigida por Estados Unidos se equivocó al no apoyar la invasión de Irak en 2003 con unos planes adecuados a largo plazo para reconstruir el país. Así, las tropas occidentales se amontonaron en la frontera. Donald Rumsfeld, el entonces secretario de Defensa de Estados Unidos, recurrió al tópico de que los soldados «estarían en casa por Navidad». Según declaró, la guerra de Irak «podría durar seis días, o seis semanas. Dudo mucho de que llegue a los seis meses». A sus palabras siguieron años de caos, carnicería e insurgencia, que finalizaron con una retirada innoble con el trabajo a medio hacer. En la mordaz jerga de los militares de Estados Unidos, los altos mandos hicieron caso omiso de la regla de oro de las siete Pes: «*Prior Planning and Preparation Prevents Piss-Poor Performance*», es decir, la planificación y la preparación previas evitan una actuación miserable.

Incluso la industria tecnológica, ese tren de alta velocidad, está aprendiendo que no puedes resolver todos los problemas limitándote a introducir más datos y escribiendo mejores algoritmos. Un equipo de especialistas de tecnologías de la información acudió hace poco a la sede central de la Organización Mundial de la Salud en Ginebra con la misión de erradicar enfermedades tropicales como la malaria o el gusano de Guinea. Se produjo un choque de culturas. El departamento de enfermedades tropicales está a años luz de las modernas oficinas de Silicon Valley. Archivadores grises y bandejas para documentos repletas con carpetas amontonadas bordean un pasillo apenas iluminado. En la rendija para las monedas de la máquina de bebidas hay una nota amarillenta en la que puede leerse «Hors Service» (No funciona). Quienes trabajan allí, en oficinas con ventiladores en el techo, tienen el típico aspecto de universitario y llevan sandalias. Parece el Departamento de Sociología de una universidad sin fondos, o algún puesto fronterizo en un país en vías de desarrollo. Como muchos de los expertos de allí, a Pierre Boucher le sorprendió, a la vez que le divirtió, la fanfarronería de los entrometidos informáticos. «Aquellos tipos expertos en tecnología llegaron con sus portátiles y nos dijeron: "Dadnos los datos y los mapas y nosotros os arreglamos el problema" —cuenta, con una sonrisa escéptica—. Pero las enfermedades tropicales son un problema tremendamente complejo que no se puede resolver solo con un teclado».

—¿Hicieron algún avance los superempollones? —pregunté.

—No, ninguno en absoluto —respondió Boucher—. Acabaron yéndose, y nunca más volvimos a saber de ellos.

Bill Gates, el sumo sacerdote de las soluciones a alta velocidad, ha aprendido la misma lección. En 2005 retó a los científicos del mundo a encontrar soluciones a los mayores problemas de salud global en un tiempo récord. La Fundación de Bill y Melinda Gates premió con becas por un valor de 458 millones de dólares a 45 de más de las 1.500 propuestas que los inundaron. Se habló mucho de crear, por ejemplo, vacunas que no necesitaran refrigeración en los siguientes cinco años. Sin embargo, cinco años después, los ánimos se templaron. Incluso los proyectos más prometedores estaban muy lejos de proporcionar soluciones reales. «Pecamos de ingenuos cuando empezamos», admitió Gates.

La moraleja está clara: la solución rápida no es el caballo ganador. *Por sí solo,* ningún algoritmo ha resuelto jamás un problema global de salud. Ninguna compra impulsiva ha dado giro alguno a ninguna vida. Ningún medicamento ha curado jamás una enfermedad crónica. Ninguna caja de bombones ha arreglado jamás una relación rota. Ningún DVD educativo ha transformado a ningún niño en un pequeño Einstein. Ninguna conferencia TED* ha cambiado el mundo. Ninguna guerra relámpago ha acabado con grupo terrorista alguno. Siempre es más complicado que eso.

Con independencia del ámbito que tratemos (salud, política, educación, relaciones, negocios, diplomacia, finanzas o medio ambiente), los problemas a los que nos enfrentamos son más complejos y más apremiantes de lo que lo han sido jamás. Una actuación lamentable ya no nos lleva a ninguna parte. Ha llegado el momento de resistirse a los cantos de sirenas de las soluciones precocinadas y paliativas solo a corto plazo y empezar a arreglar las cosas de la manera adecuada. Necesitamos encontrar una nueva y mejor forma de encarar cada tipo de problema; esto es, necesitamos aprender el arte de la solución lenta.

Ha llegado el momento de definir los términos. No todos los problemas se crean por igual. Algunos pueden arreglarse con una solución rápida y sencilla. Insertando una sola línea de

* Acrónimo de «Tecnología, Entretenimiento y Diseño». Las conferencias TED fueron instituidas en 1984 por Richard Saul Wurman y se celebran con carácter anual desde 1990. Sus temas abarcan un amplio espectro: ciencias, arte y diseño, política, educación, cultura, negocios, asuntos globales, tecnología y desarrollo, y entretenimiento. (*N. de la t.*)

código se puede conseguir que una página web deje de dar problemas a una empresa. Cuando alguien se está ahogando por un trozo de comida atascado en la tráquea, con la maniobra de Heimlich se puede hacer salir el objeto que bloquea la vía y salvarle la vida a la víctima. Sin embargo, en este libro pretendo tratar problemas muy diferentes, donde los parámetros no están claros y pueden variar, donde el comportamiento humano entra en juego, donde incluso puede no existir la respuesta correcta. Pensemos en el cambio climático, la epidemia de obesidad o en una empresa que crece demasiado para su propio bien.

Cuando se trata de problemas así, la solución rápida trata los síntomas en lugar de la causa. Proporciona alivio a corto plazo, en lugar de una cura duradera. No ofrece respuestas para efectos secundarios indeseados. Cada cultura tiene una tradición de soluciones superficiales. Los franceses lo llaman una *solution de fortune*; los argentinos, «atarlo todo con alambre». En inglés, se habla de *band-aid cures* y *duct-tape solutions*. Los finlandeses bromean sobre arreglar un pinchazo con chicle. La palabra hindi *jugaad* significa «resolver problemas» (desde construir coches hasta reparar bombas de agua) usando cualquier cacharro que se tenga a mano. Mi metáfora favorita para hablar de la locura de la solución rápida es la expresión coreana «hacerse pis en una pierna congelada»: la orina templada proporciona un alivio instantáneo, pero, al final, el problema solo empeora porque el líquido se congela y se solidifica sobre la piel.

Así pues, ¿qué es la solución lenta? Esa es la pregunta que responderemos en las siguientes páginas. Sin embargo, resulta ya evidente que se basa en una virtud que escasea hoy en día: la paciencia.

Sam Micklus lo sabe mejor que la mayoría. Es el fundador de la Odisea de la Mente, lo más cercano que existe a unos Juegos Olímpicos de solución de problemas. Cada año, alumnos de 5.000 escuelas de todo el mundo se proponen resolver uno de los seis problemas que el propio Micklus propone. Tal vez se trate de tener que construir una estructura capaz de soportar peso con madera de balsa, crear una obra de teatro en la que una comida se defienda en un supuesto tribunal de la acusación de no ser saludable, o bien retratar el descubrimiento de tesoros arqueológicos del pasado y del futuro. Los equipos se enfrentan en competiciones regionales, y después en nacionales para ganarse un puesto en la final anual mundial. La NASA es el principal patrocinador de la Odisea de la Mente, y envía a algunos empleados en busca de nuevos talentos.

Me encontré con Micklus en las finales mundiales de 2010 en East Lansing, Michigan. Es un profesor jubilado de Diseño Industrial de Nueva Jersey, que ahora vive en Florida, y tiene el aspecto exacto del típico pensionista estadounidense, con zapatos cómodos, pelo canoso y un ligero bronceado. En las finales mundiales, no obstante, rodeado del alboroto de niños disfrazados y haciendo los últimos preparativos para su representación ante los jueces, se muestra tan alegre como un niño la mañana de Navidad. Todo el mundo se dirige a él como doctor Sam.

Durante los treinta años que ha estado al timón de la Odisea de la Mente, Micklus ha observado cómo el culto a la solución rápida ha ido echando raíces en la cultura popular. «El problema real de hoy en día es que ya nadie está dispuesto a esperar —dice—. Cuando le pido a la gente que piense en un problema, aunque sea durante un minuto o dos, desvía la mirada al reloj al cabo de solo diez segundos».

Da un sorbo de agua de una botella de plástico y mira a su alrededor en el enorme gimnasio en el que estamos charlando. Parecen las bambalinas de un musical del West End londinense, con niños yendo de un lado a otro, gritando instrucciones, montando su atrezo y probando flotadores sorprendentemente elaborados. La mirada de Micklus se detiene en un grupo de chicas de once años que luchan por arreglar una cadena defectuosa en su autocaravana casera.

«Incluso aquí, en la final mundial, cuando hablas con las personas que en el futuro estarán más capacitadas para resolver problemas, muchos de los chicos siguen queriendo lanzarse de cabeza con la primera idea que se les ocurre y hacer que funcione de inmediato, pero su primera idea suele no ser la mejor, y pueden tardar semanas o incluso más en encontrar la solución correcta para un problema y llevarla a buen puerto», dice.

Nadie, ni siquiera Micklus, cree que tengamos que resolver cada problema lentamente. Hay veces que, como cuando hay que curar a un soldado en el campo de batalla, por ejemplo, o enfriar un reactor nuclear dañado en Japón, sentarse a rascarte la barbilla y a sopesar el panorama en su conjunto y a largo plazo no es una opción. En esos casos, debes ponerte en plan MacGyver, coger la cinta de embalar y apañar una solución que sirva para ese mismo momento. Cuando en 1970 los astronautas del *Apolo 13* comunicaron a Houston que tenían un «problema», los cerebritos que controlaban la misión de la NASA no se embarcaron en una investigación completa para averiguar qué causó la explosión en los tanques de oxígeno en la nave espacial. En cambio, se remangaron y trabajaron contrarreloj para hallar una solución rápida y sucia que modificara los filtros de dióxido de carbono para que los astronautas pudieran usar el módulo lunar como bote salvavidas. En cuarenta horas, los encargados de resolver problemas de Houston dieron con una ingeniosa solución usando materiales que había a bordo de la nave:[9] cartón, mangas de trajes, bolsas de plástico de almacenamiento, e incluso cinta de embalaje. No fue un arreglo permanente, pero permitió que la tripulación del *Apolo 13* volviera a salvo a casa. Después, la NASA tiró de la cuerda Andon, y dedicó miles de horas a averiguar exactamente qué había fallado en esos tanques de oxígeno, y a diseñar una solución lenta para asegurarse de que nunca volvieran a explotar.[10]

Y, sin embargo, ¿cuántos de nosotros seguimos el ejemplo de la NASA? Cuando una solución rápida alivia los síntomas de un problema, como hizo la sesión de acupuntura con mi espalda, nuestro deseo de tirar de la cuerda Andon suele desvanecerse. Después de que un maremoto de deuda tóxica sacudió los cimientos de la economía mundial en 2008, los gobiernos de todo el mundo se apresuraron a reunir rescates por un valor de más de cinco billones de dólares. Esa fue la solución rápida necesaria. Sin embargo, una vez que la amenaza de una crisis mundial retrocedió, también lo hizo la voluntad de buscar una solución de mayor alcance. En todos los países, los políticos no consiguieron llegar hasta la raíz del problema, ni llevar a cabo la reforma que nos protegiera del *Armagedón financiero 2: La secuela.*

Demasiado a menudo, cuando una solución rápida va mal, nos retorcemos las manos, prometemos pasar página y volvemos a cometer los mismos errores una vez más.

> Incluso cuando se requiere un cambio más fundamental, la gente sigue optando por la solución rápida —dice Ranjay Gulati, profesor de Administración de Empresas de la Harvard Business School—; parecen tomar las decisiones adecuadas y dar los pasos correctos, pero en última instancia no siguen, así que lo que empieza como una solución lenta, acaba siendo otro arreglo rápido. Es un problema común.

BP es un ejemplo de libro de texto. En 2005, la refinería de la empresa de Texas explotó, y allí murieron 15 trabajadores y otros 180 resultaron heridos. Menos de un año después, se descubrió una fuga de petróleo de una grieta de 25 kilómetros de una tubería en la costa de Alaska. La cercanía temporal en la que se produjeron ambos incidentes debería haber servido de llamada de atención, un aviso de que años de atajos habían empezado a causar problemas. En 2006, John Browne, el entonces director ejecutivo de BP, pareció aceptar que había pasado el momento para las soluciones rápidas. «Tenemos que establecer correctamente las prioridades —anunció—. Y lo primero que hay que hacer es ocuparse de lo que ha ocurrido, arreglar las cosas y llegar hasta el final. No vamos a adoptar soluciones superficiales, sino que vamos a llegar hasta la raíz del problema».

Sin embargo, eso nunca ocurrió. En lugar de ello, BP prosiguió con la misma política de siempre, lo que le valió unas cuantas reprimendas oficiales y una importante multa por no llevar a cabo la promesa de Browne. En abril de 2010, la empresa pagó un alto precio por su enfoque displicente cuando una explosión destrozó su plataforma petrolífera Deepwater Horizon, en la que murieron 11 trabajadores y otras 17 personas resultaron heridas; al final, lanzó más de 779.000 toneladas de crudo al golfo de México, en el que se convirtió en el peor desastre medioambiental de la historia de Estados Unidos.

El fiasco de BP es un recordatorio de lo perniciosamente adictiva que puede ser la solución rápida. Incluso cuando están en juego vidas y grandes sumas de dinero; cuando todo, desde nuestra salud y relaciones con nuestro trabajo y el entorno está en peligro, incluso cuando nos vemos bombardeados por las pruebas de que el camino hacia la catástrofe está cimentado con soluciones que no son más que parches, seguimos viéndonos arrastrados hacia la solución rápida, como polillas hacia la luz.

Las buenas noticias son que podemos vencer esta adicción. En todos los aspectos de la vida, cada vez somos más los que estamos empezando a aceptar que, cuando nos enfrentamos a problemas graves, lo más rápido no es siempre lo mejor, que las mejores soluciones surgen cuando invertimos suficiente tiempo, esfuerzo y recursos. En otras palabras, cuando vamos lentamente.

Hay muchas preguntas que este libro debe responder. ¿Qué es la solución lenta? ¿Existe la misma receta para cada problema? ¿Cómo sabemos cuándo está resuelto adecuadamente un problema? Y sobre todo, ¿cómo podemos poner en práctica una solución lenta en un mundo adicto a la velocidad?

Para responder esas preguntas, he viajado por todo el planeta para conocer a personas que se aproximan a los problemas difíciles con nuevos enfoques. Visitaremos al alcalde que revolucionó el transporte público de Bogotá, la capital de Colombia; nos reuniremos con el director y los presos de una moderna prisión de Noruega, y exploraremos cómo los islandeses están reinventando la democracia. Algunas de esas soluciones podrán aplicarse a nuestra propia vida, organización o comunidad, pero mi objetivo es ir mucho más allá. Se trata de extraer algunas lecciones universales sobre cómo encontrar la mejor solución cuando algo va mal. Eso significa hallar el punto en común entre los problemas que superficialmente parecen no tener relación alguna. ¿Qué lecciones pueden aprender los negociadores de la paz de Oriente Próximo, por ejemplo, del sistema de donaciones de órganos español? ¿Cómo puede un programa de regeneración de una comunidad en Vietnam ayudar a incentivar la productividad de una empresa de Canadá? ¿Qué ideas pueden tomar los investigadores franceses que están intentando reinventar la cantimplora de la rehabilitación de una escuela con problemas de Los Ángeles? ¿Qué podemos aprender nosotros de los mediadores de la NASA, de los jóvenes que participan en la Odisea de la Mente, o de los jugadores que pasan miles de millones de horas intentando arreglar problemas en línea?

El libro es también una búsqueda personal. Después de años de falsos principios y medias tintas, de atajos y de seguir pistas falsas, quiero averiguar qué le pasa a mi espalda. ¿Es mi dieta? ¿Mi postura? ¿Mi estilo de vida? ¿Hay algún motivo de base emocional y psicológica en todos esos problemas de columna? Finalmente estoy dispuesto a bajar el ritmo y asumir el esfuerzo necesario para curarme la espalda de una vez por todas. No más soluciones con cinta de embalar, ni tiritas ni chicles.

Olvidémonos de orinar sobre las piernas congeladas.

Ha llegado el momento de la solución lenta.

1

¿POR QUÉ LA SOLUCIÓN RÁPIDA?

> Lo quiero todo, y lo quiero ahora.
>
> QUEEN, grupo de rock

La iglesia de San Pedro parece imperturbable ante el impaciente frenesí del centro de Viena. Está en una plaza estrecha, apartada de las ruidosas calles llenas de tiendas que se entrelazan en la capital austriaca. Los edificios se inclinan por todas partes como soldados que cierran filas. Los visitantes pasan a menudo junto a ella sin ni siquiera fijarse en la deliciosa fachada barroca de la iglesia, ni en sus cúpulas verdes.

Cruzar las inmensas puertas de madera es como viajar a través de un agujero de gusano hasta un tiempo en el que había pocas razones para correr. Se oyen cantos gregorianos desde altavoces ocultos. Las velas arrojan una luz titilante sobre las piezas del altar bañadas en oro y las pinturas de la Virgen María. El olor a incienso endulza el aire. Una escalera de piedra, sinuosa y desgastada, lleva hasta una cripta que tiene más de mil años. Con muros gruesos que bloquean las señales de móvil, el silencio resulta casi metafísico.

He venido a San Pedro a hablar sobre las virtudes de bajar el ritmo. Se trata de una sesión para gente de negocios, pero también se hallan presentes algunos miembros del clero. Al final de la tarde, cuando la mayoría de los invitados se han dispersado en la noche vienesa, monseñor Martin Schlag, resplandeciente con su hábito púrpura, se acerca a mí, con algo de timidez, para hacer una confesión.

> Mientras le escuchaba, me he dado cuenta de repente de lo fácil que es que nos infecte la impaciencia del mundo moderno —me

dice—. Debo admitir que últimamente he estado rezando demasiado rápido.

Ambos nos reíamos por la ironía de que un hombre vestido de hábito se comportara como un hombre vestido de traje, pero su transgresión recalca lo arraigado que está el impulso de la solución rápida. Después de todo, la oración puede ser el ritual más antiguo para resolver problemas. A lo largo de la historia y en todas las culturas, nuestros ancestros se han dirigido a los dioses y a los espíritus en tiempos de necesidad, en busca de ayuda para encararlo todo, desde las inundaciones y el hambre hasta la sequía y la enfermedad. Aunque si la oración puede realmente ser una forma de solucionar problemas es una cuestión controvertida, hay algo que está claro: ningún dios les ha ofrecido jamás auxilio a quienes rezaban más rápido.

> La oración no puede ser un atajo —prosigue monseñor Schlag—. El sentido de la oración está en ir más despacio, escuchar y pensar profundamente. Una oración apresurada carece de significado y poder. Se convierte en una solución rápida vacía.

Si vamos a empezar a resolver los problemas a conciencia, primero debemos comprender nuestra atracción fatal por las soluciones rápidas. Necesitamos saber por qué incluso las personas como monseñor Schlag, que dedican su vida a la contemplación serena en lugares como la iglesia de San Pedro, siguen cayendo en la trampa de la solución fácil. ¿Estamos enganchados de algún modo a la cinta de embalaje? ¿Acaso la sociedad moderna hace más difícil que nos resistamos a hacernos pis en la pierna congelada?

Después de mi encuentro con monseñor, me encontré con un experto secular en el estudio del cerebro humano. Peter Whybrow es psiquiatra y director del Instituto Semel de Neurociencia y Comportamiento Humano de la Universidad de California de Los Ángeles. También es el autor de un libro llamado *American Mania*, que explora cómo el funcionamiento del cerebro que ayudó al hombre primitivo a sobrevivir en un mundo de privaciones nos hace proclives a atracarnos en la época moderna de la abundancia. Como tantos otros expertos en el campo de la neurociencia, cree que nuestra adicción a la solución rápida tiene raíces fisiológicas.

El cerebro humano también tiene dos mecanismos básicos para resolver problemas, que se conocen comúnmente como sistema 1 y sistema 2. El primero es rápido e intuitivo, casi como pensar sin pensar. Cuando vemos un león acechándonos desde el otro lado de un abrevadero, nuestro cerebro establece instantáneamente la mejor ruta de escape y nos envía a toda prisa hacia ella. Una solución rápida. Problema resuelto. Sin embargo, el sistema 1 no vale solo para situaciones de vida o muerte. Ese es el atajo que usamos para navegar en nuestra vida diaria. Sería imposible tener que sopesar cada decisión, desde qué sándwich compraremos para almorzar hasta valorar si le devolvemos la sonrisa a ese extraño tan atractivo con quien nos hemos cruzado en el metro, mediante un profundo análisis egocéntrico. La vida sería insoportable. El sistema 1 nos ahorra problemas.

Por el contrario, el sistema 2 es lento y deliberado. Se trata del pensamiento consciente que llevamos a cabo cuando nos piden que multipliquemos 23 por 16, o que analicemos los posibles efectos colaterales de una nueva política social. Requiere planificación, análisis crítico y pensamiento racional, y lo dirigen las partes del cerebro que siguen desarrollándose después del nacimiento y hasta la adolescencia, que es la razón por la que los niños solo se preocupan por la gratificación instantánea. No resulta sorprendente saber que el sistema 2 consume más energía.

El sistema 1 era una buena elección para la vida en los tiempos antiguos. Nuestros primeros ancestros tenían menos necesidades de pensar las cosas en profundidad, o de verlas desde una perspectiva amplia. Comían cuando tenían hambre, bebían cuando tenían sed, y dormían cuando estaban cansados.

> No había un mañana cuando se vivía en la sabana, y la supervivencia dependía de lo que hacías cada día —dice Whybrow—. Así que los sistemas fisiológicos que hemos heredado en el cerebro y el cuerpo se centraban en encontrar soluciones a corto plazo y nos recompensaban por conseguirlas.

Después de que el cultivo de la tierra empezó a asentarse hace diez mil años, planear el futuro se convirtió en una ventaja. Ahora, en un mundo complejo y postindustrial, el sistema 2 debería ser el rey.

Solo que no lo es. ¿Por qué? Una razón es que, dentro de nuestra cabeza del siglo XXI, seguimos merodeando por la sabana. El sistema 1 sigue siendo el predominante porque requiere mucho menos tiempo y esfuerzo. Cuando se pone en marcha, el cerebro se inunda de recompensas químicas como la dopamina, que desencadenan el tipo de sensación de bienestar que nos hace que sigamos volviendo por más. Por ese motivo sentimos una ligera emoción cada vez que pasamos un nivel de *Angry Birds* o cuando marcamos una de las tareas de la lista de recados: hemos acabado un trabajo, conseguido la recompensa y seguido hacia delante para lograr una nueva emoción. Al calcular el equilibrio de costes y beneficios desde la perspectiva de la neurociencia, el sistema 1 ofrece el máximo beneficio por el mínimo esfuerzo. La aceleración que proporciona puede incluso convertirse en un fin en sí misma. Como los adictos al café que van detrás de un trago de cafeína, o los fumadores que se apresuran a salir para fumarse un cigarrillo, nos enganchamos a la rapidez de la solución de la solución rápida. Por comparación, el sistema 2 puede parecer una forma de actuar difícil, que exige pagar un peaje y sacrificarte hoy a cambio de la promesa de obtener alguna vaga recompensa en el futuro. Como un entrenador personal que nos ladra para que dejemos ese *éclair* de chocolate para hacer otras veinte flexiones, o unos padres que nos fastidian para que hinquemos los codos en los libros en lugar de salir a la calle a jugar. Henry T. Ford se refería al sistema 2 cuando dijo: «Pensar es el trabajo más difícil que hay, y probablemente por eso tan poca gente se dedica a hacerlo».

El sistema 2 puede actuar también como un manipulador de la información, racionalizando nuestra preferencia por las recompensas a corto plazo. Después de ceder a la tentación y engullir ese *éclair*, nos convencemos de que merecíamos ese aporte de energía o de que quemaremos las calorías sobrantes en el gimnasio. «La conclusión es que el cerebro primitivo está programado para aceptar la solución rápida; siempre lo ha estado —dice Whybrow—. La gratificación a largo plazo que conseguiríamos con un plan a largo plazo implica un trabajo duro. La solución rápida nos resulta más rápida. De ahí conseguimos nuestro placer. Lo disfrutamos y enseguida lo queremos más y más rápido».

Ahí reside también el motivo de que nuestros ancestros nos advirtieran contra las soluciones rápidas mucho antes de que Toyota inventara la cuerda Andon. En la Biblia, Pedro urge a los cristianos a ser pacientes: «El Señor no tarda en cumplir su promesa, según algunos entienden la tardanza, sino que es paciente para con vosotros no queriendo que nadie perezca, sino que todos alcancéis el arrepentimiento». Traducción: Dios no está por la labor de proporcionar soluciones en tiempo real. Además, no solo las autoridades religiosas han llamado la atención sobre el punto débil del hombre respecto al canto de sirena del pensamiento a corto plazo. John Locke, uno de los principales pensadores de la Ilustración, advirtió que los comerciantes guiados por la solución fácil se estaban cavando su propia tumba: «Quien no tiene dominio sobre sus inclinaciones, quien no sabe cómo resistirse a la importunidad del placer o dolor presente, aunque la razón le diga qué es correcto hacer y lo que conduce al verdadero principio de la verdad y la industria, corre el peligro de no ser bueno nunca en nada», escribió. Un siglo después, Alexander Hamilton, uno de los padres fundadores de los Estados Unidos de América, volvió a señalar el peligro: «Las pasiones momentáneas y los intereses inmediatos tienen un control más activo e imperioso sobre la conducta humana que las consideraciones generales o remotas de la política, la utilidad o la justicia». Incluso en la era moderna sigue persistiendo el recelo en las decisiones precipitadas. Ante un diagnóstico médico funesto, el consejo habitual es buscar una segunda opinión. Gobiernos, empresas y otras organizaciones se gastan miles de millones en la recolección de datos, investigación y análisis para ayudarlos a resolver problemas a conciencia.

Entonces, ¿por qué, a pesar de todos estos avisos y exhortaciones, seguimos cayendo en la solución rápida? El atractivo del sistema 1 es solo parte de la explicación. A lo largo de cientos de miles de años, el cerebro humano ha desarrollado todo un abanico de peculiaridades y mecanismos que distorsionan nuestro pensamiento y nos empujan en la misma dirección.

Consideremos nuestra inclinación natural hacia el optimismo. En todas las culturas y edades, la investigación ha demostrado que la mayoría de nosotros espera que el futuro sea mejor de lo que acaba siendo. Desestimamos a las claras nuestras posibilidades de que nos despidan, de divorciarnos o de que nos diagnostiquen una enfermedad fatal.[1] Esperamos engendrar niños dotados, superar a nuestros iguales y vivir más tiempo de lo que realmente hacemos. Parafraseando a Samuel Johnston, dejamos que la esperanza triunfe sobre la experiencia. Esta tendencia puede tener un propósito evolutivo, ya que nos espolea a seguir adelante, en lugar de retirarnos a una esquina oscura a regodearnos en la injusticia de todo. En *The Optimism Bias*, Tali Sharot argumenta que la creencia en un futuro mejor fomenta mentes más saludables en cuerpos más saludables. No obstante, advierte que demasiado optimismo puede volverse en nuestra contra. Al fin y al cabo, ¿quién necesita revisiones médicas regulares o un plan de pensiones si todo acabará arreglándose de algún modo al final? «Los mensajes de "Fumar mata" no funcionan porque la gente cree que sus posibilidades de contraer un cáncer son bajas —dice Sharot—. El índice de divorcios es del 50 %, pero nadie cree que le vaya a tocar. Hay una predisposición fundamental en el cerebro». Y esa predisposición afecta al modo en que encaramos los problemas. Cuando te pones unas gafas con cristales de color rosa, la solución fácil parece de repente mucho más convincente.

El cerebro humano también tiene una afición natural a las soluciones familiares. En lugar de tomarnos un tiempo para comprender un problema en sus propias características, solemos buscar soluciones que hayan funcionado en problemas similares en el pasado, incluso cuando tenemos mejores opciones delante de nuestra tendencia. Esta predisposición, descubierta estudio tras estudio, se conoce como el efecto Einstellung. Era útil en la época en la que la humanidad se enfrentaba a un conjunto limitado de problemas urgentes y sencillos, como evitar que los devorase un león; pero es menos útil en un mundo moderno de gran complejidad. El efecto Einstellung es la razón por la que a menudo cometemos los mismos errores una y otra vez en política, en las relaciones y en nuestras carreras.

Otra de esas razones es nuestra aversión al cambio. Los conservadores no tienen el monopolio del deseo de mantener las cosas tal y como están. Incluso cuando se enfrentan a argumentos de peso para comenzar de nuevo, el instinto humano es quedarse quieto. Por ese motivo podemos leer un libro de autoayuda, estar de acuerdo con todo lo que dice y después no conseguir poner ninguno de los consejos en práctica. Los psicólogos llaman a esta inercia la «tendencia del *statu quo*». Explica por qué siempre nos sentamos en el mismo sitio en la clase cuando no hay ninguna distribución asignada de los asientos, o nos quedamos con el mismo banco, plan de pensiones y con la misma compañía del agua o la luz aunque la competencia ofrezca servicios más ventajosos. Esta resistencia al cambio está presente en nuestra lengua: «Si algo no está roto, no lo arregles», decimos, o: «No puedes enseñarle nuevos trucos a un perro viejo». Junto con el efecto Einstellung, la tendencia del *statu quo* hace que nos resulte más difícil apartarnos de la rutina de la solución rápida.

Si añadimos nuestra reticencia a admitir errores, nos damos de bruces con otro obstáculo a la solución lenta: el, por así

llamarlo, «problema del legado». Cuanto más invertimos en
una solución (miembros, tecnología, *marketing* o reputación),
menos inclinados nos sentimos a cuestionárnosla o a buscar
algo mejor. Eso significa que preferiríamos mantenernos firmes
con una solución que no está funcionando que empezar a buscar una que sí lo haga. Incluso quienes resuelven con más agilidad los problemas del mundo pueden caer en esta trampa. A
principios del siglo XXI, un trío de magos del software de Estonia escribieron un código que permitía hacer llamadas por Internet. Resultado: el nacimiento de una de las empresas que
crecieron con mayor rapidez. Una década después, la sede de
Skype en Tallinn, la capital de Estonia, sigue siendo una empresa de aspecto joven, *chic*, con paredes de ladrillos a la vista,
pufs y arte *funky*. Allá donde se mire, *hipsters* de múltiples
naciones dan sorbos de agua mineral o juguetean con iPads. En
una plataforma cerca de la habitación en la que conocí a An-
dres Kütt, el joven gurú con perilla de Skype, está de pie junto
a una pizarra blanca cubierta de garabatos de la última tormenta de ideas.

Incluso en aquella casa de locos iconoclasta, la solución
errónea puede ganar tercos defensores. A los treinta y seis
años, Kütt es ya una persona muy capacitada para resolver
problemas. Apoyó a los primeros bancos por Internet y capitaneó los esfuerzos para que los estonios pudieran cumplimen-
tar sus devoluciones de impuestos online. Le preocupa que,
con el transcurrir de los años y si la empresa se hace lo suficientemente grande para generar intereses, Skype haya perdido
parte de su capacidad de resolver sus problemas. «El legado es
ahora un gran problema para nosotros también —explica—.
Haces una enorme inversión para resolver un problema y, de
repente, en torno al problema aparece una gran cantidad de personas y sistemas que quieren justificar su existencia. Acabas
con un escenario en el que la fuente original del problema está
oculta y es difícil de alcanzar». En lugar de cambiar de enfoque, la gente en esas circunstancias suele sumergirse de pleno
en la solución imperante. «Asusta dar un paso atrás y enfren-

tarse a la idea de que tus viejas soluciones pueden no funcionar, y plantearse invertir tiempo, dinero y energía en encontrar otras mejores —dice Kütt—. Es mucho más fácil y seguro permanecer dentro de tu zona de comodidad».

Aferrarse a un barco que se hunde puede ser irracional, pero lo cierto es que no todos nosotros somos tan racionales como nos gusta imaginar. Estudio tras estudio asumimos que las personas dotadas con voces más profundas (normalmente hombres) son más inteligentes y dignos de confianza que quienes hablan en un registro más alto (normalmente mujeres). También tendemos a pensar que la gente guapa es más lista y competente de lo que realmente es. O si no, pensemos en la «ilusión de la ensalada de acompañamiento».[2] En un estudio realizado por la Kellogg School of Management, se les pidió a varias personas que calcularan el número de calorías de alimentos poco saludables, como las tortitas con beicon y queso, y que, a continuación, adivinaran el contenido calórico de esos mismos alimentos cuando llevan como acompañamiento un plato saludable, como un cuenco de palitos de zanahoria y apio. Una y otra vez, la gente llegaba a la conclusión de que añadir un acompañamiento con buenas virtudes hacía que toda la comida contuviera menos calorías, como si la comida saludable pudiera, de algún modo, hacer que la comida poco saludable engordara menos. Y este efecto era tres veces más pronunciado entre quienes seguían dietas de manera habitual. La conclusión de Alexander Chernev, el director de investigación, fue que «la gente a menudo se comporta de un modo ilógico y que, en última instancia, es contraproducente para sus objetivos».

Puede repetirse una y otra vez. Nuestro don para la visión de túnel puede ser ilimitado. Cuando se confronta con hechos incómodos que ponen en peligro la visión que privilegiamos (la prueba de que nuestra solución rápida no funciona, por ejemplo), solemos descartarlos como un resultado único, o como la evidencia de «la excepción que confirma la regla». Es lo que se conoce como tendencia a la confirmación. Sigmund Freud lo llamaba «negación», y va totalmente unido al problema del legado y a la tendencia a preservar el *statu quo*. Puede generar un campo de distorsión de la realidad verdaderamente poderoso. Cuando un médico le dice a alguien que va a morir, mucha gente niega la noticia por completo. A veces nos aferramos a nuestras creencias incluso aunque nos lancen las pruebas a la cara. Pensemos por ejemplo en la cultura de la negación del Holocausto o en cómo, a finales de la década de 1990, Thabo Mbeki, el entonces presidente de Sudáfrica, se negó a aceptar el consenso científico de que el virus del VIH causaba el sida, lo que provocó la muerte de más de 330.000 personas.[3]

Incluso cuando no tenemos ningún interés en distorsionar o filtrar la información, seguimos inclinados a mantener nuestra visión de túnel. En un experimento con docenas de visitas en YouTube, se les pide a los sujetos de la prueba que cuenten el número de pases que hace cada uno de los dos equipos que juegan al baloncesto en un vídeo. Como ambos equipos tienen una pelota, y los jugadores están constantemente rodeándose los unos a los otros, se requiere una gran concentración. A menudo, ese tipo de concentración es útil, porque nos permite bloquear las distracciones que impiden el pensamiento profundo. Sin embargo, a veces puede limitar tanto nuestra visión que perdemos partes importantes de información y el bosque nos impide ver los árboles. A mitad del vídeo, un hombre disfrazado de gorila se pasea por entre los jugadores de baloncesto, se gira hacia la cámara, se golpea el pecho y vuelve a salir.

¿Adivina cuántas personas no vieron al gorila? Más de la mitad.

Todo esto resalta una verdad alarmante: el cerebro humano es poco fidedigno desde siempre. Si sumamos las tendencias al optimismo, a mantener el *statu quo* y a la confirmación, el atractivo del sistema 1, el efecto Einstellung, la negación y el problema del legado, podemos llegar a pensar que adoptar la solución rápida es nuestro destino biológico. Sin embargo, las conexiones neurológicas son solo una parte de la historia. También hemos construido una cultura propia de correcaminos que nos lleva directamente a la avenida de la solución fácil.

En estos tiempos, apresurarse es nuestra respuesta a todos los problemas. Caminamos rápido, hablamos rápido, leemos rápido, comemos rápido, hacemos el amor rápido y pensamos rápido. Estamos en la era del yoga veloz y de los cuentos para dormir de un minuto, o de hacer no sé qué «justo a tiempo», y de hacer aquello otro «a petición». Rodeados de chismes que realizan pequeños milagros con el clic de un ratón o un toque en una pantalla, llegamos a esperar que cualquier cosa puede pasar a la velocidad del software. Incluso nuestros más sagrados rituales deben ser más eficientes, acelerarse e ir más rápido. Hay iglesias en Estados Unidos que han experimentado con funerales en los que se podía pasar por delante de un escaparate en el que se exponía el ataúd con el difunto sin bajarse del coche. En fechas recientes, el Vaticano se vio obligado a advertir a los católicos de que no podían conseguir la absolución confesando sus pecados mediante una aplicación de un smartphone. Incluso nuestras drogas recreativas de elección nos ponen en modo de solución rápida: el alcohol, las anfetaminas y la cocaína hacen que nuestro cerebro funcione según el sistema 1.

La economía refuerza la presión por las soluciones rápidas. El capitalismo ha recompensado la velocidad desde mucho antes de la negociación a alta frecuencia. Los inversores más rápidos sacan más provecho: cuanto más rápido pueden reinvertir su dinero, más beneficios obtienen. Cualquier solución que permita que el dinero siga fluyendo o que el precio de las acciones siga al alza es una buena forma de resistir el día, porque hay que hacer dinero inmediatamente, y no importa si alguien tiene que arreglar el desaguisado más tarde. Esa manera de pensar se ha agudizado en las últimas dos décadas. Muchas empresas pasan más tiempo preocupándose por el precio de las acciones hoy que por lo que las hará más fuertes dentro de un año. Con tantos de nosotros trabajando con contratos temporales y saltando de trabajo en trabajo, la presión para causar un impacto inmediato o para encarar problemas sin pensar a largo plazo es inmensa. Esto se revela como especialmente cierto en las juntas, donde el promedio de tiempo que un director ejecutivo permanece en su puesto ha caído en picado en los últimos años.[4] En 2011 se despidió a Leo Apotheker como jefe de Hewlett-Packard después de menos de once meses en el cargo. Dominic Barton, el director general de McKinsey and Company, una empresa líder en consultoría, escucha las mismas quejas de altos ejecutivos por todo el mundo: ya no tenemos ni tiempo ni incentivos para pensar más allá de las soluciones rápidas. He aquí su veredicto: «El capitalismo ha desarrollado una visión demasiado a corto plazo».

La cultura de la oficina moderna suele reforzar esa estrechez de miras. ¿Cuándo fue la última vez que tuvo tiempo para analizar con calma un problema en el trabajo? ¿O simplemente dedicarle unos minutos para pensarlo en profundidad? Enfrentarse a las cuestiones importantes, como dónde quieres estar dentro de cinco años o cómo puedes querer rediseñar tu lugar de trabajo de arriba abajo, carece de importancia. La mayoría de nosotros estamos demasiado distraídos por un torbellino de tareas triviales: firmar algún documento, asistir a alguna reunión o responder una llamada de teléfono. Los estudios indican que los profesionales del mundo de los negocios se pasan ahora la mitad de sus horas de trabajo limitándose a administrar su e-mail y sus bandejas de entrada de los medios de comunicación sociales.[5] Día tras día, semana tras semana, lo que cuenta es el triunfo inmediato.

La política también está encallada en la solución rápida. Los representantes electos tienen todos los incentivos para favorecer políticas que den frutos a tiempo para la siguiente elección. Un Consejo de Ministros puede necesitar resultados antes de la siguiente remodelación. Algunos analistas afirman que cualquier Administración estadounidense cuenta con solo seis meses (el periodo comprendido entre la confirmación de los miembros del Senado y el inicio de la campaña para las elecciones a medio plazo) para poder pensar más allá de los titulares diarios y de los números de las encuestas y concentrarse en decisiones estratégicas a largo plazo. Tampoco ayuda el que tendamos a favorecer un liderazgo fuerte, rápido y espontáneo.

Nos encanta la idea de un héroe solitario que recorre la ciudad con una solución lista en su bolsa de jinete. ¿Cuántas figuras han conseguido alguna vez el poder con declaraciones como «Requerirá mucho tiempo resolver nuestros problemas»? Bajar el ritmo para reflexionar, analizar o consultar puede parecer indulgente o débil, sobre todo en momentos de crisis. O tal y como un crítico del Barack Obama más cerebral dijo: «Necesitamos un líder, no un lector». Daniel Kahneman, autor de *Thinking, Fast and Slow*, y solo el segundo psicólogo que ha ganado el Premio Nobel de Economía, cree que nuestra preferencia natural por los políticos que siguen los instintos de sus entrañas convierten la política democrática en un carrusel de soluciones rápidas. «Al público le gustan las decisiones rápidas —dice—, y eso anima a los líderes a seguir sus peores intuiciones».[6]

En la actualidad, no obstante, no solo los políticos y los hombres de negocios creen que pueden agitar una varita mágica. Todos estamos metidos en esta época de chorradas, bravatas y paparruchas. Solo hay que fijarse en el desfile de aspirantes sin oído que prometen ser el siguiente Michael Jackson o Lady Gaga en *Factor X*. Con toda la presión que debemos soportar, adornamos nuestros currículos, colgamos fotos favorecedoras en Facebook y pedimos atención a gritos en blogs y en Twitter. Un estudio reciente sacó a la luz que el 86 % de los chicos de once años usa los medios sociales para construir su «marca personal» online.[7] Algunas de estas estrategias pueden hacerte ganar amigos e influir en la gente, pero también pueden arrojarnos a los brazos de la solución rápida. ¿Por qué? Porque, al final, nos falta la humildad para admitir que no tenemos todas las respuestas, que necesitamos tiempo y una mano amiga.

La industria de la autoayuda debe asumir parte de la culpa por ello. Después de años de leer y escribir sobre desarrollo personal, Tom Butler-Bowdon se desenamoró de su propio campo. Decidió que había demasiados gurús motivacionales que embaucaban al público con atajos y soluciones rápidos que no funcionan en realidad. Como respuesta publicó *Never Too Late to Be Great*, que demuestra cómo las mejores soluciones de todos los ámbitos, desde las artes hasta los negocios y la ciencia, suelen tener que pasar por un largo periodo de gestación. «Al pasar por alto el hecho de que se requiere tiempo para producir algo de calidad, la industria de la autoayuda ha engendrado una generación de personas que esperan arreglarlo todo mañana», dice.

Los medios de comunicación le echan más leña al fuego. Cuando algo va mal (en política, en negocios o en la relación de un famoso), los periodistas se abalanzan, diseccionando la crisis con júbilo y exigiendo un remedio instantáneo. Después de que se descubriera que Tiger Woods era un adúltero reincidente, desapareció del ojo público durante tres meses antes de romper finalmente su silencio para entonar un *mea culpa* y anunciar que acudía a terapia para tratarse su adicción al sexo. ¿Cómo reaccionaron los medios de comunicación a la espera tan larga que les impuso? Con furia e indignación. El peor pecado que puede cometer una figura pública en apuros es no presentar una estrategia de salida instantánea.

La impaciencia exacerba una tendencia a promocionar en exceso soluciones que más tarde resultarán completos fiascos. Ingeniero de formación, Marco Petruzzi trabajó como consultor de dirección a nivel mundial durante quince años antes de abandonar el mundo empresarial para dedicarse a construir mejores escuelas para los pobres en Estados Unidos. Volveremos a hablar de él más adelante en este libro, pero por ahora nos limitaremos a valorar su ataque a nuestra cultura de palabrería: «En el pasado, los emprendedores que trabajaban duro desarrollaban cosas extraordinarias a lo largo del tiempo, y lo hacían de verdad: en vez de hablar de hacerlo, lo hacían —explica—. Ahora vivimos en un mundo donde hablar sale barato y las ideas atrevidas pueden crear enormes riquezas sin ni siquiera tener que llegar a realizarlas. Hay multimillonarios por ahí que no han hecho nada más que ver venir la oportunidad de invertir y luego vender en el momento adecuado, lo que refuerza la idea de que vivimos en una sociedad en la que la gente no quiere invertir ni tiempo ni esfuerzo en encontrar soluciones reales y duraderas a los problemas. Porque si juegan bien sus cartas y no se preocupan por el futuro, pueden conseguir beneficios financieros instantáneos».

Así pues, la solución rápida parece irrefutable, se mire por donde se mire. Todo desde el funcionamiento de nuestro cerebro hasta la forma en la que el mundo parece favorecer nuestras soluciones en plan tirita. Sin embargo, no todo se ha perdido. Hay esperanza. Vayamos adonde vayamos en el mundo de hoy, y en todos los aspectos de la vida, hay más personas que se alejan de la solución rápida para encontrar mejores modos de resolver problemas. Algunos están trabajando duro sin llamar la atención; otros, en cambio, están llegando a los titulares, pero todos tienen algo en común: el ansia por conseguir soluciones que realmente funcionen.

Las buenas noticias son que el mundo está lleno de soluciones lentas. Solo hay que tomarse el tiempo para descubrirlas y aprender de ellas.

2

CONFESIÓN: LA MAGIA DE LOS ERRORES
Y EL «MEA CULPA»

> El éxito no consiste en no cometer errores jamás,
> sino en no cometer el mismo por segunda vez.
>
> GEORGE BERNARD SHAW

En una fresca noche a principios de septiembre, cuatro reactores Typhoon rugieron en el cielo sobre las aguas congeladas del mar del Norte. Involucrados en un combate de dos contra dos, descendieron en picado, se pusieron de lado y se hundieron en la oscuridad a una velocidad de hasta ochocientos kilómetros por hora, en busca de una oportunidad de tiro. Era un ejercicio de entrenamiento, pero a los pilotos les parecía muy real. Atado en su cabina de mando, con una máquina de casi once toneladas vibrando en las puntas de sus dedos, el comandante Dicky Patounas sentía la adrenalina. Era su primera salida táctica nocturna en uno de los aviones de combate más potentes que jamás se hayan construido.

> Vamos sin luces porque estamos haciendo esto como si fuera real, cosa que no hacemos muy a menudo, así que todo está oscuro como boca de lobo, de manera que debo confiar en las gafas y en los instrumentos —afirma Patou—. Estoy usando el radar, poniéndolo en el modo adecuado reduciendo el alcance, cambiando la elevación..., vamos, todas las cosas básicas. Pero el avión era nuevo para mí, así que estoy saturado.

Y entonces algo se torció.

Unos meses después, Patounas revive aquella noche con los pies en la tierra. Su base aérea, la RAF Coningsby, está en Lincolnshire, un condado del este de Inglaterra cuyo terreno plano y sin accidentes es más apreciado por los aviadores que por los turistas. Con un traje de vuelo verde, lleno de cremalleras, Patounas parece uno de los protagonistas de *Top Gun* (mandíbula cuadrada, hombros amplios, erguido y pelo rapado). Saca rápidamente papel y lápiz para ilustrar lo que ocurrió a continuación aquella noche de septiembre, hablando con el tono cortante del ejército británico.

Patounas volaba detrás de los dos Typhoons enemigos cuando decidió realizar una maniobra conocida como pasar a una Fase 3 de Identificación Visual. Se desvió a la izquierda y después volvió a su trayecto original, de manera que aparecería justo detrás del avión enemigo. Sin embargo, ocurrió algo imprevisto. En lugar de mantener su curso, los dos aviones de combate que iban delante se desviaron a la izquierda para evitar un helicóptero que estaba a 32 kilómetros. Ambos pilotos anunciaron el cambio por radio, pero Patounas no lo oyó porque estaba demasiado distraído realizando su maniobra. «Todo es muy técnico —explica—. Tienes que ladearte en un ángulo de 60 grados y después avanzar durante veinte segundos, bajar el escáner 4 grados, después cambiar el radar a una escala de 16 kilómetros, y después de veinte segundos, debes ir a la derecha usando un ángulo de 45 grados, continúas con 120 grados, te despliegas y, al buscar al tipo en tu radar, debería estar a unos seis kilómetros. Así que mientras estaba llevando a cabo todas estas maniobras, me perdí la llamada de la radio que anunciaba la nueva orientación».

Cuando Patounas acabó la maniobra, encontró un Typhoon enemigo delante de él, tal y como esperaba. Estaba henchido de orgullo. «Este avión aparece justo en la cruz donde esperaba que apareciera el tío, así que pensé que lo había hecho perfecto. Encendí el radar, volví a ajustarlo y el tío que estoy buscando está justo debajo de mi cruz y a oscuras. Así que pensé: "Soy un genio, soy bueno en esto". Literalmente pensaba que nunca había volado tan bien».

Sacude la cabeza y se ríe irónicamente por su propia soberbia. Resultó que en el punto de mira tenía el Typhoon equivocado. En lugar de acabar detrás del *jet* de cola, Patounas seguía la estela del que iba en cabeza, y no tenía ni idea. «Fue un error: básicamente perdí la pista de dos de los aviones. Sabía que estaban allí, pero no estaba seguro de poder ver dos rastros. Lo que debería haber hecho es aumentar el radio de escala y echar un vistazo para ver dónde estaba el otro tipo, pero no lo hice porque pensaba que había hecho el procedimiento perfecto».

El resultado fue que Patounas pasó a 3.000 pies del Typhoon de cola. «No estuvimos tan cerca, pero la clave es que no tenía conciencia, porque ni siquiera sabía que estaba allí —dice él—. Podrían haber sido tres pies o podrían haber volado directamente hacia él». Patounas se quedó en silencio durante un momento, como si se imaginara el peor escenario posible. Aquella noche de septiembre, su piloto de apoyo observó cómo se desarrollaba todo el desastre, sabía que no había riesgo real de colisión y permitió que el ejercicio prosiguiera, pero un error similar en un combate real podría haber sido catastrófico, y Patounas lo sabía.

La regla de oro en la aviación civil es que un accidente aéreo típico es el resultado de siete errores humanos.[1] Cada error por sí solo puede ser inofensivo, e incluso trivial, pero si se unen el efecto dominó puede ser letal. Volar en los modernos cazas, con sus endemoniadamente complejos sistemas informáticos, es un asunto especialmente arriesgado. Mientras se reforzaba la zona de exclusión aérea sobre Libia en 2011, un F-15E estadounidense se estrelló a las afueras de Bengasi después de un fallo mecánico. Un mes antes, dos F-16 de la fuerza aérea Royal Thai se precipitaron a tierra durante un ejercicio rutinario de entrenamiento.

Lo más sorprendente del incidente del Typhoon en el mar del Norte no fue lo que ocurrió, sino cómo reaccionó Patounas: informó a todo el mundo sobre su error. En el testosterónico mundo del piloto de cazas, los *mea culpa* son terreno pantanoso. Como veterano de veintidós años de la RAF, y comandante de un escuadrón de 18 pilotos de Typhoon, Patounas tenía mucho que perder; aun así, reunió a toda su tripulación y admitió el error. «Podría haberme librado de aquello y no haber dicho nada, pero lo correcto era admitirlo, ponerlo en mi informe y en el sistema. Instruí a todo el escuadrón sobre cómo se cometen errores y el error que yo había cometido. De ese modo, las personas saben que no temo levantar la mano y decir que yo también meto la pata, que soy humano».

Esto nos lleva al primer ingrediente de la solución lenta: admitir nuestras equivocaciones para aprender del error. Eso implica asumir la culpa por meteduras de pata serias, así como los pequeños errores y los que hemos estado a punto de cometer, que a menudo son señales de aviso de que se avecinan problemas mayores.

Sin embargo, reconocer errores es mucho más duro de lo que parece. ¿Por qué? Porque no hay nada que nos guste menos que asumir nuestros propios errores. Como animales sociales, nos interesa mucho el estatus. Nos gusta *fare bella figura*, como dicen los italianos, o bien tener buen aspecto delante de nuestros compañeros, y nada arruina más una *bella figura* que el fastidiar algo.

Esa es la razón por la que pasarse la culpa de unos a otros es una forma de arte en el lugar de trabajo. Mi primer jefe me dio un consejo en cierta ocasión: «Recuerda que el éxito tiene muchos padres, pero el fracaso es huérfano». Échele un vistazo a su propio currículum vítae: ¿cuántos de sus errores de trabajos previos aparecen en él? En *El aprendiz*, la mayoría de los enfrentamientos que se producen en las salas de reuniones consisten en que los concursantes les atribuyan sus propias pifias a sus rivales. Incluso cuando hay mucho dinero en juego, las empresas suelen decidir mirar hacia otro lado en lugar de enfrentarse a sus errores. Casi la mitad de las empresas de servicios financieros no acuden al rescate de un proyecto que se hunde hasta que ha cruzado el punto de no retorno o se queda sin presupuesto.[2] Otro 15 % carece de un mecanismo formal para tratar con el fracaso de un proyecto.

Tampoco ayuda que la sociedad a menudo nos castigue por aceptar el *mea culpa*. En un mundo hipercompetitivo, los rivales saltan al menor error, o al menor atisbo de duda, que interpretan como una señal de debilidad. Mientras que los directivos y políticos japoneses a veces se inclinan y suplican perdón, sus homólogos de otros países están dispuestos a jugar con el lenguaje y la credibilidad para evitar en redondo asumir un error. En inglés, la palabra *problem* ha sido virtualmente desterrada del lenguaje diario a favor de eufemismos anodinos como *issue*, «cuestiones», y *challenge*, «reto». Lo cual no resulta sorprendente cuando los estudios demuestran que los ejecutivos que le ocultan las malas noticias al jefe suelen escalar en la jerarquía corporativa con más rapidez.[3]

Desde su retiro, Bill Clinton sigue la regla de decir «Estaba equivocado» o «No lo sabía» al menos una vez al día. Si un momento así no surge de manera espontánea, se las ingenia para encontrar uno. Lo hace para atajar el efecto Einstellung y todas las predisposiciones con las que nos encontramos antes.

Clinton sabe que la única manera de solucionar problemas en un mundo complejo y en continuo cambio es mantener una mente abierta, y la única manera de hacerlo es aceptar la propia falibilidad. Sin embargo, ¿puede imaginárselo pronunciando esas frases cuando era presidente de Estados Unidos? Ni en sueños. Esperamos que nuestros dirigentes irradien la convicción y la seguridad que surgen de tener todas las respuestas. Cambiar de dirección o de forma de pensar nunca se interpreta como prueba de la capacidad de aprender y adaptarse; al contrario, son actitudes que se consideran muestras de falta de carácter o de debilidad. Si el presidente Clinton hubiera confesado cometer errores o albergar dudas sobre sus propias políticas, sus enemigos políticos y los medios de comunicación lo habrían hecho pedazos.

La amenaza de recibir una demanda es otro incentivo para evitar pronunciar un adecuado *mea culpa*. Las compañías de seguros aconsejan a los clientes que no admitan nunca la culpa de un accidente de tráfico, aunque el choque fuera claramente culpa suya. ¿Recuerda cuánto tiempo tardó BP en emitir algo parecido a una disculpa oficial por el vertido de petróleo del

Deepwater Horizon? Casi dos meses. Entre bambalinas, los abogados y los gurús de las relaciones públicas estudiaron minuciosamente los precedentes legales para redactar una declaración que apaciguara a la opinión pública sin abrirle la puerta a una avalancha de demandas. No solo las empresas intentan librarse de aceptar la culpa. Incluso después de dejar el puesto, cuando ya no necesitan atraer al electorado, a los políticos sigue costándoles asumir sus errores. Ni Tony Blair ni George W. Bush se han disculpado como es debido por invadir Irak en busca de unas armas de destrucción masiva que no existían. Si quitamos el ego individual de la ecuación, también seguimos eludiendo los *mea culpa* colectivos. Gran Bretaña esperó casi cuatro décadas para pedir disculpas formalmente por la masacre del Domingo Sangriento en 1972.

Australia se disculpó en 2008 por los horrores que hicieron sufrir a los pueblos aborígenes, y un año después el Senado de Estados Unidos se disculpó con los afroamericanos por los errores de la esclavitud.

Incluso cuando no hay testigos de nuestras meteduras de pata, admitir que nos equivocamos puede ser doloroso. «No hay nada más intolerable que tener que admitir ante ti mismo tus propios errores», dejó escrito Ludwig van Beethoven. Hacerlo te obliga a enfrentarte a tus fragilidades y limitaciones, replantearte quién eres y tu lugar en el mundo. Cuando metes la pata y lo admites ante ti mismo, no hay ningún sitio donde esconderse. «Ese es el problema de ser plenamente consciente de estar equivocado —escribió Kathryn Schulz en su libro *Being Wrong*—. Nos despoja de todas nuestras teorías, incluidas las que tenemos sobre nosotros mismos... Nos deja en carne viva, sin protección ante el mundo». Decir «lo siento» es realmente la palabra más difícil de pronunciar.

Esto es una lástima, porque los errores son una parte útil de la vida. Errar es humano, como reza el dicho. Los errores pueden ayudarnos a solucionar problemas porque nos muestran el mundo desde ángulos diferentes. En mandarín, la palabra «crisis» se expresa con dos caracteres: uno que significa «peligro»

y otro que significa «oportunidad». En otras palabras, cada
metedura de pata encierra en sí misma la promesa de algo mejor, siempre y cuando nos tomemos el tiempo para reconocerlo
y aprender de él. Los artistas lo saben desde hace siglos. «Los
errores son casi siempre de naturaleza sagrada —apuntó Salva-
dor Dalí—. No hay que intentar corregirlos nunca. Al contrario, hay que racionalizarlos y comprenderlos en profundidad.
Después de eso, podrás sublimarlos».

Ese mismo espíritu reina en el mundo más riguroso de la
ciencia, donde un experimento fallido puede proporcionar ricas perspectivas y abrir nuevos caminos de investigación. Muchos descubrimientos que han cambiado el mundo tuvieron
lugar cuando alguien decidió explorar, en lugar de cubrir, un
error. En 1928, antes de irse para pasar el mes de agosto con su
familia, sir Alexander Fleming dejó sin cubrir de manera accidental una placa de Petri que contenía bacterias *Staphylococ-
cus* en el laboratorio de su sótano de Londres. Cuando volvió
un mes después, descubrió un hongo que había contaminado la
muestra y matado a todas las bacterias que lo rodeaban. En
lugar de tirar la placa a la basura, analizó la mancha de moho
y descubrió que contenía un poderoso agente que combatía las
infecciones. Lo llamó *Penicillium notatum.* Dos décadas después llegó al mercado la penicilina, el primer antibiótico del
mundo, que sigue siendo el más extendido, que revolucionó la
medicina y le valió a Fleming el Premio Nobel de Medicina.
«Quien nunca ha cometido un error —dijo Einstein— es que
nunca ha probado nada nuevo».

Los militares siempre han sabido que asumir errores es una
parte esencial para aprender y resolver problemas. Los errores
cuestan vidas en la fuerza aérea, así que la seguridad aérea se
ha impuesto a la actitud de *fare bella figura*. En la revista men-
sual de largo recorrido de la RAF, *Air Clues*, pilotos e ingenieros escriben columnas sobre errores que han cometido y
lecciones que han aprendido. A los miembros de la tripulación
también se los gratifica por resolver problemas. En un ejemplar
reciente, un sonriente cabo del control de tráfico recibió un

premio por la seguridad aérea por denegarle el permiso a un piloto y abortar un vuelo después de darse cuenta de que el extremo del ala había tocado el suelo durante el despegue.

En la RAF, como en la mayoría de las fuerzas áreas de todo el mundo, los pilotos de cazas realizan informes sin limitaciones después de cada salida para examinar qué ha ido bien y qué ha ido mal. Sin embargo, esos informes nunca llegaron lo suficientemente lejos. Las tripulaciones de la RAF solían compartir sus errores solo con los compañeros, y no tanto con sus superiores o escuadrones rivales. Tal y como dice un oficial superior: «Mucha experiencia valiosa que podría haber hecho que el volar fuera más seguro para todo el mundo simplemente se estaba yendo por el desagüe».

Para hacer frente a eso, la RAF contrató a Baines Simmons, un asesor de empresa con un amplio historial en el campo de la aviación civil, para crear un sistema que detectase los errores y aprender de ellos, igual que han hecho las industrias del transporte, minería, alimentación y farmacia.

El jefe de escuadrón Simon Brailsford es el supervisor actual del nuevo sistema. Después de unirse a la RAF con dieciocho años, voló en aviones de transporte C130 Hercules como copiloto en Bosnia, Kosovo, el norte de Irak y Afganistán. Ahora tiene cuarenta y seis años, combina la actitud impecable del comedor de oficiales con el encanto natural de un hombre que pasó tres años como caballerizo de Su Majestad la reina Isabel II.

En la pizarra blanca de su oficina usa un rotulador para dibujar un esbozo de un caza estrellado, un piloto muerto y una columna de humo. «La aviación es un negocio peligroso —dice—. Lo que intentamos hacer es dejar de recoger a los muertos, los restos del avión estrellado del suelo y reconstruir toda la historia para averiguar los errores y las pequeñas faltas que pueden llevar al accidente, para que, de entrada, este no llegue a pasar. Queremos resolver las dudas antes de que se conviertan en problemas».

Cada vez que los miembros de la tripulación de la RAF Coningsby se dan cuenta de que han cometido algún error que podría poner en peligro la seguridad, deben enviar un informe online o rellenar uno de los formularios especiales que hay en los puestos de toda la base. Esos informes se envían después a una oficina central, donde se decide si hay que investigar más.

Para que el sistema funcione, la RAF intenta crear lo que llama una «cultura justa». Cuando alguien comete un error, la respuesta automática no es culpar y castigar, sino explorar lo que ha ido mal para arreglarlo y aprender de ello. «La gente debe sentir que si te dice algo no va a meterse en problemas, porque de otro modo no te contará lo que fue mal, e incluso puede que intente taparlo —dice Brailsford—. Eso no significa que no se mantenga una reunión seria, se inicien acciones administrativas o que se le envíe a hacer un entrenamiento extra, sino que lo tratarán de una manera justa que sea adecuada a lo ocurrido, y teniendo en cuenta todo el contexto. Si cometes un verdadero error y levantas la mano, te daremos las gracias. La clave es asegurarse de que todo el mundo comprende que debe compartir sus errores en lugar de ocultarlos, para salvarse a sí mismo y a sus compañeros de serios accidentes».

En la base aérea de la RAF Coningsby se inculca ese mensaje con cada paso. Por toda la base (en pasillos, cantinas e incluso sobre los urinarios) hay pósteres que urgen a la tripulación a airear incluso la más pequeña preocupación por la seguridad. Los cubículos de los lavabos están llenos de folletos plastificados que explican cómo mantener la seguridad y por qué vale la pena informar del más pequeño desliz. Clavado en el suelo junto a la entrada principal hay un póster con una foto del oficial de seguridad de la estación de vuelo con el dedo señalando en la clásica pose de lord Kitchener. Impresa sobre el número de teléfono de su oficina se ve la pregunta: «¿Cómo crees que ha ido hoy?». La necesidad de admitir los errores también se les inculca a los cadetes de la academia militar. «No cabe duda de que nos machacan desde el principio con la máxima de que "preferimos que, si te metes en un lío, nos lo cuentes" —dice un joven ingeniero de Coningsby—. Por supuesto, tus compañeros te sueltan muchas puyas y se meten contigo por cometer errores, pero todos comprendemos que asumir los errores es la mejor manera de resolver problemas ahora y en el futuro».

La RAF se asegura de que la tripulación vea los frutos de sus *mea culpa*. Los investigadores de seguridad telefonean a todos aquellos que informan de los problemas en las veinticuatro horas siguientes, y más tarde les explican cómo concluyó el caso. También organizan sesiones de formación con los ingenieros para explicarles los resultados de todas las investigaciones y por qué tuvieron que tratar con ellos. «Puedes ver cómo enarcan las cejas cuando se dan cuenta de que no los van a castigar por cometer un error y que, en realidad, podrían recibir una palmadita en la espalda», dice uno de los investigadores.

La jefa de escuadrilla Stephanie Simpson, que cuenta con diecisiete años de experiencia en la RAF, se encarga ahora de la división de ingeniería de Coningsby. De mirada rápida y observadora, lleva el pelo recogido en un moño tirante. Me explica que el nuevo sistema dio sus frutos no hace mucho, cuando un ingeniero se dio cuenta de que al realizar una prueba de rutina en un Typhoon se había roto la punta de una pieza en el mecanismo de la cabina. Una cabina dañada puede no abrirse, lo que significa que si un piloto necesitara lanzarse desde la carlinga acabaría estrellándose contra el cristal.

El ingeniero realizó un informe y el equipo de Simpson se puso en acción. En las siguientes veinticuatro horas habían averiguado que un error elemental durante la prueba de la cabina podría dañar una clavija. No había necesidad de volver atrás y comprobarlo después. Los técnicos de vuelo inspeccionaron de inmediato la parte sospechosa en toda la flota de Typhoons de Europa y de Arabia Saudí. El procedimiento se cambió para que la clavija no volviera a resultar dañada durante la prueba.

Hace diez años, jamás se habría informado de algo así, los ingenieros se habrían limitado a pensar: «Oh, eso se ha roto, vamos a reemplazar la pieza sin que nadie se entere», y después habrían seguido adelante —dice Simpson—. Ahora estamos creando una cultura en la que todo el mundo piensa: «Dios mío, en esta termi-

nal podría haber otro avión con el mismo problema que podría
pasar inadvertido en el futuro, así que mejor será que alguien
haga algo ahora mismo». De ese modo impides que un pequeño
problema se convierta en uno mayor.

Gracias a la honestidad de Patounas, una investigación de la
RAF descubrió que una serie de errores llevaron prácticamente
al que ocurrió sobre el mar del Norte. Su propia incapacidad
para oír la orden de girar a la izquierda fue la primera parte del
error. La segunda llegó cuando los otros pilotos cambiaron el
rumbo aunque él no había informado de que se había enterado
de las nuevas órdenes. Entonces, después de que el avión de
Patounas se desviara de su rumbo, ninguno de los miembros
del equipo encendieron sus luces: «Resultó que se incumplió
un conjunto entero de factores, y si alguien hubiera hecho alguna de las cosas que debían hacer, no habría pasado —dice
Patounas—. La parte positiva es que eso recuerda a todo el
mundo que hay que seguir las reglas para realizar la Fase 3 de
un VID por la noche. Así que la próxima vez no tendremos el
mismo problema».

Otros miembros de su escuadrón ya están siguiendo su
ejemplo. Días antes de mi visita, una joven cabo señaló que no
se estaban siguiendo ciertos procedimientos de la manera adecuada. «Su interpretación no era particularmente buena, pero
lo vamos a considerar un factor positivo en su historial porque
tuvo el valor de anteponer sus convicciones para ir contra-
corriente cuando podrían haberla castigado —dice Patounas—.
Hace veinte años, no habría planteado la cuestión o, si lo hubiera hecho, le habrían respondido algo así como: "¡No digas
que mi escuadrón es un asco! Los trapos sucios se lavan en
casa", mientras que ahora se le da las gracias».

La RAF no es ningún dechado de virtudes a la hora de resolver problemas. No se informa de todos los errores o deslices.
Los casos similares no se tratan del mismo modo, lo que puede
suponer un problema para hablar de una «cultura justa». Algunos oficiales siguen siendo escépticos con respecto a la nece-

sidad de convencer a los pilotos e ingenieros de que acepten las virtudes de airear los trapos sucios. Muchas de las columnas de *mea culpa* que se leen en la revista *Air Clues* magazine siguen publicándose de forma anónima. Por desgracia, la RAF sigue teniendo mucho trabajo por delante.

No obstante, el cambio está dando resultados. En los primeros tres años del nuevo sistema, se ha informado de 210 deslices o errores en la base de Coningsby de la RAF, de los que 73 acabaron en una investigación. En cada uno de ellos se dieron los pasos adecuados para asegurarse de que el error no volviera a ocurrir. «Teniendo en cuenta que antes nunca se había informado de pequeños deslices, se ha dado un salto cualitativo, se ha puesto mucha fe en la gente —dice Brailsford—. En lugar de parchear los problemas, ahora profundizamos más y llegamos hasta la raíz. Estamos resolviendo los problemas en el origen, antes, incluso, de que ocurran». Otras fuerzas aéreas, desde la de Israel hasta la de Australia, han tomado nota.

Añadir el *mea culpa* a su caja de herramientas para resolver problemas resulta útil más allá del ámbito militar. Tomemos, por ejemplo, ExxonMobil. Después del épico vertido de petróleo del *Exxon Valdez* en la costa de Alaska en 1989, la empresa se dispuso a encontrar e investigar cada metedura de pata, por pequeña que fuera. Descartaron un gran proyecto de perforación en el golfo de México porque, al contrario que BP, decidieron que la perforación era demasiado arriesgada. La seguridad es una parte tan importante del ADN corporativo que en cada bufé que se sirve en los acontecimientos de la empresa se cuelgan carteles que advierten de que no se debe consumir la comida después de dos horas. En sus cafeterías, los encargados de la cocina controlan la temperatura de los aliños de las ensaladas.

Siempre que se comete un error en una instalación de ExxonMobil, el primer instinto de la compañía es aprender de él, en lugar de castigar a los implicados. Los empleados hablan del «regalo» del error que ha estado a punto de cometerse. Glenn Murray, empleado de la compañía durante casi tres décadas, formó parte de la limpieza del *Valdez*. En la actualidad, como jefe de seguridad de la compañía, cree que ninguna metedura de pata es demasiado pequeña para hacerle caso omiso. «Cada error que estamos a punto de cometer —explica— puede enseñarnos algo. Tan solo tenemos que tomarnos el tiempo necesario para investigarlo».

Como la RAF y Toyota, ExxonMobil anima incluso al empleado más nuevo a dar la voz de alarma cuando algo va mal. No hace mucho, un joven ingeniero recién llegado a la empresa no estaba completamente convencido sobre un proyecto de perforación en África occidental, así que lo cerró de manera temporal. «Paralizó un proyecto multimillonario porque sentía que podía haber problemas y que necesitábamos hacer una pausa y volver a repasarlo por completo. Los responsables lo respaldaron —dice Murray—. Incluso hicimos que se pusiera de pie en un acto y lo nombramos empleado del mes». Gracias a estos criterios, Exxon tiene ahora un récord envidiable de seguridad en la industria del petróleo.

Los errores también pueden ser un don a la hora de tratar con los consumidores. Cuatro de cada cinco productos que se lanzan se deterioran en el primer año, y las mejores compañías aprenden de sus fiascos.[4] El Newton MessagePad, el Pippin y el portátil de Macintosh fueron una bomba para Apple, pero aun así allanaron el camino para productos ganadores como el iPad.

Incluso en el despiadado mundo del *branding*, en el que el menor paso en falso puede hacer que los clientes salgan en estampida por la salida y que se tambalee la firma más poderosa, asumir errores puede desencadenar una lucha competitiva. En 2009, cuando las ventas se hundían en Estados Unidos, Domino's Pizza invitó a sus clientes a dar un veredicto sobre su comida. Sus respuestas fueron dolorosas. «La peor pizza que he probado», dijo un miembro del público. «No sabe a nada», dijo otro. Muchos clientes compararon la corteza de la pizza de la compañía con el cartón.

En lugar de enfadarse u ocultar los resultados, Domino's entonó una completa *mea culpa*.[5] En anuncios de televisión con estilo de documentales, Patrick Doyle, el director general de la compañía, admitió que la cadena había perdido el control de su cocina y prometió hacer mejores pizzas a partir de entonces. Domino's volvió a la mesa de trabajo y actualizó la masa, la salsa y el queso.

Su campaña de cambio radical en sus pizzas dio sus frutos. Año tras año, las ventas aumentaron un 14,3 %, el mayor salto en la historia de la industria de la comida rápida. Dos años después de la disculpa, el precio de las acciones de la compañía subió un 233 %. Por supuesto, las recetas de la nueva pizza ayudaron, pero el punto de partida fue que Domino's hizo lo mismo que los miembros de la RAF y los empleados de Exxon deben llevar a cabo como una rutina: reconocer el error de su funcionamiento. Aquello permitió que la empresa entendiera exactamente qué estaba fallando para poder arreglarlo. Eso también aclaró las cosas. Hoy en día, muchas empresas anuncian a bombo y platillo productos de manera que el efecto final es un torbellino de ruido blanco que deja a los consumidores fríos. El propio acto de asumir sus errores le permitió a Domino's cortar el escándalo y retomar su relación con los clientes.

Los expertos en relaciones públicas coinciden en que la mejor manera de que una empresa maneje un error es disculparse y explicar cómo piensa arreglar el desaguisado, lo cual coincide con mi propia experiencia. El otro día se extravió un pago en mi cuenta bancaria. Después de tener que soportar veinte minutos de evasivas de la centralita, mi tono de voz empezó a subir conforme mi paciencia se agotaba. Entonces, un responsable se puso al teléfono y me dijo: «Señor Honoré, lo siento mucho. Hemos cometido un error con este pago». Mientras me explicaba cómo me devolverían el dinero, mi furia empezó a desvanecerse y acabamos parloteando sobre el tiempo y nuestras vacaciones de verano.

Las disculpas públicas pueden tener un efecto calmante similar. Cuando un cliente filmó a un conductor de FedEx lanzando un paquete que contenía un monitor de ordenador por encima de una valla de dos metros durante los días anteriores

a la Navidad de 2011, el vídeo se filtró y amenazó con destro-
zar las ventas durante el periodo de mayor trabajo del año.
En lugar de enrocarse, la empresa se disculpó de la mejor manera posible. En la entrada de un blog llamada «Absoluta y
positivamente inaceptable», el vicepresidente sénior de operaciones de FedEx en Estados Unidos anunció que estaba «disgustado, avergonzado y que lamentaba muchísimo el episo-
dio».[6] La empresa también le entregó al cliente un monitor
nuevo y sancionó al conductor. Como resultado, FedEx cal-
mó la tormenta.

Incluso cuando dilapidamos el dinero de otras personas, dar
un paso al frente para aprender del error suele ser la mejor
política.[7] En 2011, Ingenieros Sin Fronteras (Engineers Without Borders, EWB) de Canadá puso en marcha una página
web llamada AdmittingFailure.com, en la que los voluntarios
pueden colgar sus errores como advertencias. «Abrirse de ese
modo a la comunidad va en contra de todas las normas del
sector, así que fue un gran riesgo», dice Ashley Good, jefe de
operaciones de EWB. Pero los resultados hablaron por sí mismos. Como ya no tenían miedo a que los sancionaran por desatar
conflictos, los empleados de EWB se mostraron más dispuestos a asumir el tipo de riesgos que suelen servir de trampolines
para conseguir logros creativos. «La gente ahora se siente con la
libertad de experimentar, de dar pasos por sí misma, de arriesgarse porque saben que no los culparemos si no lo consiguen a
la primera —dice Good—. Y cuando relajas los límites así,
consigues soluciones más creativas a los problemas». Pongamos un ejemplo: después de mucho ensayo y error, EWB ha
diseñado un sistema que mejora los servicios de agua y sanitarios en Malaui movilizando a los gobiernos de los distritos, al
sector privado y a las comunidades al mismo tiempo. Los trabajadores de todo el sector de desarrollo ahora publican sus
propias historias en AdmittingFailure.com. Los contribuyentes
de EWB adoran también el nuevo sistema. En lugar de correr a
la salida, apreciaron su entusiasmo por aprender de sus errores. Good dice: «Hemos descubierto que ser abiertos y hones-

tos, en realidad permite crear un vínculo más fuerte y una mayor confianza con nuestros contribuyentes».

Lo mismo ocurre en las relaciones personales. Un primer paso para reconstruir una relación fallida con un compañero, amigo, padre o hijo es que todas las partes acepten su parte de culpa. Admitir los errores puede aplacar la culpa y la vergüenza que sufre quien ha cometido el error, y ayuda a la víctima a superar la ira que a menudo dificulta el perdón. Marianne Bertrand ve la magia del *mea culpa* todas las semanas en su trabajo, porque es terapeuta familiar en París. «Muchas personas se sientan en mi oficina y ni siquiera pueden empezar a tratar sus problemas porque están estancadas en la rabia y el resentimiento por lo que salió mal —explica él—. Sin embargo, cuando al final aceptan sus errores y se disculpan sinceramente por ellos, y oyen a la otra persona hacer lo mismo, puedes sentir de verdad que la atmósfera en la habitación cambia, que la tensión baja y, entonces, podemos empezar a trabajar en la reconciliación».

Incluso los médicos están cediendo al *mea culpa*. Estudio tras estudio se demuestra que lo que muchos pacientes quieren después de ser víctimas de un error médico no es una gran suma de dinero, ni la cabeza del médico servida en una bandeja. Lo que realmente desean es lo que hizo FedEx después del incidente del lanzamiento del paquete: una disculpa sincera, una explicación completa de cómo ocurrió el error y un plan claro para asegurarse de que no volverá a suceder. Casi el 40 % de los pacientes que ponen una demanda por mala praxis médica afirman que podrían no haberlo hecho si el médico que los atendió hubiera dado explicaciones y se hubiera disculpado del contratiempo.[8] El problema es que muchos de los profesionales de la medicina son demasiado orgullosos o están demasiado asustados para decir lo siento.

Quienes lo hacen cosechan los beneficios. A finales de la década de 1980, el centro médico del Departamento de Asuntos de los Veteranos de Lexington, en Kentucky, fue el primer hospital de Estados Unidos que comprendió el poder del *mea culpa*. Informa a los pacientes y a sus familias cuando cualquier miembro de su equipo comete un error que causa algún daño, incluso aunque las víctimas no sean conscientes del error. Si de verdad resulta que el médico ha tenido la culpa, debe ofrecer una disculpa clara y compasiva al paciente. El hospital también explica los pasos que adoptará para asegurarse de que el error no volverá a producirse, y pueden ofrecer algún tipo de indemnización. Sin embargo, la piedra angular del nuevo sistema es el simple acto de decir lo siento. Es algo que funciona bien tanto con los pacientes como con sus familias. «El resultado es que, según nuestros cálculos, ahora gastamos mucho menos tiempo y dinero en demandas por mala praxis», dice Joseph Pellecchia, el jefe de personal del hospital.

Disculparse también proporciona mejores cuidados médicos. Cuando los trabajadores médicos pueden tratar abiertamente con el fracaso emocional resultante de cometer un error, están menos estresados y son más capaces de aprender de sus errores. «Los médicos no son dioses, son seres humanos, y eso significa que cometen errores —dice Pellecchia—. Se ha producido un cambio increíble, en el que se ha pasado de un entorno punitivo a uno de aprendizaje, y un médico puede preguntar: "¿Qué ha pasado? ¿Qué ha ido mal? ¿Ha sido un problema del sistema? ¿He sido yo?", y aprender de sus errores para proporcionar un mejor cuidado». Otros hospitales del mundo han seguido su ejemplo. A su estela, los gobiernos estatales y provinciales de Estados Unidos y Canadá han promulgado las que se conocen como «leyes de disculpa», que impiden a los litigantes usar la disculpa de un médico como prueba de culpabilidad. El efecto ha sido el mismo en todas partes: médicos más felices, pacientes más felices, y menos litigios.

Lo cierto es que cualquier solución lenta digna de su nombre suele empezar con un *mea culpa*. Ya sea en el trabajo o en las relaciones, la mayoría de nosotros solemos dejarnos llevar fingiendo que todo va bien (recuerde la tendencia al *statu quo* y el problema del legado). Admitir que existe un problema y aceptar nuestra parte de culpa puede sacarnos de esa senda. En el programa de doce pasos inventado por Alcohólicos Anónimos, y que ahora se usa en la batalla contra muchas otras adicciones, el primer paso es admitir que has perdido el control de tu propio comportamiento. «Hola, me llamo Carl y soy adicto a la solución rápida».

Evitar fustigarse a modo de castigo suele ser el primer paso para superar nuestra aversión natural a admitir errores, sobre todo en nuestros puestos de trabajo. También ayuda dar alicientes, animarlos o incluso recompensarlos por asumir un error. Recuerde el premio al empleado del mes que se le concedió al joven ingeniero de ExxonMobil. Además de los premios de seguridad aérea, la RAF da un incentivo económico a cualquiera que señale un error que más tarde ahorre dinero a las fuerzas aéreas. En el ámbito de la ayuda, las organizaciones pueden ganar un premio al fracaso más brillante por compartir errores cometidos en el desarrollo de proyectos. En Sure-Payroll, una compañía online de pagos de nóminas, los empleados se proponen a sí mismos en una competición por el mejor nuevo error. En una animada reunión anual, escuchan las historias de colegas que se han equivocado y lo que todo el mundo puede aprender de sus meteduras de pata. Quienes asumen los errores más útiles ganan un premio en metálico.

Incluso en el ámbito educativo, donde fallar una sola pregunta en un examen puede torpedear las posibilidades de entrar en una buena universidad, se están dando pasos adelante para que los estudiantes acepten los errores. Ante la preocupación por que sus alumnos más destacados hubieran perdido el apetito por asumir riesgos intelectuales, una de las mejores escuelas de Londres para chicas celebró una Semana del Error en 2012. Con la ayuda de profesores y padres, y mediante asambleas, tutorías y otras actividades, las estudiantes de Wimbledon High exploraron los beneficios de equivocarse. «Las personas con éxito aprenden del fracaso, lo aceptan y siguen adelante —dice Heather Hanbury, la directora—. Que algo salga mal puede incluso ser lo mejor que podría pasarle a una persona a largo plazo, incentivando la creatividad, por ejemplo, aunque en el momento preciso pareciera un desastre». La semana del fracaso ha alterado la atmósfera de la escuela. En lugar de sobreproteger a los alumnos, los profesores se sienten más cómodos diciéndoles sin tapujos que se han equivocado, lo que les hace más fácil encontrar una solución mejor. Las chicas también están asumiendo mayores riesgos, han seguido líneas de investigación más atrevidas en clase, y un mayor número de ellas se ha apuntado a concursos de escritura. Los miembros de la escuela de debate utilizan argumentos más arriesgados y ganan más concursos. «Quizá lo más importante que nos dio aquella semana fue una forma de hablar del fracaso, no como algo que había que evitar, sino como una parte esencial para aprender, mejorar y solucionar problemas —dice Hanbury—. Si una chica está disgustada por una mala nota, ahora otra podría hacerle una broma amistosa sobre ello o decir algo así como: "Vale, esta vez no te ha ido bien, pero ¿qué puedes aprender de ello?"».

La mayoría de los lugares de trabajo necesitan urgentemente un cambio cultural similar. Pensemos en todas las lecciones que no se aprenden, en todos los problemas que quedan sin resolver, en los malos sentimientos que se alimentan, y en todo el tiempo, la energía y el dinero malgastados por culpa del instinto humano de tapar sus propios errores. Ahora pensemos en lo mucho más eficiente, por no decir agradable, que sería su lugar de trabajo si cada error pudiera ser una chispa que hiciera el trabajo más inteligente. En lugar de ir quejándose por las esquinas, podría revolucionar su oficina o su empresa de pies a cabeza.

Todos podemos dar ciertos pasos para aprovechar el *mea culpa* y aprender de nuestros errores. Programe un momento Clinton diario en el que diga «me he equivocado», y después averigüe por qué. Cuando cometa un error en el trabajo, extraiga una o dos lecciones de la metedura de pata, y entonces asúmalas sin demora. Cuando otros se equivoquen, contenga la tentación de burlarse o mofarse y ayúdelos a encontrar el lado positivo. Inicie una conversación en su empresa, escuela o familia sobre cómo el hecho de admitir errores puede inspirar y acabar suponiendo saltos creativos. Refuerce ese mensaje usando términos positivos como «regalo» o «bonificación» para describir la revelación de errores útiles y recordando citas como la de Henry T. Ford: «El fracaso es simplemente la oportunidad de empezar de nuevo, esta vez de forma más inteligente».

También ayuda el crear un espacio compartido, como un foro de Internet o un libro de sugerencias, para airear los errores. Tomando prestada una idea de Toyota, Patounas ha colocado un tablón de anuncios en los cuarteles de su escuadrón en el que cualquier miembro de su equipo puede llamar la atención sobre algún problema, y cada caso se investiga y se trata de inmediato. «Ya es muy popular, así que es fácil ver a los ingenieros y los pilotos reunidos en torno a él —dice Patounas—. Es tangible, algo que puedes coger con las manos».

Desde luego, ayuda saber que nuestros errores raramente les parecen a los demás tan malos como imaginamos. Tenemos una tendencia natural a sobrestimar lo mucho que la gente se fija en nuestras meteduras de pata o cuánto le importan. Los psicólogos lo llaman «el efecto foco», es decir, tal vez pueda sentirse mortificada por descubrir que ha asistido a una gran reunión con una carrera en las medias o morirse de vergüenza al ver que lleva la corbata manchada de huevo, pero lo más posible es que nadie más lo notara. En un estudio llevado a cabo en la Universidad de Cornell, se les pidió a unos cuantos estudiantes que entraran en una habitación con una camiseta de Barry Manilow, una sentencia de muerte para la vida social de cualquier persona que se considere al tanto de las últimas tendencias de la moda.[9] Mientras que los sujetos casi se mueren de vergüenza, solo el 23 % de las personas presentes en la habitación se fijaron en el empalagoso cantante.

Aunque asumir un error apenas llega a ser tan malo como tememos, es solo el primer paso hacia una solución lenta. El siguiente es dedicar el tiempo necesario para averiguar de entrada cómo y por qué erramos.

3

PENSÉMOSLO BIEN:
«RECULER POUR MIEUX SAUTER»*

No hagas nada sin más, quédate ahí.

EL CONEJO BLANCO
de *Alicia en el País de las Maravillas*

Si le solicitaran que diseñara una oficina que pudiera hacer que los empleados esperaran con ganas que llegara el lunes por la mañana, podría pensar en algo parecido a las oficinas centrales de Norsafe. Todas las ventanas dan a vistas de bucólica felicidad. Hay casas revestidas de tablillas enclavadas en el bosque, pequeños barcos que se balancean junto a los muelles de madera, y gaviotas que surcan el cielo despejado. A finales de la mañana, la luz del sol convierte ese estrecho canal del sur de Noruega en una franja plateada resplandeciente.

Durante muchos años, el balance general ha parecido igualmente idílico. Norsafe lleva construyendo barcos desde 1903 en un país donde la navegación es un negocio serio. Con más litoral que Estados Unidos, esta larga y estrecha nación situada en el extremo septentrional de Europa siempre ha tenido la mirada puesta en el mar. Incluso hoy, uno de cada siete noruegos es dueño de algún tipo de embarcación. Sin embargo, las apariencias pueden ser engañosas. No hace mucho, Norsafe era una empresa a punto de padecer una crisis nerviosa, y donde a nadie le apetecía que llegara el lunes.

La empresa construye botes salvavidas altamente especializados para plataformas petrolíferas y superpetroleros. Cerrados como un submarino, y pintados de un naranja chillón y reglamentado, se pueden lanzar al agua, cargados de pasaje-

---

* Dar un paso atrás para coger impulso. (*N. de la t.*)

ros, desde una altura de casi cuarenta metros. Estamos a mediados de la primera década del siglo xxi, cuando la economía
global estaba en auge, inundados con encargos de todo el
mundo, triplicando la facturación de Norsafe. Pese a estar por
detrás de los ingresos máximos totales, la empresa, como Toyota, había perdido el control de su equipo interno y tenía di-
ficultades para estar a la altura. No se cumplían los plazos, los
fallos de diseño pasaban desapercibidos en la planta de producción, y nadie respondía a las quejas de los clientes. Mientras las demandas se amontonaban, y los beneficios se hundían, el departamento de diseño y los equipos de fabricación y
de ventas se lanzaban a la yugular los unos de los otros. Todo
el mundo sabía que había un problema, pero nadie sabía cómo
arreglarlo.

El punto de inflexión llegó en 2009, cuando un consultor de
organización llamado Geir Berthelsen pronunció un discurso
en las oficinas del Norsafe. Con la cabeza afeitada y unos ojos
observadores, este noruego de cuarenta y ocho años irradia la
calma de un monje zen. Desde principios de la década de 1990,
su empresa de consultoría, Magma, se ha dedicado a arreglar
los problemas de compañías de todo el mundo con su versión
de la solución lenta. Ya sea en el campo o en la industria, el
primer paso de la recuperación es siempre el mismo: tomarse
el tiempo que haga falta para averiguar la razón real. «La mayoría de las compañías siempre van con prisas, así que se limitan
a aplicar soluciones rápidas que se limitan a tratar los síntomas
en lugar del problema en sí mismo —dice él—. Para identificar
lo que realmente va mal, en primer lugar debes conseguir una
imagen completa a cámara lenta de la empresa, hay que actuar
como Toyota y preguntarte por qué, por qué y por qué; hay
que bajar el ritmo lo suficiente para analizar y comprender».

Esa es una definición clara del siguiente ingrediente de la
solución lenta: tomarnos el tiempo necesario para pensar bien
en el problema y, de ese modo, llegar al diagnóstico correcto.
Cuando le preguntaron qué haría si tuviera que salvar el mundo en una hora, Albert Einstein respondió: «Dedicaría cin-

cuenta y cinco minutos a definir el problema, y solo cinco a
encontrar la solución». La mayoría de nosotros hacemos exactamente lo contrario. Piense en su última visita al médico de
cabecera. Lo más probable es que la cita no durara más de unos
pocos minutos, y que le costara explicar todo lo que quería.
Mediante un estudio se detectó que los doctores les dejan a los
pacientes explicar su dolencia veintitrés segundos antes de in-
terrumpirlos.[1] ¿Resulta extraño que haya tantos diagnósticos
erróneos?

De igual modo, raras veces se descubre la verdadera razón
por la que falla una organización leyendo un e-mail, concer-
tando una reunión o repasando el informe anual. Cuando las
cosas van mal, como hemos visto antes, la gente suele escurrir
el bulto y evita decir nada que le pueda hacer quedar mal o
herir los sentimientos de sus colegas. En un mundo que premia
la acción por encima de la reflexión, y cuando el reloj no se
detiene, tomarse cincuenta y cinco minutos para pensar requiere unos nervios de acero. No obstante, desde los negocios hasta la medicina y todos los demás ámbitos, lo mejor que puede
prescribir el médico es una pequeña falta de acción. Algunos
problemas no son más que unas pequeñas turbulencias, o una
simple distracción. Con otros, la solución llegará sola si se espera lo suficiente. Sin embargo, incluso en el caso de los problemas que necesitan intervención, la inacción combinada con
el pensamiento profundo y la observación perspicaz puede ser
el primer paso para una solución inteligente. Es decir, pensarlo
todo bien. Esa es la razón por la que los doctores que tratan
dolencias poco habituales suelen pasarse días, semanas e incluso meses realizando pruebas, observando cómo evolucionan
los síntomas y ordenando más diagnósticos, antes de llegar a
un diagnóstico final y empezar un tratamiento. «No hacer
nada en absoluto es lo más difícil del mundo —dijo Oscar Wil-
de—. Lo más difícil... y lo más intelectual».

Por esa razón la firma de consultoría Magma pasa mucho
tiempo en las trincheras, trabajando junto a los empleados,
observando, escuchando, aprendiendo, ganándose la confian-

za y leyendo entre líneas. «Siempre empezamos por el fondo, en la planta baja de la fábrica o dondequiera que se haga el trabajo, y vivimos allí el tiempo que haga falta para comprenderlo todo sobre cómo funcionan todos los sistemas y cómo actúan todas las personas dentro de esos sistemas —dice Berthelsen—. Tenemos que descubrir las preguntas adecuadas antes de poder plantear las respuestas correctas. Solo entonces podemos arreglar las cosas de verdad».

Después de una larga misión, el equipo Magma señaló por qué Norsafe estaba haciendo aguas: se había convertido en una gran empresa que todavía operaba como una pequeña. Conforme las órdenes habían crecido y se habían hecho más complejas, los trabajadores habían dejado de prestar atención a los detalles, un error fatal cuando los botes salvavidas más sofisticados contienen 1.500 elementos y están sujetos a un montón de reglas y regulaciones. Los diseñadores producían los dibujos con escasos miramientos hacia los presupuestos o las leyes de la física. El equipo de ventas podía dar luz verde a los trabajos sin comprender del todo la letra pequeña. Situado en un edificio aparte junto a las oficinas, el departamento de construcción del negocio trabajaba de modo inadecuado para ajustarse al presupuesto. Mientras los reproches se sucedían sin parar, la empresa degeneró en una algarabía de rivalidades internas. «Nos peleábamos para conseguir que el departamento de ventas nos mostrara los pedidos de entrada o conseguir alguna información por su parte, y nadie podía romper el pacífico silencio de la gente de diseño, que estaba en su propio rincón —dice Geir Skaala, propietario y director general—. Me sentía como si fuera el único de la junta directiva a quien le interesaba lo que ocurría en producción».

Después de hacer su trabajo, Magma diseñó un sistema que permitiera a Norsafe operar como una gran empresa. El primer paso fue reservar más tiempo para examinar los contratos. El equipo de ventas ahora repasa cada pedido con lupa, y Skaala lee cada contrato en persona, marcando en rojo los puntos con los que no está de acuerdo y en amarillo los que requieren al-

guna aclaración. Cada diseño va ahora con una lista completa
de todas las especificaciones relevantes. El papel de cada uno
en la empresa se ha definido con claridad, y los trabajadores
mantienen registros regulares de sus acciones.

Magma también empezó a romper las barreras entre los departamentos. Los empleados de diseño, ventas y producción
ahora se reúnen de manera regular, con los móviles apagados,
para hablar sobre contratos, planes nuevos y lo que está ocurriendo en la fábrica. Como los miembros de la RAF Coningsby y
los trabajadores de ExxonMobil, se anima a todo el mundo a
informar incluso de los problemas más pequeños y a proponer
soluciones. Para reforzar el nuevo espíritu de apertura, Skaala
empezó a comer en la cantina en lugar de hacerlo solo en su
oficina.

La solución lenta no se puede poner en marcha en una noche, ni sin dolor. Requirió meses de explicaciones, acercamien-
tos y reciclaje. Algunos egos resultaron dañados, y se pusieron
a prueba las amistades. A pesar de que el *statu quo* los hacía
sufrir, a muchos empleados les resultó difícil adoptar la nueva
forma de trabajar. «Sintieron: "Así es como lo hago, como lo
hizo mi padre y como lo hacía mi abuelo, ¿por qué debería
cambiar?" —dice Skaala—. No era falta de voluntad; tan solo
resultaba más fácil seguir como antes». En otras palabras, la
tendencia a seguir el *statu quo*. Sin embargo, al final la mayoría de los empleados de Norsafe abrazaron el nuevo régimen, y
los dos que no lo hicieron acabaron yéndose.

Los empleados parecían encantados con el cambio. Hans
Petter Hermansen ha sido el encargado de producción de Norsafe durante más de veinte años. Con su gran bronceado, su
pelo canoso y unos penetrantes ojos azules, parece un cruce
entre Giorgio Armani y el héroe de *El viejo y el mar* de Heming-
way. «Magma nos ha enseñado a quejarnos, e incluso a detener la producción, si algo va mal en un pedido, en lugar de li-
mitarnos a intentar que funcione a toda costa —dice—. Ahora
todos hablamos y trabajamos juntos como un equipo, lo que
significa que, en realidad, hacemos las cosas bien desde el prin-

cipio, lo que a su vez resulta mucho más eficiente que arreglar los errores más adelante en la cadena de producción».

A la solución lenta le queda un largo camino por recorrer. Una revolución que empezó en los departamentos de ventas y contratación se abrió entonces camino en el resto de la compañía. Extender los cambios a operaciones en China y Grecia requerirá más tiempo. Incluso en las oficinas generales de Noruega, el nuevo sistema todavía se está asentando. El día en que visito la sede Norsafe, están probando un prototipo de bote salvavidas. Varios diseñadores nerviosos están de pie en un muelle, observando cómo meten el bote en el agua en un experimento controlado. Después de tocar el agua, tarda en enderezarse más de los tres minutos que estipulan las leyes internacionales. Los diseñadores parecen perplejos, pero Hermansen sonríe con ironía. «Se están devanando los sesos, pero ya les había dicho que necesitaban cuatro centímetros más de espuma en los lados de la cubierta —murmura—. Esto te demuestra que incluso cuando se siguen los métodos correctos en la empresa, la gente no siempre te escucha».

A pesar de todo, Norsafe parece haber hecho avances. Los contratos se procesan sin problema en la empresa, los salvavidas llegan a tiempo y en buenas condiciones, y los beneficios están subiendo. Ya no hay más demandas pendientes, y el ánimo en la oficina mejora. En 2011, el periódico financiero más importante en Noruega publicó un artículo en el que describía Norsafe como una «máquina de hacer dinero». Skaala está encantado. «Ahora todo funciona, y volver a la oficina vuelve a ser divertido. No es como construir un cohete. Tampoco es magia. No resulta difícil de comprender. Solo necesitábamos bajar el ritmo y pensar bien qué estábamos haciendo mal en la empresa antes de que pudiéramos arreglarlo», explica.

Hay otras personas que llevan a cabo este tipo de pensamiento lento sin necesidad de asesores. A finales de la década de 1980, Patagonia, la empresa con base en California que construye herramientas y equipos eficientes para actividades en exteriores y respetuosos con el medio ambiente, creció tan

rápido que dejó de darles a sus nuevos encargados una formación adecuada y perdió el control de su red de divisiones de
productos y de canales de distribución. Como respuesta, Yvon
Chouinard, el fundador y propietario, decidió ponerse en modo
solución rápida, y llegó a reestructurar la compañía cinco veces
en otros tantos años. «Estaba volviendo loco a todo el mundo
probando nuevas ideas a todas horas, sin tener claro adónde
queríamos llegar», escribió más tarde. Para buscar esa dirección, Chouinard acabó tirando de la cuerda Andon. En 1991
se llevó a una docena de sus mejores directores al sur de Argentina para hacer un viaje a la auténtica Patagonia. Como los
profetas bíblicos que buscan la verdad en el desierto, los máximos responsables de la compañía pasaron dos semanas haciendo
excursionismo por el duro y ventoso paisaje, dándole vueltas a
la Gran Pregunta: «¿Qué tipo de empresa queremos construir?».
Volvieron de Argentina con un ramillete de ideas que finalmente cristalizaron en una declaración de intenciones: «Hacer el
mejor producto, no causar daño innecesario, y usar el negocio
para inspirar y poner en práctica las soluciones a la crisis medioambiental».

Para que esa filosofía calara en la cadena de mando, Chouinard se llevó a los encargados de los niveles inferiores a retiros
de una semana a parques nacionales de Estados Unidos. Después de tomarse el tiempo necesario para responder a la Gran
Pregunta, Patagonia pudo finalmente poner su empresa en orden, recortando capas superfluas de supervisión, modernizan-
do los inventarios y controlando sus canales de ventas. Hoy, la
empresa consigue ventas anuales de más de 540 millones de
dólares, al mismo tiempo que continúa con la política iniciada
en 1985 de donar el 1 % de esas ventas a causas de defensa del
medio ambiente.

El mundo de los negocios no es el único que sale beneficia-
do de pensar en los problemas a conciencia. Con su nuevo sistema de seguridad, la RAF utiliza a psicólogos para investigar
hasta el fondo los llamados «factores humanos» que desempeñan una parte en todo accidente. «Cada pieza del puzle tiene

una historia, y detrás de esa historia hay otra, y otra, tanto si es un hombre que salió de casa temprano de buena mañana, porque estuvo hasta tarde la noche anterior, tuvo una pelea con su mujer o su pareja, o porque llegó al trabajo y los libros que debía consultar no estaban allí —dice Brailsford—. Nuestro propósito es tirar de la cuerda Andon para llegar al mismísimo fondo de cada problema, lo que significa que nos tomamos más tiempo para pensar antes de actuar, pero cuando lo hacemos somos capaces de aplicar las soluciones correctas a los problemas correctos».

Con los problemas sentimentales ocurre otro tanto. Si quieres arreglar una relación rota, debes tomarte tu tiempo para averiguar lo que realmente está pasando antes de buscar la solución adecuada. Cuando ejerce como consejero de parejas en Toronto, Dave Perry coloca una pequeña tortuga de cerámica en la mesa entre él y sus clientes. «Es solo un pequeño recordatorio visual de que hay que adoptar un enfoque lento y paciente para llegar al corazón del problema —explica—. Al principio, la gente se resiste porque quiere una solución rápida, pero una vez que percibe que tiene permiso para bajar el ritmo, se produce un enorme alivio».

Tomarse el tiempo para identificar y localizar el problema es básicamente el *modus operandi* de IDEO, una empresa de diseño global famosa por la profunda y sagaz investigación que realiza antes de prescribir una solución. Cuando el Memorial Hospital and Health System de South Bend, en Indiana, pidió ayuda para planificar su nuevo centro de medicina cardiológica y vascular, los empleados de IDEO pasaron semanas en las salas del hospital, observando, escuchando y haciendo preguntas. Entrevistaron y organizaron talleres con pacientes, familias, médicos, gerentes, técnicos y voluntarios. Incluso recrearon la experiencia de llegar al hospital en todo tipo de situaciones, desde una simple consulta hasta una operación a corazón abierto, desde los puntos de vista del paciente y de los miembros de la familia. Muchas de sus sugerencias se incluyeron en el diseño final de la nueva ala. «En lugar de limitarse a investigar las necesidades de la gente preguntando directamente: "¿Qué le gustaría?", adoptamos un enfoque más meditado y experimental que requiere inmersión y un filtrado —dice Jane Fulton Suri, socia gerente y directora creativa de IDEO—. Cuando pasas más tiempo profundizando y familiarizándote con un problema, se crea espacio para nuevas y sorprendentes percepciones».

Puede llevar incluso a replantear por completo el problema original. Si un cliente pide una nueva tostadora mejorada, IDEO puede hacer la pregunta al revés: ¿hay una manera mejor de hacer una tostada? O ¿cómo podría ser diferente el desayuno? IDEO siguió una táctica similar cuando ayudó a Apple a desarrollar su revolucionario ratón en 1980. «Desde el primer momento empezamos a preguntarnos: "¿Cuál es el verdadero problema que debemos tratar?" —dice Fulton Suri—. Siempre existe el problema de que la solución ya está alojada en el marco de nuestro problema original. Si nos tomamos el tiempo para reformularlo, podemos abrir una alternativa y, a menudo, maneras mejores de tratar la necesidad real».

Ese principio está incluso demostrando su eficacia en el formal mundo del control del tráfico. Cuando se producen accidentes de tráfico de manera reiterada en un tramo de carretera concreto, la solución tradicional consiste en modificar las instalaciones de la calle; por ejemplo, poner nuevas luces, o baches para moderar la velocidad, o señales de peligro. ¿Por qué? Porque cuanta más orientación se les dé a los motoristas, mejor conducirán.

¿O no? Después de seguir esta regla de oro durante años, no se consiguió hacer las carreteras más seguras, y algunos ingenieros empezaron a plantearse si estaba formulándose la pregunta equivocada. En lugar de preguntar qué podemos añadirles a nuestras carreteras para hacerlas más seguras, empezaron a preguntar, siguiendo el estilo intuitivo de IDEO, cómo debería ser más segura una carretera. Lo que descubrieron los dejó atónitos. Resulta que los conocimientos tradicionales sobre el tráfico son erróneos. A menudo, cuanto menos les digas a los

motoristas cómo deben comportarse, con más seguridad conducirán. Pensemos en ello. La mayoría de los accidentes tienen
lugar cerca de puertas de escuelas y cruces, o alrededor de carriles para autobuses y bicicletas, que suelen estar regulados
por un denso bosque de señales, luces y marcas. Eso se debe a
que el aluvión de instrucciones puede distraer a los conductores. También puede infundirles un falso sentimiento de seguridad y hacerlos más propensos a correr sin prestar atención.

Si minimizamos las luces, la señalación y las indicaciones
visuales, los motoristas deberán pensar por sí mismos. Tendrán
que entablar contacto visual con los peatones y los ciclistas,
negociar su paso por el núcleo urbano y planear su siguiente
movimiento. Resultado: el tráfico fluye más libre y seguro.
Desmantelar las señales de Kensington High Street, una de las
avenidas comerciales más concurridas de Londres, ayudó a disminuir la tasa de accidentes en un 47 %.[2]

También hay razones neurológicas para que uno se tome su
tiempo para pensar en un problema con calma y a fondo. Las
fechas límite desempeñan un papel importante a la hora de
encontrar soluciones, pero correr a contrarreloj puede conducir a un pensamiento superficial y descuidado. Teresa Amabile,
profesora y directora de Investigación en la Harvard Business
School, ha dedicado los últimos treinta años a estudiar creatividad en el centro de trabajo. Sus investigaciones señalan una
conclusión aleccionadora: las prisas nos hacen ser menos creativos. «Aunque unos niveles moderados de presión temporal
no dañan la creatividad, la extrema presión temporal puede
dañar la creatividad porque la gente no puede comprometerse
al cien por cien con el problema —dice Amabile—. La creatividad suele requerir un periodo de incubación; la gente necesita
tiempo para empaparse de un problema y dejar que surjan las
ideas».

Todo esto lo sabemos por nuestra propia experiencia. Nuestras mejores ideas, esos momentos en los que podemos gritar
«¡Eureka!» y que cambian de arriba abajo la situación, son
muy infrecuentes cuando estamos atascados y haciendo mala-

barismos para responder un montón de e-mails, cuando tenemos que presionar para que se oiga nuestra voz en una reunión muy estresante, o cuando le tenemos que entregar un trabajo a un jefe impaciente. Las mejores ideas surgen mientras paseamos al perro, estamos dándonos un baño o meciéndonos en una hamaca. Cuando estamos tranquilos, no tenemos prisa y estamos libres de estrés y distracciones, el cerebro piensa de forma más rica y matizada.[3] Algunos llaman a esto «pensamiento lento», y las mejores mentes siempre han entendido su poder. Milan Kundera habló sobre «la sabiduría de la lentitud». Arthur Conan Doyle escribió que Sherlock Holmes entraba en un estado casi meditativo, «con una expresión soñadora y vacía en sus ojos», cuando examinaba las pruebas de las escenas de los crímenes. Charles Darwin se denominaba a sí mismo un «pensador lento».

Bajar el ritmo para pensar bien las cosas tiene incluso sentido cuando las circunstancias no nos permiten disponer de semanas de paciente observación, ni de largos y meditativos paseos en la Patagonia. Las estadísticas demuestran que los oficiales de policía se ven implicados en menos tiroteos, detenciones y asaltos cuando trabajan solos que cuando lo hacen con un compañero.[4] ¿Por qué? Porque un policía que va en solitario es más cauteloso y circunspecto, y, por lo tanto, es más probable que se tome un momento para sopesar las opciones antes de actuar. Una corta pausa puede hacer que nos comportemos incluso de forma más ética.[5] Los investigadores de la Universidad Johns Hopkins han demostrado que, cuando nos enfrentamos a una clara elección entre lo que es correcto y lo que no lo es, tenemos cinco veces más probabilidades de hacer lo correcto si contamos con el tiempo necesario para pensarlo. Otras investigaciones sostienen que solo dos minutos de reflexión razonada pueden ayudarnos a ver más allá de nuestros prejuicios y aceptar los méritos de un argumento racional.

Si queremos dedicar espacio para efectuar una reflexión rica y creativa, necesitamos abolir el tabú contra la lentitud que está tan arraigado en la cultura del siglo XXI. Necesitamos aceptar que bajar el ritmo juiciosamente, en los momentos justos, nos puede hacer más inteligentes. Cuando nos enfrentamos a un problema en grupo, les prestamos menos atención a los pensadores rápidos que monopolizan la escena, y más a las personas más tímidas y modestas que se tumban y sopesan y ponderan lo que dicen. Tim Perkins, un preparador de la Odisea de la Mente, es un testigo permanente de este proceso. «El año pasado tuvimos a una chica que guardaba tanto silencio durante las sesiones de tormenta de ideas que casi podías olvidarte de que estaba allí —explica—. Sin embargo, en realidad se estaba tomando el tiempo necesario para procesar lo que se decía, y al cabo de diez o quince minutos daba su opinión. A menudo el equipo acababa aceptando su solución al problema».

Todos podemos dar unos pasos adelante para pensar mejor las cosas. Incluso cuando no hay nada que requiera arreglo, vale la pena sacar tiempo para desconectar de la tecnología y dejar que la mente reflexione. Cuando se enfrente a un problema nuevo, convierta en norma consultarlo con la almohada al menos una noche antes de proponer solución alguna. Pregúntese «por qué, por qué y por qué» hasta que llegue a la raíz del asunto. Ponga un objeto en su escritorio (una escultura, un caracol de madera o una foto de su lugar de veraneo favorito) que le recuerde que no debe apresurarse y que tiene que pensar antes de actuar. Sobre todo, ponga a prueba sus soluciones una y otra vez, por muy infalibles que parezcan.

Es fácil cometer el error de apostarlo todo a una solución rápida que promete dar rápidos frutos, incluso cuando se diseñan sistemas para evitar que eso ocurra. Los investigadores de la RAF Coningsby, recién entrenados en el arte de analizar «los factores humanos» y de buscar las raíces de los problemas, han caído en la trampa. No hace mucho tiempo, durante un trabajo rutinario de mantenimiento, un ingeniero abrió la puerta del tren de aterrizaje de un avión Typhoon. Se golpeó contra un pesado gato que había debajo, lo que provocó un desgarro que parecía causado por fuego enemigo. En el pasado, al joven cabo lo habrían castigado, y es probable que sus colegas lo hubieran ridiculizado. Tal vez incluso habría intentado manipular las pruebas para descargarse la culpa. En cualquier caso, su equipo habría reemplazado la puerta sin averiguar de verdad por qué había tenido lugar el accidente.

Con el nuevo régimen, el ingeniero realizó un informe en el momento, que desembocó en una investigación exhaustiva. La jefa de escuadrilla Simpson descubrió casi de inmediato que faltaba el seguro que habría evitado que la puerta del tren de aterrizaje cayera en aquel fatídico instante. Hasta ese momento, todo parecía ir bien. Sin embargo, una exploración más profunda descubrió un sorprendente descuido: a pesar de que los seguros están claramente incluidos en todos los manuales de los Typhoon, tres de los cuatro escuadrones de la RAF no llegaron nunca a ponerlos bien.

Simpson estaba sorprendida. «Todo el mundo sigue la lista. Todo el mundo está adiestrado de acuerdo con la lista. Todo el mundo puede ver las fotos del seguro en el lugar donde tiene que estar. Y aun así, nadie se había fijado en que nunca habíamos comprado ninguno de esos seguros», dice.

Pareció un punto a favor del nuevo sistema de seguridad. La RAF compró un montón de seguros y entonces cerró el caso de la puerta del tren de aterrizaje dañada.

> Todo el mundo dijo: «¡Caramba!, ¿no os parece un nuevo sistema brillante? Antes no habríamos sido capaces de verlo» —explica Simpson—. Pensamos: «Ahora ya está todo claro, problema resuelto». Solo que no lo estaba. Unas cuantas semanas después, otra puerta de un Typhoon se rompió en un accidente casi idéntico.

El cierre de seguridad era una pista falsa. Cuando los investigadores se tomaron el tiempo para pensarlo mejor e investigar el caso más en profundidad, encontraron un montón de factores diferentes que habían propiciado el percance: los ingenieros estaban distraídos por cambios de turnos; la iluminación del hangar era insuficiente; y una ilustración del manual de instrucciones mostraba el gato en un ángulo erróneo.

Estábamos tan contentos de haber encontrado el cierre de seguridad, que parecía una respuesta tan obvia al problema, que eso nos cegó por completo y simplemente dejamos de buscar otras causas —explica Simpson, con una mueca de desagrado ante el recuerdo—. Sin embargo, la parte positiva es que aprendimos una lección muy valiosa: el mero hecho de que te encuentres un factor que parezca ofrecer una solución casi perfecta, no debe hacer que te detengas ahí. Debes continuar la investigación, profundizar más y formular preguntas hasta que tengas una visión completa de lo que ocurrió y de cómo arreglarlo de la manera adecuada.

En otras palabras: si tu primera solución parece demasiado buena como para ser verdad, probablemente lo sea.

Cuando le pregunto a Simpson si esa manera de pensar a fondo lleva a un momento de claridad perfecta, se queda en silencio durante unos pocos segundos antes de responder. «La verdad es que llegas a un punto en el que sabes qué hay que hacer, pero rara vez es tan simple como dar con una solución milagrosa —dice—. Siempre hay múltiples factores que tienes que conectar».

4

PENSAMIENTO HOLÍSTICO: UNIR LOS PUNTOS

> Todo está conectado [...] Nada puede cambiar por sí
> solo.
>
> PAUL HAWKEN, ecologista

Lo llaman «el andar del gueto». Lo ha visto en episodios de
The Wire, en un millón de vídeos de *hip-hop*, y quizás incluso
en las calles de su propia ciudad. La expresión se refiere a esa
forma de caminar de forma patosa, a la forma de balancearse
al andar que utilizan los jóvenes de los barrios bajos. Parece
que tengan una vieja herida de bala, o que lleven un arma de
fuego en alguna parte de sus pantalones caídos. Es una cuestión de bandas, modales de la calle, otra pose diseñada para
enviarle el mismo mensaje a todo el mundo: «No te metas conmigo, porque soy todo un hijo de puta».

Cuando conozco a Lewis Price, es un auténtico profesional
del andar característico del gueto. Lleva el pelo peinado hacia
atrás en trenzas; los pantalones caídos; unas zapatillas Air Jor-
dan negras y rojas ostentosamente desatadas; y lleva un tatuaje
con la siglas «MOB» (*Money over Bitches*)* en la muñeca. A
los diecisiete años, es compacto y musculoso, con la energía
concentrada de un atleta en la línea de salida o un gato agaza-
pado listo para saltar.

Sin embargo, cuando Price empieza a hablar te das cuenta
de que no es un cabrón en absoluto. Su sonrisa fácil y sus maneras suaves contradicen su apariencia. Le encanta hablar y se
engancha a cualquier conversación, recorriendo la habitación
con la mirada como si buscara la siguiente razón para reír. Al
contrario que muchos jóvenes atrapados en la violencia entre

---

* «El dinero por encima de las zorras». (*N. de la t.*)

bandas que asuela el South Central de Los Ángeles, no está fingiendo la cojera por pose. Cuando tenía catorce años, un miembro de una banda rival le disparó al azar mientras él estaba caminando por la acera. La bala le atravesó la pierna derecha y se incrustó tan profundamente en la izquierda que los médicos prefirieron dejarla allí. Ya no puede jugar al fútbol ni al baloncesto, y la cojera atrae una atención indeseada en la calle. «La gente cree que camino así a propósito, que camino como el miembro de una banda porque quiero hacer una declaración de intenciones o algo así —dice—. Pero esa es la única manera en la que puedo caminar después del disparo. Bueno, tal y como lo veo, tengo suerte por poder caminar».

Price, en la actualidad, suele mirar el lado positivo. Le ha dado la espalda a la vida callejera, se ha ganado un sitio en el cuadro de honor y planea ir a la universidad, lo que supone una proeza para un chico nacido y criado en Watts.

Hace tiempo que este rincón de Los Ángeles está en la primera línea de la lucha del pueblo negro. En 1965, los disturbios de Watts convirtieron 130 kilómetros cuadrados de la ciudad en una zona de guerra de edificios carbonizados y duras batallas con la Guardia Nacional. Más tarde, las bandas tomaron el control, y dos de ellas, las legendarias Bloods y Crips, crearon unos violentos feudos. A lo largo de la última década, la población latina se mudó en masa. No obstante, a Watts lo atenaza la misma vieja lista de desesperación urbana: pobreza, crimen, escuelas en decadencia, falta de asistencia médica, paro, hogares rotos, drogas, embarazo juvenil, malnutrición, padres holgazanes y violencia doméstica. Con las cifras de miembros de bandas ascendiendo a miles, las peleas a puñetazos, los apuñalamientos y los disparos como el que dejó cojo a Price son el pan nuestro de cada día. No muchos chicos de Watts llegan a la universidad.

Price no es el primer miembro de una banda que le da un giro radical a su vida. Sin embargo, en lugar de otorgarle el mérito a la iglesia, a la familia o a algún heroico trabajador social, afirma que debe su conversión a su alma máter. Para el placer y la sorpresa de muchos residentes de Watts, el instituto local, conocido ahora como Ánimo Locke, ha pasado de ser un caso perdido a un soplo de esperanza.

> Si no fuera por el Locke, yo no sería la persona que soy hoy —dice Price—. Antes de venir aquí, tío, la única forma de sobrevivir era la vida callejera; pero cuando llegué aquí simplemente me abrieron los ojos. —Se queda en silencio durante un momento, como si pensara en el camino que no ha tomado, antes de añadir—: Si no fuera por el Locke, sería como todos mis viejos amigos; estaría muerto o en la cárcel. Pero ahora tengo futuro, ¿sabes? Soy un buen estudiante y conseguiré llegar a algún sitio.

Muchos países siguen teniendo que lidiar con el ciclo de los niños pobres que van dando tumbos en escuelas terribles que los llevarán sin remedio a una vida miserable. El problema es especialmente agudo en Estados Unidos, donde casi la mitad de los estudiantes abandonan los estudios en el 10 % de los institutos públicos, la mayoría de ellos situados en duros vecindarios urbanos.[1] Una solución es construir nuevas y mejores academias en las mismas zonas. Este es el enfoque que adoptan las organizaciones benéficas de Charter Management Organisations (CMO, por sus siglas en inglés), que han usado su dinero público para abrir y dirigir cientos de escuelas en Estados Unidos desde la década de 1990. La Administración Obama tomó un camino diferente: envió a directores extremadamente especializados, a quienes llamaron *star principals*, con el dinero y la orden de reconstruir desde cero escuelas deterioradas. Las dos estrategias han desembocado en resultados variados. El Locke sobresale entre los demás porque mezcla ambos enfoques para conseguir un efecto positivo.

En 2007, el distrito unificado de Los Ángeles invitó a una CMO llamada Green Dot para realizar un giro radical en el Locke. Era la primera vez que un grupo subvencionado estadounidense aceptaba encargarse de una escuela problemática, y el Locke tenía unos problemas enormes. Abierta en 1967 como símbolo de la renovación después de los disturbios de Watts, la escuela recibió su nombre por Alain Leroy Locke, el primer afro-americano que ganó una beca Rhodes para estudiar en la Universidad de Oxford. Sin embargo, a lo largo de los años, conforme los trabajos y las familias de clase media desaparecían del vecindario, los buenos alumnos de la escuela se fueron con ellos. Cuando Green Dot llegó, el Locke, que se extiende a lo largo de seis manzanas y alberga a 3.100 estudiantes, era el tipo de fábrica abandonada que se ve en las películas: los edificios garabateados, ventanas rotas y luces fundidas; la pintura cayéndose de las paredes en todas las clases, y la basura fluyendo como plantas rodadoras por todo el desaliñado campus. Había coches aparcados por todo el sitio, incluso en los patios de balonmano.

Los estudiantes se saltaban las clases para merodear por los pasillos, o se sentaban en grandes grupos para jugar a los dados o fumar hierba. Encendían hogueras dentro de la escuela, y organizaban fiestas en el tejado. Los miembros de las bandas vendían drogas a la salida del gimnasio. Los guardias de seguridad del campus se pasaban la mayor parte del tiempo deteniendo peleas y manteniendo separadas a las bandas rivales. Varios alumnos fueron tiroteados en las puertas de la escuela.

Algunos profesores hacían un esfuerzo heroico para darles una instrucción adecuada a los pocos alumnos dispuestos o capaces de recibirla, pero todo iba en su contra. Muchos se limitaron a rendirse. Los profesores ponían tantas películas que los padres apodaron al Locke «el cineplex del gueto». Muchos leían periódicos o novelas en clase mientras los chicos hacían el tonto y jugaban a las cartas. Incluso el profesor de Habilidades Sociales se presentaba en clase borracho. El Locke tocó fondo en 2007, cuando el Ayuntamiento tuvo que enviar helicópteros y policías antidisturbios para aplacar una pelea en la que estaban implicados cientos de estudiantes. Sin embargo, mientras los tiroteos, violaciones y apaleamientos llenaban los titulares, la estadística más dañina era esta: de los 1.451 chicos que empezaron noveno curso en 2004, menos del 6 % se graduaron con las credenciales suficientes para pedir el ingreso en la Universidad del Estado de California.

Sin embargo, las instituciones oficiales no se habían rendido con el Locke. Todo lo contrario, la ciudad lanzaba iniciativa tras iniciativa en la escuela: probaban una nueva política de asistencia primero, un programa de lectura después, un poco más adelante ponían al día un código de disciplina, y así sucesivamente. El problema era que las autoridades nunca se tomaban el tiempo necesario para ver el panorama en su conjunto. En lugar de eso, saltaban de una iniciativa a otra igual que yo buscaba una cura tras otra para el dolor de espalda. Stephen Minix, el director de atletismo, tuvo un asiento de primera fila en este caleidoscopio de soluciones rápidas. «Año tras año aparecía gente con traje y corbata y esparcían un poco de aquello o un poco de eso otro en la escuela, y me decían: "Esto lo arreglará", y entonces se iban sin más —dice—. Siempre estaban cambiando las políticas que el distrito imponía, sin pensar en lo que realmente podían significar para el Locke, así que nunca dejaban ninguna huella. Eran meras soluciones que parcheaban problemas mucho más profundos».

Green Dot, por lo tanto, se enfrentó a una enorme cantidad de escepticismo desde el principio. Los profesores del Locke, incluido Minix, sospechaban que los recién llegados no serían más que otro grupo de vendedores de soluciones rápidas. Muchos residentes de Watts desconfiaban de aquellos forasteros de hablar tranquilo. Tal y como dijo uno de los padres: «Para mucha gente fue como "Aquí llegan estos tíos blancos, estos peregrinos que plantan sus tiendas, sus vallas y prometen que van a arreglar nuestra escuela y a nuestros críos, pero nosotros no tenemos nada que decir, y cuando no funcione, se largarán cabalgando al atardecer y nos dejarán con un lío incluso mayor que antes"».

No obstante, a Green Dot no le van las soluciones a modo de parche. Se propusieron llevar al Locke directamente al hospital para que le realizaran una cirugía mayor. El hombre que está al mando es Marco Petruzzi, con cuyos incisivos puntos de vista sobre nuestra cultura de modas y cháchara ya nos hemos encontrado antes. Cuando le pregunto qué nos dice el giro radical del Locke sobre el arte de resolver problemas, responde sin vacilación: «La lección principal es que no hay una política, un software o un solo cambio en el entorno que pueda arreglar una escuela problemática —explica—. Se trata de todo un abanico de factores, y hay que averiguar cuáles son, cómo están interconectados y enfrentarse a todos ellos».

Eso nos lleva al siguiente ingrediente de la solución lenta: unir los puntos requiere un enfoque holístico. En el capítulo 3 hemos visto la importancia de tomarse el tiempo para averiguar la verdadera naturaleza de un problema. Esto suele revelar una red de factores interconectados que jamás podrán arreglarse con una única solución milagrosa. Los problemas complejos, desde el cambio climático hasta el conflicto del Oriente Próximo, pasando por los problemas matrimoniales, deben examinarse a través de una lente más amplia, y hay que enfrentarse a ellos de forma holística. Cuando las empresas de Estados Unidos empezaron a investigar en serio sobre asuntos tecnológicos en la década de 1980, los expertos se sentaron a esperar una subida de la productividad. Sin embargo, eso no llegó a pasar. O tal vez sí, pero solo después de que los jefes se dieran cuenta de que no bastaba con instalar un hardware y un software atractivos. También hay que hacer una serie de cambios sistémicos, desde reciclar al personal hasta poner al día las prácticas laborales. Una regla básica es que por cada dólar que se gasta en nueva tecnología, una empresa debe invertir entre 5 y 10 dólares en reorganizarse y ser capaz de usarla.[2]

Ese enfoque holístico también puede aplicarse en medicina, donde los síntomas físicos suelen ser parte de una historia mayor. Utilizando el vínculo entre la mente y el cuerpo, muchos hospitales usan ahora el arte, la música e incluso se valen de payasos para ayudar a combatir el estrés, manejar el dolor y mejorar la curación.

Lo mismo sirve para arreglar relaciones rotas. Marianne Bertrand, la terapeuta que vive en París y de la que ya se ha hablado antes, se encuentra con parejas enfrentadas, que a menudo se concentran en un solo problema, como una infidelidad. Sin embargo, tales cosas rara vez ocurren de forma aislada, y suelen ser síntomas de problemas más profundos y más complejos. Como la RAF, que desentrañaba historias dentro de otras historias después de un accidente, Bertrand ayuda a las parejas a desvelar la historia que se esconde bajo la superficie. «No puedes comprender una obra de Shakespeare escuchando un único soliloquio —explica—. Una relación es como un enorme y complejo rompecabezas, así que necesitas examinar todas las piezas y, después, averiguar cómo encajan unas con otras».

El problema es que el pensamiento holístico no nos resulta fácil de realizar. Como vimos antes, el cerebro humano a menudo solo es capaz de tener una visión de túnel. Recuerde que más de la mitad de nosotros no vimos al hombre con el traje de gorila paseándose entre los jugadores de baloncesto en el vídeo de YouTube. Esa es la razón por la que las personas más capacitadas para resolver los problemas hacen un gran esfuerzo para unir los puntos. «Intentamos encarar cada problema descubriendo qué le ocurre realmente a la persona del sistema —dice Jane Fulton Suri, de IDEO—. Discernir cómo están conectadas las cosas, cómo se combinan las actividades de los diferentes jugadores para formar la cultura del lugar y cómo estos necesitan implicarse para hacer cambios». Siguiendo ese mismo espíritu, Green Dot se dispuso a renovar el Locke desde el interior.

Para crear un entorno más íntimo, dividió la escuela en academias más pequeñas, con un cercado improvisado y particiones. También recortaron el número de clases, que pasó de cuarenta a unas treinta. Se despidió a todos los profesores del Locke, y los invitaron a presentarse de nuevo al puesto. Después de una serie rigurosa de entrevistas, Green Dot volvió a contratar a un tercio de ellos, y completó el resto de la plantilla reclutando a jóvenes muy motivados procedentes del exterior. Con formación y asesoramiento constante, los profesores se mantienen en continuo reciclaje y motivados.

En lugar de salir de estampida cuando suena el timbre de las tres de la tarde, ahora la plantilla se queda por las tardes para impartir clases de tutoría adicionales, orientar a los alumnos sobre las solicitudes para la universidad o simplemente ofrecer un hombro amigo. También hacen visitas a domicilio y dan sus números de teléfono personales. «Los profesores nos enseñan, pero van más allá de eso —dice Price—. Realmente se aseguran de que si no comprendemos algo, podamos consultárselo en cualquier momento. Podemos llamarlos a última hora de la noche y decirles: "Estoy encallado con tus deberes, ¿puedes echarme una mano?", y siempre están dispuestos a dar las explicaciones necesarias hasta que hayamos acabado».

Para darles a los cambios académicos un propósito real, Green Dot se propuso que una sola idea calara hondo en la cultura de la escuela: con suficiente trabajo duro e imaginación, todo alumno que entra por la puerta podrá llegar a la universidad algún día. Esta creencia se repite como un mantra. Se ayuda a todos los alumnos a crear un plan universitario a partir del noveno curso. Hay banderines y folletos de universidades colgados en las clases junto a las fotos de graduados recientes con el birrete y la túnica. Los antiguos alumnos vuelven a la escuela para hablar sobre la vida en la universidad. Durante las clases, los profesores salpican su discursos con frases como «Cuando estéis en la universidad...» y «Vuestros profesores de la universidad...».

Al mismo tiempo que volvía a poner en pie el plan académico, Green Dot transformó la apariencia y el ambiente del Locke. Se empezó por darle al campus un lavado de cara digno de una clínica de cirugía estética de Los Ángeles. Se repintaron los edificios y se limpió la basura; se arreglaron las ventanas rotas y las luces fundidas; se sustituyeron los tramos de cemento en el centro del campus por hierba y flores, arbustos, olivos y pimenteros, y se instalaron unas estupendas mesas de *picnic* de metal con parasoles justo a la salida de la biblioteca. Asimismo, los vestíbulos, en otra época cubiertos de grafitis y de símbolos de bandas, ahora están impolutos aparte de los pósteres que anuncian próximos partidos de fútbol o muestras de traba-

jos hechos en clase. En un pasillo veo una serie de ensayos sobre la Segunda Enmienda que han sido calificados con un sobre-
saliente, algunas poesías bastante decentes y una exposición de
postales políticas ingeniosas.

Los alumnos también sufrieron ciertos cambios. Ahora llevan un uniforme de pantalones caqui y una camisa de uno de
los colores de la escuela. Se prefieren los colores neutros, que
no se puedan relacionar con bandas, en vez de las chaquetas
rojas, azules y de otros tonos intensos. A quienes aparecen sin
uniforme se los envía a casa o se les presta uno, excepto los
miércoles, cuando todo el mundo puede llevar vaqueros y una
camiseta del colegio. Los alumnos dicen que la nueva normati-
va ha eliminado las discusiones sobre quién lleva la camisa
correcta o los pantalones equivocados. El uniforme también
sirve como salvoconducto para caminar por las malas calles
que rodean la escuela. «Cuando llevas ropa normal, notas que
la gente te mira —dice Maurice Jackson, un alumno de undécimo con los ojos penetrantes y el encanto amable del payaso
de la clase—. Pero cuando te pones el uniforme y te ven pasar,
no prestan atención a quién eres. Tan solo piensan: "Oh, solo
es un crío que va a la escuela, no es una amenaza para mí", y
te dejan en paz».

Conseguir que los chicos se sintieran seguros era uno de los
objetivos centrales de la solución lenta de Green Dot. Por muy
buenos que sean los profesores, por muy bonito que sea el
campus o por muy adecuado que sea el uniforme, si los alumnos tienen que estar siempre mirando hacia atrás, preocupados
por si alguien les dará un puñetazo o sacará una pistola, no van
a aprender nada. Y el Locke era, según Minix, «un lugar donde
todo el mundo estaba enfadado y asustado al mismo tiempo».

Como respuesta, Green Dot revisó el régimen de seguridad.
Ahora, cuando el timbre suena entre clases, los miembros del
personal con *walkie-talkies* se colocan en posiciones estratégicas en el campus para dirigir el tráfico y mantener el orden. Un
oficial del departamento del *sheriff* del condado y los guardias
de la seguridad privada patrullan los patios con una actitud de

ayudantes desarmados. Patrullas armadas regulares mantienen un radio de dos manzanas alrededor de la escuela, seguro y libre de bandas; a veces, incluso, hacen más grande el perímetro de seguridad. El Locke también tiene un servicio de autobuses para llevar a los alumnos que viven lejos, y transportan a casa a quienes se quedan hasta tarde en tutoría o para hacer deporte. Los miembros de seguridad todavía registran a los alumnos por si llevan armas, pero con mayor discreción que antes. Ya no se saca a la gente a empujones de las aulas para cachearla delante de sus compañeros de clase. Ahora los registros se hacen en una habitación privada. «Se trata de ser más comprensivo con los chavales», dice Jacob McKinney, un guardia de seguridad desarmado que estudió en Locke en la década de 1990.

Comprender a los chicos implicaba hacerlo más allá de la clase. Más de una quinta parte de los estudiantes de Locke están en hogares de acogida, y casi la mitad provienen de hogares monoparentales. La violencia doméstica y los embarazos de adolescentes están muy extendidos, la malnutrición es común, y muchos pasan años sin ver un dentista o un médico. Para aligerar esa carga, Green Dot se ha asociado a una guardería que está al cruzar la calle y que atiende a los más de doscientos bebés nacidos de los alumnos del Locke. También contrató a un equipo de consejeros a tiempo completo, llevó al centro a un dentista para tratar a los alumnos que sufrían dolores de dientes y consiguió que a otros se les hicieran gafas graduadas. Cuando las prostitutas o los miembros de las bandas empiezan a acosar a los chicos del Locke en un parque cercano, un miembro de la plantilla les lleva unos cuantos tacos para hacer las paces con ellos. Como muchos estudiantes, Andre Walker, un alumno de undécimo curso que vive en un hogar de acogida, considera la escuela un segundo hogar, un ángel de la guarda que vela por cada aspecto de su seriamente dañada vida. «No tengo a mis padres, y algunos días no me apetece hablar con nadie, pero voy a ver a uno de los profesores de aquí, que se llama Mac, y le cuento cómo me hace sentir mi pasado —me cuenta—. Antes, quizá, cuando necesitaba quitarme alguna carga de los hombros, reprimía mis emociones o me enfadaba, pero ahora puedo ir a verlo a él. Toda la gente que trabaja aquí y los profesores son básicamente como unos segundos padres: te llevan adonde necesites ir».

Green Dot también ha convencido a los padres y a los tutores para que muestren más interés por la escuela. Pueden asistir a almuerzos puntuales con el director, mientras que los administrativos de las oficinas los llaman por teléfono para mantenerlos al tanto de los castigos, de los deberes, de los premios, de los retrasos y de otros giros y sucesos de la vida de sus hijos. «Llaman muchísimo, llaman siempre que tienen oportunidad, y a mi madre le encanta —dice Price, entre risas—. Cada vez que llaman del Locke, mi madre lo coge enseguida, pero está bien de todos modos. Me gusta ver que la gente se ocupa de mí».

Todo esto da como resultado que una escuela en la ruina está ahora en el buen camino hacia su recuperación, tal y como vi por mí mismo en un almuerzo. Chicos y chicas juegan felices al fútbol en el césped. Otros descansan cerca en la sombra, jugueteando con los teléfonos móviles o escuchando sus reproductores de MP3. Una pareja de chicas se turna para trenzarse el pelo la una a la otra. En el exterior de la cafetería, cuatro chicos juegan ruidosamente a la pelota contra una pared mientras otros hacen malabarismos con sus bicis BMX y monopatines. Con los ojos protegidos del sol bajo de invierno, McKinney vigila la escena y una sonrisa se extiende sobre su cara redonda y fina. En los malos tiempos del pasado, la hora del almuerzo implicaba detener peleas y vigilar que no hubiera pistolas escondidas. Hoy, McKinney choca los nudillos y bromea con los chicos de los monopatines. «Si tuviera que ponerle un título a lo que ha pasado aquí, lo llamaría "La Resurrección del Locke" —dice—. Los antiguos alumnos vuelven y no lo pueden creer. Es como la noche y el día: todo el mundo va a clase, se comporta y se lleva bien. Ahora es como una escuela de verdad».

Hay mucha verdad en eso. Las reuniones vespertinas con los profesores, que en tiempos atraían a unas cuantas docenas de padres, ahora atraen a unos miles. Vestidos con camisetas del Locke, algunos ayudan a servir comida o a limpiar el campus. Han subido las calificaciones y la asistencia, y el índice de alumnos que dejan los estudios ha caído en picado. Cuando visito el departamento de atletismo, Minix da casi volteretas de alegría por las últimas noticias académicas. De los 200 jugadores de los equipos de baloncesto y fútbol de la escuela, solo dos no han obtenido las notas mínimas necesarias para conservar sus puestos. Antes del giro radical, habrían echado a 60 o 70. «Esto es realmente fenomenal, increíble —dice Minix—. Llevo todo el día alabándolos, estoy exultante».

Sin embargo, el triunfo real del Locke es más difícil de medir que las notas de los exámenes o las cifras de asistencia. Cuando te enfrentas a un problema complejo desde cada ángulo, los diversos elementos de la solución no equivalen a la suma de sus partes, puesto que producen un cambio mucho más profundo y tectónico. En el Locke, Green Dot ha conseguido obrar un cambio en el mismísimo ADN de la escuela: la aceptación de que la disciplina, el trabajo duro y el respeto son la manera de salir adelante. Sería muy difícil cuantificarlo en una presentación en PowerPoint, pero se ve en un centenar de pequeños momentos cada día.

Mi primer encuentro con la nueva cultura se produce en la academia Advanced Path, que ayuda a los estudiantes con problemas a conseguir los créditos suficientes para graduarse. En una sala donde 80 chicos se sientan delante de una fila de ordenadores, localizo a una chica en la esquina más alejada lanzando una bola de papel arrugado a la basura. Cuando falla y aterriza en el suelo, nuestras miradas se cruzan, y se produce un momento de tensión. Más adelante me entero de que es una madre de diecisiete años con un pasado de abusos. En los malos tiempos de antaño, probablemente me habría mirado mal o me habría hecho una peineta. Sin embargo, ahora se ríe, levanta las manos en un gesto de «me has pillado», se levanta para recoger el papel y lo echa a la papelera.

Toda la insistencia en la universidad parece estar calando

también. El Locke no enviará de momento legiones de graduados a las escuelas de la Ivy League, pero aspirar a conseguir
una plaza en Yale o en Stanford ya no invita a la burla o al
acoso. A Julia Márquez, una callada alumna de undécimo curso que quiere ser pediatra, le encanta el nuevo ambiente. «Lo
que ha cambiado de verdad es que ahora eres guay si eres listo
—dice—. Antes tenías que meterte en problemas para serlo,
pero ahora lo eres si sacas sobresalientes».

Por supuesto, una chica estudiosa como Márquez es un objetivo fácil para Green Dot. El reto de verdad es cambiar a
chicos como Price. Dejado a su suerte, era un caso perdido
a los doce años: vivía en la calle, se saltaba las clases, fumaba
marihuana, se metía en peleas y se dedicaba a hacer «misiones» para las bandas. En la suya, alcanzó el rango de OG; esto
es, *original gangster*. «Estaba en la cima —dice—. Solo tenía
catorce años, ya había conseguido todo ese poder, y me sentía
bien». Ni siquiera un balazo en la pierna le cambió la forma de
ver las cosas. Todo lo contrario, le sirvió para probar que era
un auténtico chico malo. «Cuando estaba en el hospital, pensaba: "Si lo dejo estar, la gente pensará que soy un capullo o
una zorra", así que tenía que responder, tenía que contraatacar
—explica—. Incluso antes de que me dieran el alta, mi grupo
estaba trabajando en ello, y se había declarado la guerra: nosotros hacíamos un avance; ellos, otro; ellos nos disparaban, y
aunque resultaran heridas personas inocentes, no importaba,
era una cuestión de guerra». Dos de sus amigos murieron en las
escaramuzas, y Price empezó a llevar su pistola Glock de 9 mm
más a menudo. «Sentía que nadie podía protegerme excepto yo
mismo y mi pistola. Cuando estás en una banda, es obligato-
rio. Si no la tienes, eres un inútil. Tan solo eres un objetivo
andante».

Price es un amasijo de contradicciones. A veces habla de su
pasado en la banda con una bravuconería nostálgica, como un
chico que revive los mejores momentos de un videojuego. En
otras ocasiones parece horrorizado por lo ocurrido. En cierto
punto, no obstante, es completamente coherente: el personal

del Locke lo ayudó a aplicar una solución holística a su propia vida.

> Cuando llegué allí, fueron muy pacientes conmigo —dice—. Me obligaron a sentarme y a replantearme toda la historia de las bandas. Me ayudaron a ver que yo no sacaba nada de ello: ni coche, ni dinero, ni joyas. Yo le hacía daño a la gente, y la gente me lo hacía a mí. Me escucharon sin juzgarme como nadie había hecho antes, y consiguieron que pensara en todas las cosas que podían cambiar.

Igual que hincar los codos en los libros por primera vez en su vida, Price empezó a comprar ropa menos ancha y tiró su gorra de béisbol de los Toronto Blue Jays porque su color azul lo marcaba como miembro de los Crips. También dejó de ir de visita por su antiguo barrio. Su nuevo objetivo vital es convertirse en cirujano.

Más tarde, me reúno con Price en el pequeño apartamento de dos dormitorios que comparte con su madre, Sandra, y tres hermanos más pequeños. Vivía con su padre hasta que este murió de una vieja herida de bala. Cuando llegamos, el apartamento huele a mollejas de pollo que Sandra está cocinado para picar. En la pantalla de plasma está puesto un canal de teletienda. Sandra parece aliviada al ver a Price. «Antes se metía en muchos problemas, y me asusté cuando recibió el disparo, pero el Locke le ha venido muy bien: ahora tiene futuro. Pero por su aspecto y por su manera de andar, la gente todavía lo señala por la calle». Después de decirle a su madre que no se preocupe, Price me lleva directamente al dormitorio en cuya pared cuelga un certificado que reconoce su puesto en el cuadro de honor. Cuando su hermanito corre hacia él y salta en sus brazos, él lo abraza y le hace cosquillas. «¿Sabes? —dice—. Me parece que el Locke tiene que ser la mejor escuela del mundo».

No nos dejemos llevar. A pesar del lavado de cara, el Locke sigue siendo desaliñado, y a veces puede parecer el patio de una prisión. Una reja alta de metal, instalada en la década de 1990, sigue rodeando el perímetro. Las ventanas están cubiertas de

mallas de alambre, las máquinas expendedoras están cubiertas
de una jaula de metal pesado, y hay cámaras de videovigilancia
por todas partes. Los guardias de seguridad armados que están
en las puertas llevan gafas de espejo y botes de *spray* en los
cinturones.

Con el aumento de las expectativas, los chicos tardan un sus-
piro en hacer una lista de sus reclamaciones. Se quejan de las particiones que rompen el campus en escuelas separadas, de los
desfasados edificios de la década de 1960 y de la comida de la
cafetería. Quieren más orientación universitaria, una mayor
participación de los padres y más actividades extraescolares.

Algunos miembros de Green Dot creen que se prometieron
progresos académicos demasiado pronto. Después de años de
mala formación, los llegan al Locke sin saber las tablas de mul-
tiplicar, ni leer. Tampoco ayudó el que los profesores jóvenes
recibieran muy poco apoyo y formación al principio. Incluso
ahora, el personal acepta que el Locke necesita más programas
de escritura y mejores dotaciones para los alumnos con necesidades especiales y para ayudar a los que aprenden inglés como
segunda lengua. En lugar de prometer mejores notas en los
exámenes, que tardaron tiempo en subir, Green Dot dice que
deberían haber insistido en unos objetivos más asequibles,
como bajar el índice de abandono escolar y crear un mejor
ambiente en la escuela.

Sin embargo, muchas cosas han salido bien. Impresionados
por el giro radical del Locke, las autoridades educativas de Los
Ángeles han contratado a Green Dot para que hagan la misma
magia en otras dos escuelas problemáticas, con la promesa de
conseguir resultados a corto plazo. El Departamento de Educación de Washington también alaba al Locke como un modelo
que vale la pena estudiar.

Aunque arreglar una escuela con problemas no se encuen-
tre en su agenda, todos podemos aprender del enfoque holístico de Green Dot. Cuando nos enfrentamos a cualquier problema complejo, hay que tomarse el tiempo adecuado para
discernir todas las diferentes variables y cómo se interrelacio-

nan. Escríbalas en una hoja de papel para esclarecer todas las conexiones.

Después, diseñe una solución que sirva para encarar todos esos aspectos. No importa la urgencia con la que necesite una solución: nunca prometa mucho, ni muy pronto.

Tener una panorámica de conjunto es ciertamente la lección más valiosa que Price ha aprendido del giro del Locke. «Green Dot nos ha enseñado que la gente que está contigo ahora puede no estarlo más tarde, y que los únicos que estarán siempre a tu lado serán los libros, tú mismo y lo que sabes —explica—. Tu educación es realmente lo que cuenta a largo plazo, y no importa lo difíciles que sean las cosas ahora, siempre tienes que pensar en el futuro».

5

PIENSE A LARGO PLAZO:
ENCARE HOY EL MAÑANA

> En esta época, en la que se cree que hay un atajo
> para todo, la mayor lección que hay que aprender es
> que el camino más difícil es, a largo plazo, el más
> fácil.
>
> HENRY MILLER

«Creo que quedará impresionado», dice Are Hoeidal, mientras abre de un empujón la puerta y me hace pasar al interior de la casita de campo. Pasamos la alfombrilla de bienvenida y entramos en un refugio de comodidad escandinava: vigas de madera a la vista, literas con edredones blancos y alfombras de lana en los suelos. Estamos a principios del verano en el sur de Noruega, y la luz del sol entra por las grandes ventanas. El aire huele a pino fresco.

En la sala de estar, nos sentamos en sillas de piel para admirar las comodidades. Una pantalla de plasma y reproducciones de pinturas impresionistas en las paredes. En las estanterías hay novelas de Harry Potter, cajas de Lego y rompecabezas. En la cocina hay un cubo de basura de metal retro.

Hoeidal abre las puertas correderas de la parte trasera y salimos al porche de madera. Hay una mesa de *picnic* y un banco sobre el césped junto con unos cuantos asientos de metal, incluido uno azul con una parte superior giratoria, clavado en el suelo para los niños. Una suave brisa mueve los árboles y los arbustos de grosella negra al fondo del jardín. Hoeidal inspira el vigorizante aire nórdico y sonríe como un hombre que tiene todas las cartas. «Es un sitio muy agradable para pasar tiempo en familia, ¿no le parece?», me dice.

Sí, lo es. Me resulta fácil imaginar a una familia pasando unas vacaciones muy felices aquí. Parece una más de esas casitas de campo apartadas en los bosques y enclavadas junto a lagos de todo el mundo. Me recuerda a unas recientes vacaciones con mi familia en las montañas Rocosas. Puedo verme encendiendo la barbacoa en el porche con mis propios hijos haciendo el indio por allí cerca.

Excepto por una cosa: hay un muro de seis metros de altura que recorre el bosque de los alrededores hasta donde alcanza la vista.

Estamos en los patios de una nueva prisión de alta seguridad llamada Halden, donde Hoeidal trabaja como alcaide. Los traficantes de drogas convictos, asesinos y violadores se quedan en la casita de campo con sus familias, que acuden de visita. «La gente de otros países se sorprende de lo agradable que es nuestra casita de campo para visitas, pero los noruegos le encuentran sentido a tener algo así en una prisión —dice Hoeidal—. Forma parte de una solución que funciona».

En todo el mundo hay naciones que deben enfrentarse al fracaso de unos sistemas penitenciarios que no consiguen reinsertar a sus presos en la sociedad como ciudadanos reformados. La cárcel suele conseguir justo el efecto contrario. Muchos convictos acaban sus sentencias enfadados, asustados y sin la certeza de cómo conseguirán un trabajo, alquilar un piso o incluso mantener una conversación. Poco tiempo después de que Halden abriera en 2010, Ken Clarke, el entonces secretario de Estado de la nueva coalición de gobierno británica, se enfrentó a uno de los tabúes de su propio Partido Conservador cuando argumentó que los años de meter a más y más gente en la cárcel durante cada vez más tiempo habían resultado contraproducentes. «En demasiadas ocasiones se ha demostrado que la prisión tiene un enfoque costoso y carente de efecto que no consigue convertir a los criminales en ciudadanos respetuosos de las leyes. En nuestras peores prisiones, el sistema crea peores criminales». Los números hablan por sí solos. En Estados Unidos, Reino Unido y Alemania, más de la mitad de los internos vuelven a ser detenidos en los tres años posteriores a su puesta en libertad. En Noruega, el índice de reincidencia ronda el 20 %.[1]

He acudido a Halden para averiguar por qué. El propio Hoeidal parece personificar una filosofía penitenciaria muy diferente. No puede ser más diferente del típico alguacil de prisión retratado por Hollywood, malhumorado y con un puro en la boca. Afable y paternalista, siempre parece a punto de sonreír. Cuando le escribí un e-mail para concertar una visita, respondió con un alegre: «¡Hola!». Al mediodía, come ensalada.

Hoeidal tiene claro por qué funciona el enfoque noruego. La mayoría de los países adoptan una política de prisión a corto plazo, cuyo único objetivo es el castigo y la contención. Eso significa contar con el apoyo popular a unas sentencias más largas. También implica que las condiciones reinantes en el interior deben oscilar entre lo espartano y lo directamente incómodo. Incluso el más ligero atisbo de comodidad puede provocar la ira del público. Cuando Halden abrió sus puertas, los medios de comunicación de todo el mundo se burlaron de ella, y la apodaron «la prisión más pija del mundo», debido a sus televisiones de pantalla plana, los baños privados y la lujosa biblioteca. Algunos universitarios estadounidenses se quejaban de que la prisión era más elegante que sus dormitorios. Un bloguero francés describió Halden como una clara invitación a los criminales de toda Europa a mudarse a Noruega.

La mayoría de los noruegos hicieron caso omiso de todo el revuelo y de las burlas del extranjero. Ubicada en el extremo norte de Europa, esta nación rica en petróleo de casi cinco millones de almas cree que el auténtico castigo por cometer un crimen es la pérdida de libertad. Todos los demás aspectos de una prisión deberían ayudar a cimentar el camino para que los convictos puedan reintegrarse en la sociedad al final de su sentencia. En la isla de Bastøy, por ejemplo, los reclusos viven en unas instalaciones que parecen un pueblo, y donde hay tiendas, escuela e iglesia, y con sus propias casas de tablillas rojas y amarillas. Un Libro Blanco que publicó el Gobierno noruego en 2008 llegó a la conclusión de que «cuanta más pequeña sea la diferencia entre la vida dentro y fuera de la prisión, más fácil será la transición de la prisión a la libertad».

Eso nos lleva al siguiente ingrediente de la solución lenta. Ya hemos visto la importancia de pensar a fondo en un problema y unir los puntos para diseñar una solución holística. El éxito del sistema penitenciario noruego nos recuerda que cualquier solución que valga la pena debe tener en cuenta una perspectiva a largo plazo. Por supuesto, sopesar el futuro no surge de manera natural en nuestra cultura de actuar primero y pensar después. Limítese a pensar en todas las cosas que les ha dicho en el calor del momento a amigos, familiares y colegas, y de las que después se ha arrepentido. Ese pensamiento afecta al mundo corporativo también. Las empresas a menudo rebajan costes para sobrevivir a los días difíciles de la actualidad sin pensar en cómo se enfrentarán al momento en el que el negocio vuelva a despegar mañana. En 1993, General Motors redujo su plantilla mediante un generoso plan de jubilaciones anticipadas. Un año después se dieron cuenta de que faltaban trabajadores en sus plantas de Estados Unidos, de modo que tuvieron que recurrir a sus jubilados y ofrecerles un *bonus* de hasta 21.000 dólares.

Cuando se comete un crimen, el castigo es la prioridad en la mayoría de los países. Queremos ver a los culpables pagar por sus crímenes, y los queremos fuera de la calle, para que no puedan volver a infringir la ley. Los noruegos quieren eso también. Sin embargo, después de los crímenes odiosos, una de las primeras preguntas que se plantean es cómo rehabilitar al criminal. «En el sistema penitenciario noruego no pensamos en la venganza —dice Hoeidal—. En lugar de eso, vemos qué tipo de vecino queremos tener cuando salga de prisión. Si tratas a los prisioneros con dureza, y te limitas a guardarlos en una caja durante años, no serán mejores personas cuando salgan. Por lo tanto, nuestra tarea en Halden no se limita a lo que hacemos hoy o la semana que viene o el mes que viene; en realidad, se trata de ayudarlos a reconstruir el resto de su vida para que se conviertan en ciudadanos normales de nuevo».

Una parte importante de este proceso estriba en mantener el contacto con los seres queridos del exterior. Todos los estudios muestran que los criminales que mantienen fuertes vínculos familiares mientras están en prisión tienen menos probabilidades de reincidir después de su salida.[2] No obstante, en muchos países los prisioneros tienen que depender de ocasionales visitas supervisadas o de llamadas para mantener el contacto. En Halden, los reclusos se pasan más de treinta minutos a la semana al teléfono con sus seres más cercanos y queridos. Pueden pasar un rato con sus familias en habitaciones privadas, llenas de juguetes de madera, pufs, y fotografías de cebras y rinocerontes. O pueden reservar una estancia en la casita de dos habitaciones.

En lugar de condenar a los reclusos al ostracismo, Noruega les permite votar e incluso participar en debates televisivos desde sus teléfonos móviles. También anima a sus ciudadanos a visitarlos. Cuando Halden abrió sus puertas, 9.000 personas se presentaron para verla el primer día.

> Se ha de realizar un gran esfuerzo por darles visibilidad a nuestros prisioneros, por mostrar su normalidad y dejar claro que no son tan raros, que también son seres humanos —dice Nils Christie, un profesor de Criminología de la Universidad de Oslo—. En Noruega, más que en otros países, la hipótesis de que hay muchos monstruos sueltos por ahí que requieren estar encerrados durante el resto de su vida se ha debilitado mucho.

Eso no significa que a todos los noruegos les encanten todos los aspectos de su sistema penal. Dado que la máxima estancia en la cárcel está fijada en veintiún años, los partidos de la derecha han pedido sentencias más duras para los criminales violentos. Muchos noruegos creen que a los extranjeros, que suponen un tercio de los internos aquí presentes, habría que albergarlos en algún lugar menos cómodo que Halden. Sin embargo, para un extraño, el país sigue notablemente relajado sobre su sistema de prisiones. En otras partes, las prisiones están, como los pedófilos y las centrales nucleares, en la lista de Cosas Que De Verdad No Quieres En Tu Barrio. Sin embargo, en este caso, los residentes locales dieron la bienvenida a la nueva prisión de Halden como un incentivo para la economía local. A pesar de los gruñidos sobre los extranjeros gorrones, todos los partidos locales mayoritarios apoyaron su construcción.

Resulta de ayuda que el crimen no sea un problema serio en Noruega. En el país se registran diez veces menos asesinatos y encarcelaciones per cápita que en Estados Unidos. La mayoría de los criminales noruegos cumplen condena por pequeños robos, por conducir borrachos o por otros delitos comunes. En lugar de desatar el pánico con el tipo de la cobertura sensacionalista que es el sello de los tabloides y programas televisivos de crímenes de otros países, los periodistas de Noruega informan incluso del más horrible crimen en un tono comedido, y se resisten a la tentación de ceder a los beneficios a corto plazo. En lugar de eso, recalcan la necesidad de rehabilitar a quien perpetró los hechos.

Esa reticencia se puso a prueba en 2011, cuando un extremista de derechas llamado Anders Behring Breivik puso una bomba en Oslo antes de disparar y matar a 77 personas en un campamento para jóvenes. En los días posteriores, algunos noruegos exigieron su ejecución, mientras que otros juraron matarlo si llegaba a salir de la prisión. Aun así, otros exigieron una nueva ley que permitiera una condena de por vida. Sin embargo, la abrumadora respuesta era la que se podía esperar de la nación que ha construido la prisión de Halden. Visité Oslo un mes después del ataque, y me pareció que los ánimos eran sorprendentemente moderados. Mientras tanto, en el Reino Unido los jueces estaban repartiendo condenas de cuatro años a las personas a quienes habían pillado usando Facebook para alentar los disturbios que se desataron en ese país más o menos al mismo tiempo. Por el contrario, Noruega, que se estaba recuperando del peor asesinato en masa de su historia, había llegado a un consenso firme con respecto a que los crímenes de un solo loco no debían hacer que la nación abandonara el objetivo a largo plazo de la rehabilitación mediante la solución rápida de la venganza. «Las páginas de "Matar a Anders Behring Breivik" en Facebook apenas consiguieron unos cuantos centenares de fans, muchos de los cuales vivían al otro lado del Charco».

La idea de la rehabilitación está profundamente arraigada en Noruega. A mediados del siglo XIX, los escandinavos empezaron a reformularse la prisión como un lugar donde los criminales podrían aprender a trabajar y conocer a Dios. Después de la Segunda Guerra Mundial, con los recuerdos de los campos de prisioneros nazis todavía frescos, muchos países europeos hicieron avances para que sus cárceles fueran menos punitivas. A finales de la década de 1990, Noruega convirtió la rehabilitación en el pilar de su filosofía penitenciaria. Se rebautizó la red de penitenciarías como el Sistema de Cuidado Criminal, y empezó a usar los dispositivos de vigilancia electrónica y las prisiones abiertas. Los guardias se convirtieron en oficiales de contacto personal, y se encargan de actuar como motivadores y confidentes de los reclusos. Aún queda mucho trabajo por delante. Muchos criminales convictos todavía empiezan sus sentencias al viejo estilo, en celdas cerradas, que son mucho más insalubres que la prisión de baja seguridad de Bastøy o la de alta seguridad de Halden. En la sombría prisión de Oslo, donde Hoeidal pasó once años como alcaide, muchos reclusos se pasan veintitrés horas al día en su celda, y el abuso de drogas está muy extendido. Sin embargo, para ceñirse al «principio de normalización» de hacer el interior tan parecido al exterior como sea posible, Noruega se ha comprometido a que todas sus prisiones sean más hospitalarias. Halden es la cara del siguiente estadio. «Hay todavía un gran hueco entre los ideales y la realidad, pero ya hemos visto grandes cambios», dice Hoeidal.

Para recordarles a los reclusos que siguen siendo parte de la sociedad y que, por lo tanto, deberían esforzarse por volver al redil en el futuro, los arquitectos noruegos diseñaron Halden para que pareciera un pueblecito. En lugar de hormigón triste y manchado por la lluvia, los edificios están hechos de ladrillos, alerce y acero galvanizado. En las ventanas no hay barrotes, y el muro del perímetro está parcialmente tapado por árboles. Dolk, un artista del grafiti muy de moda, pintó ahí tres murales de árboles gigantes. En uno se ve a un convicto, vestido con un uniforme de rayas, usando una bola y una cadena a modo de lanzamiento de peso. Hay muchas cámaras de seguridad repartidas por los patios, pero buena parte del mundo exterior aparece cubierto de CCTV en estos días. Dado que los reclusos van vestidos con su propia ropa informal y los guardias se pasean en modernas *scooters* de dos ruedas, Halden tiene, según cómo se mire, el aspecto de un campus universitario, o incluso el de las oficinas de una empresa recién abierta de Silicon Valley.

En el interior, la atmósfera es igual de agradable. Llena de luz natural, adornada con fotografías de narcisos y escenas callejeras parisinas, con mesas de *ping-pong* y bicicletas estáticas, los pasillos muy anchos resultan espaciosos y acogedores. Las celdas individuales parecen habitaciones de un hotel de rango medio, con escritorios, camas y armarios de madera clara. Las ventanas altas y verticales con ventiladores hacen circular el aire fresco del exterior. En cada celda hay una televisión de pantalla plana, una mininevera y un baño privado completo con baldosas blancas y toallas grandes y esponjosas. Por la noche, unas bonitas cortinas de lino y una iluminación LED le dan un ambiente íntimo al entorno. Para crear una sensación de vida familiar, las celdas están agrupadas por docenas y dispuestas alrededor de un espacio común amueblado con cómodos sofás, mesas y una enorme televisión de pantalla plana. Los reclusos pueden pedir alimentos para cocinar sus recetas favoritas en la cocina.

Aunque confinados en su celda desde las ocho y media de la tarde hasta las siete de la mañana, se anima a los prisioneros, incentivados por una paga diaria de 53 coronas (unos siete euros), a que salgan y usen las instalaciones. Pueden jugar al fútbol o al baloncesto; tocar sus canciones favoritas en el estudio de grabación de última generación; entrenar en el gimnasio o en el muro de escalada; estudiar mecánica, acerería o carpintería en el enorme taller; aprender a cortar pescado en filetes, o preparar un sorbete de uvas en la deslumbrante cocina profesional. También pueden realizar pequeños trabajos para contratistas externos. Me encuentro con un grupo de prisioneros que se ríen de un chiste guarro mientras guardan clips de plástico en cajas. «Sentarse solo todo el día no es bueno para nadie —dice Hoeidal—. Si están ocupados son más felices y, por lo tanto, menos probabilidades habrá de que reincidan».

En lugar de observar desde detrás de un cristal a prueba de golpes o apoyarse contra las paredes con los brazos cruzados, los guardias de Halden comen, practican deporte y suelen pasar el rato con los prisioneros. Ninguno de ellos lleva armas. «No necesitamos armas porque estamos aquí para cuidar a los criminales, para hablar con ellos, no para aterrorizarlos —dice Hoeidal—. Incluso en otros países escandinavos se puede ver más distancia entre el personal y los internos, pero aquí estamos dentro del recinto, justo ahí, con ellos».

Resulta de ayuda que Noruega invierta más en su personal de prisiones que otros países. Muchos guardias poseen una titulación, a menudo en criminología o psicología, antes de pasarse dos años estudiando y completar las prácticas en la academia de oficiales de prisiones. Esta es una carrera deseable para alguien que quiera hacer algo más que dar vueltas a las llaves y separar peleas. La academia recibe diez solicitudes por cada vacante.

Un joven guardia, o más bien un oficial de contacto personal, llamado Asmund me da una vuelta por Halden. Es educado, correcto y amable, en la mejor tradición escandinava. Mientras visitamos los diferentes bloques, charla y bromea con los internos. «Somos más que meros guardias: también somos trabajadores sociales —dice—. El límite es siempre la seguridad, pero una buena parte de nuestro trabajo consiste en crear un entorno normal, basado tanto como sea posible en las buenas relaciones y en la confianza, de manera que los internos acaben siendo responsables de su propia vida y capaces de reintegrarse en el mundo normal después. Se supone que todo lo que hacemos aquí es invertir en su futuro». Esa idea está entretejida en el propio lenguaje. La traducción al noruego de «guardia de prisiones» es algo así como «servidor de prisiones». Cada detalle de Halden está dispuesto para facilitar la transición a la vida civil. Para evitar que los prisioneros se conviertan en amenazas llenas de músculos, el gimnasio no tiene pesas. Y la mitad de los guardias de Halden son mujeres. «Reduce la agresividad dentro de la prisión —dice Hoeidal—. Además, así los internos aprenden a sentirse cómodos con las mujeres, lo que resulta importante para su futuro regreso a la sociedad».

A los internos parece gustarles el régimen. La primera parada de mi *tour* es el estudio de música, una cueva de Aladino de nuevos y brillantes instrumentos e iMacs de nueva generación. En la puerta cuelga un póster de la serie televisiva *Prison Break*.

Marcus Nordberg está jugueteando con un iMac en la mesa de mezclas. Lo transfirieron a Halden desde otra prisión hace unos meses. Es un refugiado de cincuenta y tantos años de la industria de la música y el cine, lleva perilla, gafas de sol y sandalias. Se niega a decirme en que está trabajando, pero rápidamente empieza a destacar las virtudes de Halden. «Es una prisión de alta seguridad, pero no lo parece —explica—. Intentan mantener la calidez y animar a la gente para que sea positiva; te ayudan a pensar en el futuro».

Cuando le pregunto si los guardias están a la altura de su título de oficiales de contacto personal, me responde con un asentimiento a medias: «Parte de la plantilla todavía tiene la mentalidad de "prisión", y se limita a cerrar las puertas. Sin embargo, la mayoría de los guardias se implican más. Hacen deporte y juegan a las cartas con nosotras. Se sientan en la sala común y charlan. Eso crea un ambiente de normalidad y respeto, lo que resulta un buen entrenamiento para cuando cumplas tu condena. A la mayoría de los internos les gusta».

Cuando le pregunto si el régimen es demasiado cómodo, Nordberg me lanza una mirada funesta. El mes pasado le dene-

garon un permiso para asistir al funeral de su padre fuera de
Noruega. Al recordarlo, se le quiebra la voz y se le enrojecen
los ojos. «La cárcel es la cárcel, y solo porque sea un sitio bonito no deja de ser un castigo. Aunque te encerrasen en un
hotel de cinco estrellas, seguiría siendo horrible, realmente
horrible».

En el pasado podría haber considerado su frase una queja
excesiva, pero no después de un día en Halden. Es un sitio
agradable con buenas instalaciones y acabados pero, como
dice Nordberg, sigue siendo una prisión. La pérdida de la libertad tiene un efecto devastador en el espíritu humano. Los seis
meses que pasé con una escayola para curarme un tobillo roto
fueron de los más deprimentes de mi vida. Lo que más me mo-
lestaba no era el dolor, sino el haber perdido la libertad de
moverme según mis deseos. Que te nieguen el deseo de estar
con personas que te importan, o de no estar con nadie en absoluto, puede ser incluso más desmoralizador. Charles Dickens,
que tenía cierta idea de lo que es pasarlas canutas, denunció
una vez que el aislamiento era el más cruel de los castigos: «Lo
resisto con paciencia y manipulando a diario los misterios de la
mente. Es muchísimo peor que cualquier otra tortura corpo-
ral». Después de haber pasado unas horas en Halden, me descubro lanzando miradas ansiosas al muro del perímetro. Parece alzarse desde el bosque como el monolito de *2001: Una
odisea en el espacio*. Es un recordatorio denso, sólido e implacable de que ya no puedo ir y venir a mi voluntad. De camino
a la biblioteca, me doy cuenta de que ya no escucho a Asmund,
sino que me pregunto cómo puedo salir de Halden.

En la biblioteca, Arne Lunde está leyendo un libro sobre
Ole Høiland, la respuesta noruega a Robin Hood. Con treinta
y siete años, Lunde todavía conserva el aspecto regordete y la
cara ansiosa y suave de un estudiante. Está cumpliendo condena por haber matado a su propia madre.

Antiguo profesor de escuela, ostenta el título oficioso de rey
filósofo de Halden. Sus compañeros reclusos acuden a él para
que los ayude a pulir sus currículos o para preparar sus exáme-

nes. Se está sacando un máster en Historia con vistas a volver a las clases cuando haya cumplido su condena de siete años. Después de haber leído hasta la saciedad sobre las prisiones de todo el mundo, es un firme defensor del sistema penal noruego.

> Aquí sientes que la prisión no te perjudica, sino que puede ayudarte —dice—. Desde el mismo día en que llegas a un sitio como Halden puedes empezar a reconstruir tu vida, de manera que algún día puedas volver al mundo exterior.

Por supuesto, a Halden le quedan muchas cosas que limar. Los internos trapichean con drogas, que a menudo se introducen dentro de huevos Kinder y se ocultan en algún orificio. A veces también los ánimos se encrespan y hay peleas. De manera ocasional se castiga a algún recluso con el aislamiento y se lo confina en una celda de seguridad, una habitación desnuda con un colchón en el suelo y una ventana minúscula. Algunos prisioneros creen que el personal se pasa demasiado tiempo charlando con ellos, mientras que otros dicen que los guardias menos experimentados no son lo suficientemente cordiales. Los críticos también se preguntan hasta qué punto es posible ser a la vez guardia y confidente. «Este hombre que me lee las cartas y escucha mis llamadas de teléfono ¿quiere ayudarme o es un espía oculto? —dice el profesor Christie—. Lo considero un contacto especial, pero ¿hasta qué punto puedo hablar con él libremente?».

Y ni siquiera el más ardiente optimista cree que Noruega pueda reducir su índice de reincidencia a cero. El objetivo de Hoedial es el 10 %. Nordberg está de acuerdo: «Creo que Halden es demasiado buena para los tipos realmente duros. Creen que es un hotel y están esperando a salir para volver a delinquir».

Incluso así, Noruega sigue ayudando a los convictos después de que hayan salido de prisión, y todos los expertos coinciden en que eso es esencial para reducir la reincidencia. La mayoría se pasa la última parte de su condena en prisiones abiertas que están bien integradas en la comunidad. Después, tiene garantizado un trabajo y un sitio donde quedarse, aunque eso no siempre funciona en la práctica. Si todo lo demás falla, Noruega tiene un generoso sistema de bienestar en el que apoyarse. Compare eso con Estados Unidos, donde los exconvictos a menudo salen a la calle sin nada más que un billete de autobús y unos pocos dólares en efectivo.

Cuando se trata de reducir el crimen y la reincidencia, un sólido sistema de bienestar social parece ser parte de la solución.[3] Los estudios que se han realizado en todo el mundo sugieren que la pobreza y la desigualdad social son los principales motores del crimen, y los estados que gastan más dinero en sanidad, educación y seguridad social suelen tener que dedicarle menos a sus sistemas penitenciarios. Por otro lado, California gasta más en prisiones que en educación superior.

En otras palabras, abrir una Halden mañana en Estados Unidos sería una solución rápida condenada al fracaso. «Para que una prisión al estilo noruego funcionara en Estados Unidos, también se necesitaría tener una actitud noruega con respecto al crimen y la rehabilitación, así como el estado de bienestar necesario para apoyarlo —dice John Pratt, profesor de Criminología en la Universidad Victoria de Wellington, y experto en prisiones nórdicas—. También sería de gran utilidad tener unas divisiones sociales mucho menos obvias y una mayor igualdad entre la población, de manera que los prisioneros no se convirtieran en las criaturas temidas y odiadas y en los peligrosos especímenes que parecen tan diferentes del resto de nosotros».

Aun así, otras naciones han adoptado la filosofía penal al estilo noruego, y han registrado un éxito similar. A finales de la década de 1990, Singapur le plantó cara a la reincidencia al poner la rehabilitación en el epicentro de su sistema penal. La isla-estado recicló a los oficiales de prisiones como capitanes de vidas y supervisores personales, y los formó para que trabajaran codo con codo con los internos para facilitarles el regreso a la vida civil. Lanzó una campaña nacional en todos los medios para promocionar los beneficios a largo plazo de la rehabilitación y establecer un programa para animar a las comunidades para darles a los exconvictos una segunda oportunidad. Algunos prisioneros pueden ahora servir durante parte o toda su sentencia en casa mientras lleven un sistema de vigilancia electrónico. La vida dentro de las cárceles de Singapur ha cambiado también. A los reclusos se les proporciona más educación y formación para trabajar en el exterior. Las empresas pueden incluso realizar entrevistas en las prisiones, lo que permite a los convictos conseguir trabajo antes de su puesta en libertad. Cuando alguien entra en la cárcel, los voluntarios ayudan a la familia a resituarse, a aprovechar las ayudas del Estado y a prepararse para el regreso de su ser querido. Una vez salen, un conjunto de oficiales de prisiones, expertos en asistencia social, trabajadores sociales y exconvictos se ponen manos a la obra para ayudar a cada convicto a volver a entrar en la sociedad. Como resultado, la reincidencia cayó casi al 18 % en once años hasta 2009. El Servicio de Prisiones se encuentra ahora entre las empresas más populares de Singapur, de manera que atrae a mejores candidatos que nunca. «Más allá de nuestro objetivo de proteger a la sociedad mediante la custodia de los criminales, también desarrollaron nuestras capacidades para llegar a ser una agencia puntera en el campo de la rehabilitación», dice Soh Wai Wah, el director de Prisiones del país. Traducción: el pensamiento a largo plazo funciona.

A veces, la mejor manera de resolver un problema complejo es establecer un claro objetivo a largo plazo, y ser consciente de todo lo que haces contra este. Así es como funciona el sistema penitenciario noruego. También es la filosofía que hay detrás de la Harlem Children's Zone, un programa social de compromiso con la comunidad que se ha mostrado prometedor al romper el ciclo de pobreza en los barrios marginales situados más allá de la calle 97 de la ciudad de Nueva York. Para hacerlo, HCZ va incluso más allá que el enfoque holístico que vimos en el Instituto Locke de Watts. Los objetivos del programa tienen en cuenta cada variable que podría determinar el futuro del niño desde su nacimiento: la salud, la dieta, la vivienda, la educación, el ocio, la crianza, el entorno, la vigilancia policial, el crimen callejero y el desarrollo de la comunidad. Cuando resultó evidente que muchos niños del vecindario sufrían asma, el personal de la HCZ presionó a los propietarios de las viviendas para que eliminaran el moho y las cucarachas de las casas de los niños afectados. También advirtieron a los padres sobre los riesgos de tener mascotas y de fumar dentro de casa, y les enseñaron a controlar la capacidad respiratoria de los niños y a usar un inhalador. Como resultado, la proporción de estudiantes que faltaban a la escuela debido al asma se redujo a una quinta parte.

Todo lo que hace la Harlem Children's Zone apunta al mismo objetivo a largo plazo: conseguir que todos los niños vayan a la universidad. Entre las comidas saludables y las siestas de la tarde, los niños de tres y cuatro años aprenden los números, los colores e inglés en las escuelas infantiles, así como el vocabulario básico del francés y del español. En el centro que visito, cada una de las tres aulas lleva el nombre de una prestigiosa universidad: Harvard, Columbia y Spelman. Es un pequeño detalle muy significativo. «Empezamos con un concepto simple, que todos los niños pueden llegar a la universidad, y después hacemos todo lo necesario para que convertirlo en realidad —dice Marty Lipp, que se unió a la HCZ en 2004—. Tener una visión de futuro arroja claridad y cohesión a todo lo que haces en el presente».

También puede ayudar a moderar la tentación de recurrir a una solución rápida en un momento de pánico. Henry T. Ford habló de «la tranquilidad que nos da la perspectiva a largo plazo de la vida». Tom Butler-Bowdon, autor de *Never Too Late to Be Great*, argumenta que pensar a largo plazo nos hace más efectivos y comedidos a corto plazo. «Cuando tienes un propósito claro y aceptas que la solución te llegará en el momento adecuado, puedes relajarte y centrarte en hacer las cosas de la manera adecuada en el presente, en lugar de estar mirando constantemente hacia atrás, o de estresarte por la persona que hay en el cubículo adyacente».

Por ese motivo las empresas cuyo objetivo es el beneficio a corto plazo raras veces alcanzan la excelencia. Algunos estudios demuestran que las compañías que dedican la mayor parte del tiempo a guiar a los analistas según sus ganancias trimestrales suelen proporcionar un menor crecimiento a largo plazo.[4] También tienden a invertir menos en investigación y desarrollo. Antes de su caída, Toyota llegó a la cima de la industria automovilística porque pensaba en términos de décadas, y no en días. «Hay que basar las decisiones de dirección en una filosofía a largo plazo, incluso a expensas de los objetivos financieros a corto plazo», aconsejaban a sus ejecutivos. En el sector de la alta tecnología, donde las empresas suelen fracasar en su búsqueda de ganancias rápidas, adoptar una perspectiva a largo plazo es a menudo el pasaporte a un éxito duradero. «No solo intentábamos salir a la luz y hacernos ricos —dijo una vez Bill Gates en los primeros días de Microsoft—. No había nada a corto plazo. Siempre pensamos en términos de décadas, y no había lugar para atajos, simplemente poníamos un pie delante del otro».

Amazon ha evolucionado hasta convertirse en un gigante adoptando un credo semejante. Ver más allá de la siguiente reunión de la junta directiva es una cuestión de fe para su fundador, Jeff Bezos. «Todo estriba en pensar a largo plazo», escribió en su primera carta a los accionistas en 1997. Desde entonces, Bezos ha irritado a los inversores sacrificando los beneficios a corto plazo para apoyar nuevas tecnologías que dieran sus frutos al cabo de los años. Los críticos se mofaron cuando Amazon empezó a vender servicios de computación en la nube a empresas de alta tecnología en 2006, pero hoy la empresa desempeña un papel puntero en ese ámbito. Bezos argumenta que pensar a largo plazo proporciona una ventaja competitiva, que nos permite hacernos un hueco en el futuro mientras la muchedumbre alocada se pelea por el aquí y el ahora. «Si todo lo que haces debe funcionar en un periodo de tres años, entonces estás compitiendo contra un montón de personas, pero si tu horizonte es de siete años, compites solo contra

una fracción de esas personas, porque muy pocas empresas están dispuestas a hacer eso. Si te limitas a ampliar el horizonte
temporal, puedes implicarte en esfuerzos que de otro modo no
podrías perseguir nunca». Invertir en compañías apostando
por los beneficios a largo plazo ha ayudado a Warren Buffett a
convertirse en uno de los creadores de riqueza más renombrados del mundo.

¿Cómo podemos aplicar el pensamiento a largo plazo en
nuestra propia vida? Empiece por establecer un objetivo amplio (tener los clientes más leales de su sector, pasar más tiempo con su pareja, o hacer ejercicio por placer en lugar de por
obligación) que sea tan claro como para que sirva de guía, pero
también lo suficientemente vago como para que no lo ciegue.
Anote el objetivo y póngalo en sitios donde llame la atención,
como una tarjeta en la cartera, un imán en la puerta de la ne-
vera o una nota en un *post-it* junto a su ordenador. Juzgue
cada paso que dé en función de cuánto lo ayude a alcanzar ese
objetivo.

Medir el progreso y ofrecerse recompensas por subir pelda-
ños puede ser útil también, pero tenga cuidado con la *objetivi-
tis*. Los objetivos suelen ser a corto plazo y centrados en una
sola serie de resultados, lo que puede hacernos perder la visión
a largo plazo. Cuando Sears estableció cuotas para sus equipos
de reparación de automóviles, la plantilla empezó a sobrecar-
gar a los clientes y a inventarse averías.[5] En el sector público,
una fijación en objetivos ha llevado a las fuerzas de policía a
reasignar a los detectives a casos más fáciles para alcanzar cuotas de detenciones, y a los médicos a mover a los pacientes que
están menos enfermos a los puestos más altos de la lista para
rebajar el tiempo de espera. En 2011, un equipo de investigadores descubrió el mayor escándalo de estafa en la historia del
sistema público de Estados Unidos. Casi 180 profesores y directores de 44 escuelas de Atlanta, en Georgia, fueron acusa-
dos de corregir rutinariamente las respuestas de sus alumnos
en exámenes uniformizados. A quienes intentaron destapar el
escándalo los acosaron, les aplicaron sanciones disciplinarias o

los despidieron. Alcanzar los objetivos a corto plazo y cosechar el prestigio y el dinero resultantes se habían vuelto más importantes que el objetivo a largo plazo de darles a los niños una educación sólida.

Las mejores soluciones lentas utilizan los objetivos de manera juiciosa. ExxonMobil rastrea el número de incidencias sin convertirlas en un punto de referencia de la actuación de toda la compañía. ¿Por qué? Para evitar que los objetivos se conviertan en un fin en sí mismos. «Si se convierte en una medición corporativa, corres el riesgo de obtener el resultado equivocado —dice Glenn Murray, de ExxonMobil—. Puedes animar a la gente, sin pretenderlo, a no informar, o a aumentar la tentación de rebajar las cifras. El valor real reside en registrar estas cosas junto a la plantilla».

También ayuda ser precavido con el dinero. La austeridad del balance, el reducir las ideas complejas a dólares y centavos, hace que desaparezca el debate, se borren los matices y se estrechen las perspectivas. Los neurólogos han demostrado que la posibilidad de hacer dinero produce en el cerebro un efecto similar al de la cocaína,[6] lo que obstaculiza el pensamiento más profundo del sistema 2. Incluso la recompensa en efectivo diseñada para reforzar la resolución de problemas puede acabar deformando el juicio y las prioridades. Tan solo piense en la exuberancia irracional que convirtió los mercados financieros en una orgía para conseguir bonificaciones. Después de analizar 51 estudios en 2009, los investigadores de la London School of Economics llegaron a la conclusión de que los incentivos financieros a corto plazo dañan el rendimiento a largo plazo de las empresas.[7] Otro estudio de la Harvard Business School descubrió que los artistas profesionales producen obras menos creativas cuando trabajan a comisión.[8] «Cuando trabajo para mí mismo, experimento las verdadera alegría de crear y puedo trabajar toda la noche sin darme cuenta —dijo un artista en el estudio—. En una obra por encargo tienes que controlarte, ir con cuidado para hacer lo que quiere el cliente».

No es extraño que muchas de las soluciones lentas con las

que nos hemos encontrado releguen el dinero a un segundo plano. En su jornada anual de la seguridad, ExxonMobil no habla sobre beneficios y productividad. Murray teme que vincular la remuneración a los objetivos de seguridad propicie lo que él llama «tipos erróneos» de comportamiento. Cuando le pregunto a Simpson, la jefa de escuadrilla de las fuerzas armadas, cuánto le complicó las cosas esa ala rota de Typhoon a la RAF, se remueve algo incómoda en su asiento. Como la industria del petróleo, las fuerzas aéreas trabajan con un equipo tan caro que incluso el error más pequeño puede costar una fortuna en daños y perjuicios. Como ExxonMobil, Simpson prefiere mantener el dinero al margen de la resolución de problemas de seguridad. «Hago el esfuerzo consciente de no averiguar el coste financiero de los daños que ocasiona cada error —explica—. Si lo haces, la gente volvería a la cultura de la culpa. Ya sabe, a señalar con el dedo mientras se dice: "Nos has costado medio millón de libras", y eso es básicamente lo que queremos evitar».

No obstante, es difícil resistirse a la tiranía del corto plazo. Jeff Bezos advierte de que adoptar la perspectiva a largo plazo a menudo implica «estar dispuesto a que no te comprendan durante largos periodos de tiempo». Y este es un punto vital. Cuando te atreves a aplicar una solución lenta, debes esperar oír algunos comentarios ofensivos. Los escépticos dirán que eres demasiado indulgente, demasiado caro o demasiado lento. Para capear el temporal hay que tener claro que solucionar problemas a conciencia nunca es un acto de autocomplacencia o un lujo, sino una inversión prudente que será esencial en el futuro. Si dejamos que un problema se pudra ahora, siempre será más difícil y más costoso arreglarlo más adelante. Si inviertes el tiempo, el esfuerzo y los recursos hoy, cosecharás los beneficios en tu negocio, relación o salud en el futuro. He aquí un ejemplo. Después de una considerable inversión inicial, Green Dot dirige ahora el instituto Locke con un presupuesto por alumno menor que el que se gastaban las autoridades antes de dar ese giro radical.

Por supuesto, hacer caso omiso de todos los números a corto plazo también sería una estupidez. Con la dosis adecuada y el espíritu correcto, los objetivos pueden centrar la mente y canalizar la energía. Mirar hoy con lupa hasta el último céntimo siempre será una inversión prudente para el mañana. Después de encomiar todas las virtudes de pensar las cosas bien y a largo plazo, toda persona que practique las soluciones lentas le recordará, rápidamente, que se centre en los pequeños detalles. Hoeidal lo explica en estos términos: «Tienes que cultivar una manera de pensar en los problemas a lo grande, pero también debes tener en cuenta las cosas pequeñas».

6

PIENSE EN LO PEQUEÑO:
LOS DETALLES ÍNFIMOS QUE MARCAN LA DIFERENCIA

> Los pequeños detalles son vitales. Las pequeñas co-
> sas hacen que pasen cosas grandes.
>
> JOHN WOODEN, entrenador de baloncesto
> presente en el Salón de la Fama

En una mañana clara y fría de enero de 1969, un equipo de buceadores se dispone a inspeccionar una torre de perforación situada a 10 kilómetros de la costa del sur de California. Lo que vieron los alarmó. «Miraras donde miraras, había parches —recuerda Hoss McNutt, uno de los miembros del equipo—. Podías ver que la empresa había tomado unos cuantos atajos para ahorrar tiempo y dinero, e informamos de ello cuando volvimos». La propietaria de la torre, Union Oil, decidió hacer caso omiso de los avisos y, tres meses después, la plataforma A explotó, provocando un vertido de unos 760.000 litros de crudo en las aguas de Santa Bárbara. La marea negra llegó hasta las playas locales, y más de 10.000 pájaros murieron junto con focas, delfines, peces y otros especímenes marinos.

Me reúno con McNutt cuarenta y un años después en la Universidad del Estado de Michigan en East Lansing, el emplazamiento de las finales mundiales de 2010 de la Odisea de la Mente, un concurso internacional infantil de resolución de problemas. Todos los canales de noticias muestran imágenes de crudo saliendo del dañado pozo Macondo, de BP, muy por debajo de la superficie del golfo de México. McNutt mira las imágenes granulosas, sacude la cabeza y repite el veredicto heredado de los expertos de la industria del petróleo. «La historia se repite —dice—. BP hizo caso omiso de los riesgos y las advertencias, se decantó por soluciones rápidas, y ya ves tú en qué lío se han metido».

Cuando se trata de resolver problemas, McNutt, un sexagenario de ojos azules, lo ha visto todo. Tras sus días como especialista en efectuar diagnósticos técnicos bajo el agua, se convirtió en un profesor de Robótica en el Instituto Burton de Porterville, en California. También se ha pasado los últimos treinta años como entrenador de la Odisea de la Mente. Muchos de sus antiguos cargos están ahora resolviendo problemas en juntas directivas, fábricas y laboratorios por todo Estados Unidos.

Aunque sus equipos compiten dentro de los confines de un torneo, buena parte de lo que hacen bien y mal les proporciona lecciones para el mundo real. Ya en su cuarta década, la Odisea de la Mente parece un enorme campo gigante de pruebas para la solución lenta.

En las finales mundiales de 2010, McNutt está entrenando a un equipo de seis alumnos de noveno curso. Han elegido encarar el Problema Número 1: inventar un vehículo de propulsión humana que pueda superar un obstáculo, limpie el medio ambiente, pueda hallar vida salvaje y realizar una maniobra mientras cruza un camino a campo través. Los chicos decidieron construir un dragaminas, un artilugio mezcla de *Mad Max* y de *Blue Peter*, improvisado a partir de un viejo cuadro de mandos, planchas de madera, barras de metal y un complejo sistema de poleas de cuerdas, cadenas y palancas. Un engranaje hace girar una sierra con marco contra una lata de manera que emite un quejido gutural que ahuyentaría a los animales salvajes. La pala que recoge las minas de espuma de poliestireno es la funda exterior de un viejo ordenador iMac. Se requieren tres chicos para utilizar el vehículo: el director envía energía a las ruedas bombeando un tablón de madera arriba y abajo. Lo primero que pienso cuando lo veo es: «¿Por qué no construí uno de esos en noveno curso?».

Como cualquier otro equipo de la Odisea, los chicos de Burton hablan con serena convicción acerca de los muchos ingredientes de la solución lenta que hemos tratado hasta ahora:

asumir y aprender de los errores, esforzarse por pensar en detectar la verdadera naturaleza de un problema, unir los puntos
para forjar soluciones holísticas y adoptar una perspectiva a
largo plazo. Con la certeza de un gurú que le triplicara la edad,
uno me dice: «Los errores no existen; tan solo hay ideas impre-
cisas». Otro añade: «Si algo no funciona hay que repasar todos
los pasos para volver al principio, hasta averiguar por qué no
funciona, y solo entonces podrás arreglarlo».

Hasta ahí, todo bien. Sin embargo, una hora antes de que
el equipo de Burton tenga que salir a escena, McNutt se encuentra incómodo. Cree que los chicos deberían estar afinando su solución al problema número 1 justo hasta el último
minuto, pero las reglas de la Odisea le prohíben hacer demasiado hincapié en ese punto. «Incluso ahora hay partes de este
vehículo que podrían romperse —explica—. Si estuviera en su
lugar, me daría un ataque de pánico antes de salir a defender
mi invento».

Miro detrás de McNutt y veo el dragaminas de pie en una
esquina del gimnasio. El único miembro del equipo de Burton
que se ve por ahí está bajando hacia la salida. McNutt le grita:

—¿Tenéis idea de a qué hora debéis salir al escenario?

—A las tres en punto —responde el chico.

—¿Y cuánto falta? —pregunta McNutt. El chico se encoge
de hombros, indicando con gestos que no tiene reloj.

—Faltan cincuenta minutos —dice McNutt—. ¿No crees
que deberíais hacer algún recorrido a modo de prueba o empezar a prepararos?

El chico dice que se lo mencionará a sus compañeros de equipo; pero, al final, no hacen caso del consejo. Poquito más de
una hora después, los chicos, vestidos con trajes de robot, están
listos para su actuación en otra gran sala del gimnasio. Unos
doscientos chicos y unos pocos entrenadores y padres están sentados observando desde las gradas. Después de nueve meses de
trabajar en la resolución de problemas, ha llegado el momento.
El primer equipo en actuar pone el listón muy alto, desenros-
cando largos brotes de bambú para impulsar su vehículo. El

espectáculo quita el aliento, es elegante y extrañamente conmovedor. La muchedumbre ruge para mostrar su aprobación.

Cuando les llega el turno, los chicos de Burton empiezan vacilantes. Tardan más de lo planeado en tenerlo todo listo. Entonces, el dragaminas avanza tres metros antes de pararse con una sacudida. Los chicos hacen frenéticos ajustes para volver a encenderlo. Lo único que consiguen es que vuelva a pararse, solo que en esta ocasión una cadena cuelga lacia por debajo del chasis. Dos chicos se quitan sus trajes de robot y se colocan debajo como mecánicos en una parada técnica de la Fórmula 1. Un silencio incómodo se instala en el gimnasio. La Odisea de la Mente es un concurso, pero hay un buen espíritu de camaradería y los equipos se animan unos a otros con entusiasmo. Nadie se lo pasa bien viendo cómo fracasan unos chicos en el escenario. Sin embargo, al final la muchedumbre revive con gritos y aplausos para darles ánimos a los dragaminas derrotados. El equipo consigue que el vehículo vuelva a ponerse en movimiento, pero justo cuando están a punto de recoger la primera mina, suena un timbre que señala que el tiempo se ha acabado. Los chicos están consternados a pesar de que el público está de pie aplaudiendo. Un juez se acerca para consolar al más joven, que está llorando.

Después de un emotivo análisis posterior, McNutt se toma la debacle con filosofía. Tras haber visto cómo otros equipos se autodestruyen del mismo modo, cree que los chicos de Burton saldrán de esta experiencia más capacitados para solucionar problemas. «La lección que han aprendido aquí es más importante que ganar —explica—. Hoy han aprendido que cuando se trata de resolver problemas debes ser increíblemente concienzudo, porque los pequeños detalles pueden ser la clave del éxito o del fracaso».

Esto nos lleva al siguiente ingrediente de la solución lenta. Hemos visto cómo ampliar la perspectiva para pensar de forma holística, y pensar a largo plazo es esencial para resolver problemas. Al mismo tiempo, centrarse en los detalles más pequeños puede ser igualmente vital. ¿Qué provocó que un avión

Concorde estallara en una bola de fuego en el aeropuerto Charles de Gaulle en el año 2000? El desencadenante fue una pequeña tira de aleación de titanio que se había caído de otro avión y permaneció en la pista de aterrizaje hasta que el Concorde pasó por encima de ella mientras iba a 500 kilómetros por hora. Por eso un escuadrón de la RAF Coningsby se dedica a tiempo completo a asegurarse de que las pistas están libres de desechos, y por eso todos los conductores se detienen a comprobar que sus ruedas están libres de escombros antes de cruzar cualquier pista de la base. «Para que algo sea cierto, debe serlo tanto a gran escala como a pequeña escala —dice Fulton Suri, de IDEO—. Para resolver bien los problemas, hay que integrar ambos enfoques».

Como los demás ingredientes de la solución lenta, trabajar a conciencia las cosas pequeñas requiere tiempo. Lo normal es que tengas que bajar el ritmo para localizar, comprender y manejar los detalles. A veces hacemos esto por costumbre. Piense en el tiempo que se pasa delante del espejo antes de una cita especial, asegurándose de que hasta el último cabello esté en el lugar que le corresponde. O en cuántas veces relee una solicitud de trabajo antes de enviarla. Sin embargo, en nuestro mundo apresurado suele perderse tal atención a los detalles. Nuestra mente es proclive a borrar las pequeñas cosas que contradicen nuestras teorías preferidas. (Recuerde la tendencia a la confirmación y el problema del legado.) Concentrarse en los detalles puede ser también aburrido, complicado y poco glamuroso. Raras veces sale en los titulares o hace que el público se extasíe. Lo que llama la atención es el gesto audaz y de gran envergadura. No importa cuánto dinero, energía y tiempo inviertas, ni cuán nobles sean tus intenciones, porque incluso la solución más brillante te saldrá mal si te equivocas en los detalles.

Echemos un vistazo a la historia de la ayuda humanitaria a África. A lo largo de los años, donantes de Occidente han enviado contenedores llenos de equipos médicos que no pueden funcionar debido a las altas temperaturas imperantes en la región, y prótesis auditivas diseñadas para un tipo de pérdida de audición que no suele darse en los países en vías de desarrollo. El mismo tipo de detalles inoportunos socavó la tan publicitada reconstrucción de Afganistán. Las autoridades estadounidenses, por ejemplo, construyeron escuelas en una nación desgarrada por la guerra, pero no construyeron ni una sola facultad en la que formar a los profesores que debían enseñar en ellas.

La atención al detalle siempre ha sido un distintivo de los mejores solucionadores de problemas. Algunos creen que la mejor cerámica de la historia se hizo durante la dinastía Song del Sur, que reinó en China durante los siglos XII y XIII. Los ceramistas Song se pasaron la vida refinando, rehaciendo y amasando diseños simples y sobrios en busca del jarrón perfecto. Creían que incluso al bol o a la taza más modestos se les podían imbuir las más altas cotas de maestría y significado. Centrándose en las cosas pequeñas, modelaron objetos de cerámica que siguen siendo inspiradores e influyendo en el diseño ochocientos años después. Esa misma atención al detalle caracteriza a los ganadores, con independencia de cuán duro hayan trabajado. Piense en el obsesivo trabajo que se ha invertido en un traje de Savile Row, en un Rolls Royce Phantom o en el mástil de caoba de una guitarra Paul Reed Smith. Los chicos de Burton deberían haber emulado a Henry Steinway, quien construyó 482 pianos a mano antes de decidirse a lanzar su propia empresa todopoderosa.[1] ¿Cuál era el secreto de la prosa luminosamente bella de Gustave Flaubert? Una determinación maníaca que lo llevaba a refinar y trabajar cada frase hasta que la última consonante estaba en el lugar que le correspondía. ¿Recuerda la celebrada escena de *Madame Bovary* en la que Emma sale a hurtadillas de su casa al amanecer y corre a reunirse con su amante? Flaubert escribió 52 versiones de ella antes de dar con la perfecta colocación de las palabras.[2] Como McNutt, su lema era: «El buen Dios está en los detalles».

Steve Jobs, fundador y antiguo director general de Apple, llevó esa creencia al nivel de lo obsesivo compulsivo. Hacia el final de su vida, mientras agonizaba en el hospital, descartó a 67 enfermeras antes de dar con tres que cumplían con sus estándares exactos. Incluso cuando estaba fuertemente sedado, se quitó la máscara de oxígeno de la cara porque no le gustaba cómo le quedaba. El neumólogo se quedó asombrado cuando Jobs le pidió ver otras cinco máscaras para elegir la que más le gustaba. Aunque pueda sonar como un caso descontrolado de TOC (trastorno obsesivo compulsivo), ayudó a Apple a convertirse en una de las empresas de más éxito de la historia. Los plazos iban y venían mientras Jobs dirigía a sus diseñadores, ingenieros y vendedores hasta conseguir que todos los detalles fueran perfectos. Se invirtieron más de tres años en desarrollar el ordenador Macintosh porque Jobs no dejaba de modificarlo: descartó el ventilador interno por ser demasiado tosco, y rediseñó la placa base por no ser suficientemente elegante. Para perfeccionar las barras de título que están sobre las ventanas y los documentos, obligó a sus desarrolladores de software a hacer más y más y más cambios. Cuando se quejaron, después de casi veinte intentos, les gritó: «¿Os podéis imaginar lo que sería tener que mirar eso todos los días? No es ningún detalle sin importancia. Es algo que tenemos que hacer bien». Incluso cuando Apple estaba en lo más alto, a Jobs, como habría hecho un ceramista Song de antaño, le interesaba saber cuántos errores se producían en los ordenadores de la compañía. En otras palabras, cuando se subía al escenario con su característico jersey negro de cuello alto para desvelar el último dispositivo innovador, Apple ya había puesto todos los puntos sobre las íes y las barritas sobre las tes, hasta un punto que avergonzaría a los chicos de Burton y a la mayoría de los rivales.[3]

A veces el más pequeño detalle puede significar la diferencia entre un triunfo y un fiasco. La falta de luz artificial es un problema crónico en los países en vías de desarrollo. Las casas pobres del África rural y de Latinoamérica gastan buena parte de sus ingresos en iluminarse con velas, baterías de pilas secas y queroseno, dinero que les resultaría más provechoso invertir en alimentación, educación, medicinas o granjas.[4] Y a pesar de tan importantes desembolsos, sigue sin haber suficiente luz para moverse después del anochecer. Eso significa que los niños no pueden estudiar de noche, las chicas se saltan la escuela para realizar las tareas durante el día, y las mujeres que se aventuran después del anochecer son más vulnerables a las agresiones. Las lámparas de queroseno baratas también contaminan el aire, atraen los mosquitos que causan la malaria y provocan incendios y quemaduras serias. En 2006, Mark Bent dio con una solución excelente al problema de la oscuridad: sus luces BoGo utilizan energía solar, son resistentes al agua y a los golpes, y proporcionan hasta cinco horas de iluminación después de cargarse al sol durante diez horas. Cada vez que se vende uno de estos dispositivos, Bent le dona otro al grupo de ayuda de su elección. BoGo es un acrónimo de *Buy One, Give One* («compra uno, dona uno»).

Como Geir Berthelsen de Norsafe, pero al contrario que muchas otras organizaciones humanitarias, Bent hizo primero sus deberes. Después de haberse pasado años viajando por los países del Tercer Mundo, como marine de Estados Unidos y diplomático, y después como petrolero, sabía el valor que tiene conocer el entorno. «Muy a menudo veo a tipos bienintencionados cuyas intenciones son fantásticas, y que intentan ayudar a otra gente sin saber en qué consiste su moral, cuáles son sus verdaderas necesidades, qué les hace reaccionar, o a qué presiones económicas, sociales y tribales tienen que enfrentarse —dice—. Se necesita tiempo y también escuchar mucho, porque lo primero que la gente deja caer nunca será la realidad. Dirán que todo es maravilloso, maravilloso, pero después de una hora empezarán a decir: "Bueno, si la luz pudiera durar más, o ser más brillante, o si pudiera llevarla por aquí, o colgarla así"...». Con esa visión interna, Bent fue capaz de refinar la linterna BoGo para que encajara con las necesidades reales.

En un capítulo posterior investigaremos por qué la gente le encuentra sentido a implicarse en encontrar soluciones a sus propios problemas; pero, por ahora, centrémonos en el pequeño detalle que permitió que la linterna BoGo marcara un cambio tan grande. Cuando los primeros dispositivos llegaron a un campo de refugiados de la ONU en el oeste de Etiopía, sus acabados eran de un color naranja chillón. «Quería que fueran algo brillante que la gente pudiera ver con muy poca luz —dice Bent—. Sin embargo, no tardaron en darse cuenta de que los hombres cogían las linternas y dejaban a las mujeres a oscuras».

Mientras que los trabajadores de la ONU propusieron marcar cada linterna con un número de serie, Bent dio con una solución más simple y elegante: empezó a fabricar algunos de los dispositivos de color rosa. Sabía que muchos hombres africanos eran orgullosos, susceptibles y supersticiosos sobre su masculinidad, pero también sabía que la mayoría no asociaba el rosa con la feminidad. Así pues, distribuyó las linternas de color rosa junto con el mensaje de que ningún varón fogoso debería morir con un accesorio de ese color. Funcionó. En algunas partes de África, los hombres que llevaban una linterna de color rosa usan ahora un palo para recolocarla en el suelo en lugar de arriesgarse a sujetarla. Llevar una linterna rosa puede incluso hacer que tachen a un hombre de ladrón. Bent ha distribuido más de cuatrocientas mil linternas BoGo por muchos países en vías de desarrollo, y las mujeres africanas usan las de color rosa con total libertad.

A veces vale la pena retocar un detalle que haya sido considerado como irrelevante. Tradicionalmente, la música clásica ha estado reservada a hombres blancos. En el mundo masculino de solistas vestidos de traje negro y maestros de pelo canoso, era una verdad admitida por todos que las mujeres simplemente no podían tocar igual de bien que sus colegas varones. No tenían ni los labios, ni los pulmones, ni las manos adecuadas. Eran demasiado débiles. Simplemente no podían sentir la música igual. Una y otra vez, los guardianes de las grandes orquestas veían esa idea reforzada durante las audiciones en las que los hombres siempre sonaban mejor que las mujeres. ¿O no era así?

Las audiciones tradicionales a menudo eran asuntos informales, donde los candidatos tocaban unos pocos minutos delante del director musical o de la orquesta. Se suponía que ese encuentro tan íntimo y personal debía ayudar a los expertos a alcanzar un veredicto informado pero, de hecho, a menudo se conseguía justo el efecto inverso. Al contrario de lo que indicaría la creencia generalizada, ver la audición de un candidato con todo detalle hacía más difícil que los jueces se concentraran en la habilidad más importante del currículum vítae de todo músico: el sonido que producen con el instrumento que tocan. En lugar de eso, podían distraerse (e incluso verse influidos) por un montón de pistas visuales: la postura, la edad, el corte de pelo, la mandíbula, cuánto sudaban los candidatos, lo poco que sonreían, o cómo sujetaban los instrumentos. Y el sexo.

El grado tan elevado en que esas variables visuales podían alterar lo que oían los grandes nombres de las orquestas se hizo patente cuando el mundo de la música clásica empezó a realizar audiciones a ciegas en la década de 1970. En lugar de tocar a plena vista de un comité, se les asignaba un número a los candidatos y tocaban ocultos detrás de una pantalla. Si hacían incluso el más ligero ruido que pudiera delatar su identidad (una ligera tos, por ejemplo, o un taconeo), la audición se retrasaba y se volvía a realizar más tarde ese mismo día pero con un número nuevo. Mediante ese cambio, los expertos se vieron obligados a hacer lo que afirmaban haber hecho durante todo ese tiempo: juzgar a los aspirantes nada más que por el sonido de la música que interpretaban. ¿Y qué cree que ocurrió? Pues que, de repente, las mujeres no sonaban tan mal, al fin y al cabo. Empezaron a conseguir prestigiosos trabajos como violinistas, chelistas y trombonistas. En estas últimas tres décadas en las que las audiciones a ciegas se convirtieron en la norma, el número de mujeres que tocan en las principales orquestas estadounidenses se ha quintuplicado.[5] El giro de la cultura general hacia la igualdad de género desempeñó un papel fundamental, pero si no se hubieran introducido las audiciones a ciegas, lo más probable es que las mujeres siguieran sonando peor que los hombres.

En el campo de la sociología, el poder del detalle revelador se explica con claridad en la «teoría de las ventanas rotas», que sostiene que incluso el más pequeño atisbo de desorden (una ventana rota de un edificio o el borrón de un grafiti en una pared) puede establecer un ambiente que desencadene un comportamiento antisocial.[6] En 2011, un grupo de investigadores de la Universidad de Groninga, en Holanda, realizó un experimento para mostrar cómo funciona esta teoría en la práctica. Colocaron anuncios en bicicletas aparcadas en un callejón con una señal que prohibía los grafitis. Cuando el callejón se llenó de grafitis, el 69 % de los ciclistas tiraron el anuncio al suelo o lo pegaron en la bicicleta de otra persona. Una vez que el callejón se pintó de nuevo, solo el 33 % lo hizo. En un experimento similar, los investigadores dejaron un sobre con un billete de 5 euros visible a través de la ventanilla de la dirección de un buzón de correo. Cuando el buzón estaba limpio y bien cuidado, solo el 13 % de los peatones cogieron el dinero. Cuando estaba cubierto de grafitis, o el área que lo rodeaba estaba sucia con latas vacías, colillas y otra basura, ese número se duplicó.

Esto no significa que sanear todas las calles vaya a poner fin al crimen. Para hacerlo, habría que unir muchos otros puntos. Sin embargo, sí demuestra que cambiar un pequeño detalle, desde una ventana rota hasta una audición música, puede marcar una gran diferencia.

Los solucionadores de problemas más inteligentes tienen en cuenta este aspecto. John Wooden entrenó al equipo de baloncesto de la UCLA y batió un récord al ganar diez campeonatos de la NCAA entre 1964 y 1975. Aunque tuvo la suerte de contar con jugadores estrella en su equipo, entre ellos Kareem Abdul Jabbar y Bill Walton, se lo suele considerar uno de los mejores entrenadores de la historia del deporte universitario. ¿Y qué hacía cuando una nueva cosecha de prodigios del baloncesto aparecía por primera vez en los entrenamientos? Les enseñaba a ponerse los calcetines. Como si fuera un monje medieval desplegando un manuscrito, enrollaba lentamente cada calcetín sobre los pulgares de los pies, sobre las puntas, el empeine y alrededor del tobillo, antes de tirar de él y ceñirlo. Entonces, volvía a los dedos de los pies para alisar todas las arrugas o pliegues a lo largo de todo el calcetín.[7] A continuación observaba a los superdeportistas hasta que lo hacían bien. Wooden tenía dos razones para realizar este ritual. En primer lugar, los calcetines arrugados causan ampollas, que dañan el rendimiento. Sin embargo, también estaba dejando clara una lección sobre la necesidad de esforzarse en las cosas pequeñas. «Creo en las cosas básicas: en la atención y en la perfección de los pequeños detalles que suelen pasar inadvertidos —escribió—. Aunque parezcan triviales, e incluso dignos de burla para aquellos que no lo comprenden, no lo son. Son fundamentales para hacer progresos en el baloncesto, en los negocios y en la vida. Marcan la diferencia entre ser campeones y casi campeones».

Eso es lo que dice una y otra vez la gente que ha alcanzado la cima del mundo empresarial. Cuando alguien le preguntó qué consejo les daría, desde la perspectiva que da el retiro, a los empresarios en ciernes, Conrad Hilton, fundador de la cadena de hoteles que lleva su nombre, les dijo que se esforzaran en los pequeños detalles con una frase memorable: «No os olvidéis de poner la cortina de ducha en el baño». Cuando sir Richard Branson visita alguna de las 300 empresas del emporio Virgin, toma nota de cada fallo que advierte, desde una alfombra sucia en la cabina de un avión hasta un empleado que no usa el tono de voz adecuado en un centro de atención al cliente. «La única diferencia entre una entrega simplemente satisfactoria y una entrega genial es la atención al detalle —escribió no hace mucho—. La entrega no se limita solo al primer día de la compañía: los empleados de toda la empresa deberían centrarse en hacerlo bien durante todo el día, y todos los días».

Incluso los músicos del grupo de rock duro Van Halen lo comprendieron. Durante sus días de gloria en la década de 1980, la banda introdujo en el contrato que regulaba cada concierto una cláusula que se convirtió en objeto de mofa. Pidieron un cuenco enorme de M&M, pero sin ninguna de las chocolatinas marrones.[8] El artículo 126 rezaba: «No habrá M&M marrones entre bastidores, bajo pena de cancelación del espectáculo, con plena compensación». Cuando se filtró la noticia de su petición, los medios de comunicación se cebaron con aquellos músicos de peinados exagerados afirmando que el éxito se les había subido a la cabeza. No obstante, Van Halen tenían una razón muy sensata para prohibir las golosinas marrones. Fueron una de las primeras bandas en organizar macroconciertos, y empezaron a darse cuenta de que al personal de los estadios de las ciudades más pequeñas le resultaba difícil montar su intrincado escenario. Meter la pata en un detalle podría conllevar que el sonido o el espectáculo estuvieran por debajo de lo aceptable, o algo incluso peor. En la Universidad del Estado de Colorado, el escenario de Van Halen se hundió, lo que originó daños por valor de 85.000 dólares, ya que el personal encargado no había comprobado los requisitos de peso que se especificaban en el contrato. Cualquier otro despiste semejante muy bien podría haber causado heridos, o incluso muertos. Por ese motivo, los Van Halen introdujeron la cláusula de los M&M, como quien mete un canario en una mina de carbón. Un cuenco sin ninguna chocolatina marrón indicaba que se podía confiar en el equipo técnico, ya que habría repasado con lupa todos los requisitos técnicos de la banda; es decir, se había fijado en cada pequeño detalle. «Así, cuando iba entre bastidores y veía un M&M marrón en un cuenco —decía David Lee Roth, cantante de la banda—..., bueno, pues teníamos la certeza de que habría algún error técnico. No se habían leído el contrato, y no cabía duda de que habría problemas. A veces podía amenazar con arruinar todo el espectáculo, y otras, incluso, literalmente podía ser un peligro mortal».

Una manera de formalizar la prueba de los M&M es diseñar una lista de verificación. Durante años, los pilotos las han usado para evitar olvidarse de conectar un interruptor vital o confirmar una lectura crucial. Los abogados las usan para evitar perderse cualquier detalle pequeño y determinante en un litigio complejo. Las listas de verificación son cada vez más comunes en todo tipo de industrias, desde la construcción hasta la ingeniería informática, donde meter la pata en cualquier nimiedad puede tener consecuencias catastróficas.

El problema es que muchos expertos se resisten a que les pidan que repasen una lista de comprobación. Ya hemos visto lo difícil que puede ser asumir los propios errores y límites. Usar una lista de verificación implica que, a pesar de nuestros muchos años de experiencia, cualquiera puede meter la pata en algún aspecto elemental. ¿Por qué necesito una lista de verificación que me recuerde las cosas que hago sin pensar? Y precisamente ahí reside el problema. Cuando activamos el piloto automático podemos pasar por alto pequeñas cosas que marcan una gran diferencia. Incluso Papá Noel comprueba su lista dos veces.

Por este motivo el mundo médico también utiliza listas de verificación. Pensemos en el uso de los antibióticos. Para que estos surtan efecto, deben administrarse no más de una hora y no menos de treinta segundos antes de que el cirujano haga la primera incisión. Fuera de ese marco temporal, las posibilidades de que se produzca una infección aumentan en un 50 %. Todo estudiante de medicina puede recitar estas cifras y, aun así, hasta las unidades de cirugía más experimentadas suelen equivocarse. En 2005, el Hospital Nationwide Children de Columbus, en Ohio, descubrió que su personal no le administraba el antibiótico correcto en el momento correcto a más de un tercio de los pacientes que se sometían a una apendicectomía. Se les administraba la medicina demasiado pronto, o demasiado tarde, o incluso no se les administraba. Al verlo, parece inexplicable. ¿Cómo pueden unos profesionales médicos tan avezados meter la pata tan a menudo? La respuesta es que la cirugía es una de las formas más exactas de resolución de problemas. Al reto de abrir y reparar a un ser humano se le suma el que el entorno en el que suele realizarse una operación es un campo de minas de distracciones: una información de última hora procedente de la sala de urgencias, un instrumento del equipo que no funciona bien, un portapapeles que se extravía, un paciente disgustado, o un anestesista agotado. No resulta extraño que, a veces, los antibióticos se pierdan por el camino.

El director de la unidad de cirugía del Hospital Nationwide Children era también piloto en su tiempo libre, así que sabía que las listas de verificación evitan errores y mejoran la seguridad en la aviación. Para enfrentarse al problema de los antibióticos, instaló en todos los quirófanos del hospital una pizarra blanca con una lista de verificación previa a la cirugía llamada «Listos para el despegue».[9] Había que marcar dos casillas antes de que el cirujano pudiera coger el escalpelo. Primero, la enfermera tenía que confirmar verbalmente que la persona que yacía en la mesa de operaciones era el paciente correcto, y que se había preparado para la cirugía el lado correcto del cuerpo. En segundo lugar, los miembros del equipo tenían que confirmar unos con otros que se habían administrado los antibióticos adecuados. Para animar al personal a fijarse en los pequeños detalles, el director de la unidad de cirugía se pasó mucho tiempo hablando con médicos, enfermeras y anestesistas sobre los beneficios de las listas de verificación. Con buena visión para los detalles reveladores, también diseñó una tapa de metal de 15 centímetros con las palabras «Listos para el despegue» escritas en ella, que las enfermeras debían colocar sobre el escalpelo cuando prepararan el instrumental antes de la cirugía. Al principio, ese artefacto servía como recordatorio físico para bajar el ritmo y leer la letra pequeña.

Estos pequeños cambios marcaron una gran diferencia. Tres meses después de la puesta en marcha de la iniciativa «Listos para el despegue», los antibióticos se administraban de la manera adecuada en el 89 % de los casos de apendicitis. Después de diez meses, las cifras alcanzaron el cien por cien. Otros hospitales han obtenido éxitos similares con listas de verificación, algunas de las cuales llegan a tener de 20 a 30 ítems.

Sin embargo, para obtener una solución que realmente suponga un avance, a menudo debemos ir más allá de recordar las cosas pequeñas: tenemos que ver el problema bajo una perspectiva diferente. Así es como se producen muchas invenciones decisivas. En 1941, un ingeniero suizo llamado Georges de Mestral volvió de un viaje de caza en los Alpes y descubrió cortezas de *Arctium* por sus calcetines y el abrigo de su perro. Sin embargo, en lugar de limitarse a quitarse esas bolas pegajosas y peludas sin pensárselo dos veces, que es lo que los senderistas habían hecho durante generaciones, las observó bajo el microscopio, y así pudo ver los cientos de pequeños ganchos diseñados para adherirse a cualquier superficie con rugosidad, como la ropa. De Mestral vio de repente aquellos restos de corteza como nadie lo había hecho antes, y usó esa nueva mirada para inventar el velcro.

Muchos problemas médicos solo se resuelven cuando alguien acaba prestándole atención a un efecto secundario durante los ensayos médicos. A finales de la década de 1980, un grupo de investigación farmacéutica de Inglaterra exploraba formas de tratar la angina de pecho. Todas sus esperanzas estaban depositadas en un compuesto llamado UK-92480, que parecía afectar a los vasos sanguíneos de los voluntarios sanos. Sin embargo, después de varias pruebas decepcionantes iban a desechar la medicina, hasta que los sujetos de las pruebas empezaron a informar que tenían erecciones después de tomársela. Al principio, los investigadores hicieron caso omiso de aquel hecho por considerarlo un detalle irrelevante, aunque divertido; pero finalmente algunos empezaron a preguntarse si allí podría residir la cura para la disfunción eréctil. Y resultó que tenían razón. Después de seis años más de investigación y desarrollo, UK-92480, rebautizado como Viagra, asaltó el mercado y millones de dormitorios.

Esa es la razón por la que esforzarse tanto en las pequeñas cosas es una característica de la solución lenta. Recuerde cómo la prisión de Halden prohibió las pesas para que los internos no fueran demasiado musculosos. O cómo el personal de cocina de ExxonMobil controla la temperatura de sus aliños de ensalada. Conscientes de que los empujones en las escaleras pueden provocar peleas, los de Green Dot instalaron barandillas de hierro justo en el medio de cada tramo de escalera en el Instituto Locke para separar a quienes subían de quienes bajaban. El personal de la escuela habló de encarar incluso los problemas más triviales como si fuera una «ventana rota». «Si se rompe una ventana, se arregla de inmediato. Y después la siguiente, y la siguiente —dice el director general Marco Petruzzi—. La idea es que la clave del cambio reside en esforzarse en los detalles».

Todos podemos mejorar si dominamos las cosas pequeñas. Las listas son una buena forma de empezar. Cuando quiera encarar un problema, anote cualquier idea que se le ocurra, por pequeña que sea. Ponga aquellas que supongan un claro avance hacia su objetivo a largo plazo en una lista de «Tareas pendientes», y el resto en una lista de «Quizá», por si acaso resultan ser importantes más adelante. Guarde la última en un cajón y mírela de vez en cuando para asegurarse de que no se le pase nada por alto. En cada fase de su solución, acuérdese de los chicos de Burton: compruebe, compruebe y vuelva a comprobar.

Porque ni siquiera una atención flaubertiana a los detalles puede garantizar que todo el camino vaya a ser cuesta abajo. Cuando Steve Jobs lanzó el iPhone 4 en 2010, sufrió uno de esos fallos técnicos que son la perdición de los discursos inaugurales en todo el mundo. Debido a una conexión a Internet poco segura, resultaba difícil cargar fotos o iniciar un chat de vídeo con el dispositivo. Para continuar, Jobs tuvo que pedirle al público que dejara de saturar la red wifi de la sala. El sultán de los pequeños detalles tuvo un momento de chicos Burton. «Incluso los dioses meten la pata de vez en cuando», observó un bloguero.

Por supuesto, Jobs no volvió a pasar la misma vergüenza de nuevo. ¿Por qué? Porque hizo lo que hacen todos aquellos que ponen en práctica soluciones lentas cuando se les pasa un detalle: aprendió del error, y a la siguiente ocasión estuvo mejor preparado.

7

PREPÁRESE: ESTÉ LISTO PARA TODO

La acción que sigue a la deliberación debería ser rápida, pero la deliberación debería ser lenta.

ARISTÓTELES

Parecía que la carrera había acabado para él. En la sexagésimo novena vuelta del Gran Premio de 2011 de Mónaco, Lewis Hamilton recibió un golpe de otro conductor que aplastó el alerón trasero de su coche. En el mundo de la Fórmula 1, donde unos cuantos segundos pueden marcar la diferencia entre una derrota aplastante y rociar a todo el mundo con champán desde el podio, ese tipo de daños suelen dejarte fuera de la carrera. Aunque un buen equipo de boxes puede cambiar cuatro neumáticos en tres segundos y medio, raras veces tiene suficiente tiempo para realizar reparaciones más complicadas durante la carrera. Sin embargo, esa soleada tarde de Mónaco, Hamilton, el *enfant terrible* de la Fórmula 1, tuvo suerte. Después de que un coche rival sufrió un accidente, los responsables de la carrera la detuvieron temporalmente para limpiar la pista, lo que le dio al equipo de McLaren más tiempo para arreglar el desperfecto.

No obstante, el reloj no se paraba. Vestidos con los monos de su marca, los mecánicos se apresuraron al máximo y, en cuanto el coche de Hamilton entró en boxes, se pusieron en marcha para arreglar los daños, lo pusieron todo de su parte y realizaron las reparaciones. Mientras apretaban las últimas tuercas, los responsables de la carrera les gritaron que se apartaran, de modo que la carrera pudiera continuar. Con un nuevo alerón en su lugar, Hamilton volvió a la carrera. Acabó en octavo lugar, pero el que pudiera volver a la carrera era el tipo de golpe maestro que entra en la historia de los equipos de boxes, y del que se habla durante años ante unas cervezas.

> Arreglar un alerón trasero no es algo que quieras hacer en medio
> de una carrera, pero lo resolvieron —dice Peter Hodgman, el
> ingeniero de enlace del departamento de tecnología de McLaren—. Dado el poco tiempo de que disponían fue realmente sorprendente.

Tales cosas entran a formar parte de las leyendas del mundo de la Fórmula 1, y Hodgman, un barbudo hombre genial de cincuenta y siete años, tiene un lugar en ellas, con toda justicia. En el Gran Premio de Europa, celebrado en Donington Park en 1993, un mecánico de McLaren vio charcos de agua debajo de un coche que Michael Andretti esperaba para arrancar en la parrilla de salida. El equipo se puso en acción, y sustituyó el radiador estropeado en menos de diez minutos. «El tiempo es siempre tu mayor enemigo en la Fórmula 1», dice Hodgman.

Por paradójico que suene, los solucionadores de problemas rápidos pueden formar parte también de la solución lenta. Eso se debe a que en el mundo real no siempre hay tiempo para los *mea culpa*, la reflexión sin prisas o la disección hasta el más mínimo detalle. A veces, resolver un problema es la supervivencia del más rápido. Cuando nuestros ancestros se topaban con un depredador hambriento, o bien encontraban una estrategia de huida al instante o bien acababan siendo su almuerzo. En el impaciente y exigente mundo del siglo XXI, siempre estamos bajo presión para encontrar soluciones improvisadas. Eso puede llevar al tipo de soluciones rápidas chapuceras con las que nos encontramos al principio de este libro. Pero no siempre. En las condiciones adecuadas, encarar los problemas a gran velocidad puede ser realmente beneficioso para nosotros.

Los equipos de boxes de la Fórmula 1 son solo un ejemplo. Lo que señala quiénes son las estrellas en cualquier campo, desde la medicina hasta la dirección del servicio de bomberos y el fútbol, es la capacidad de manejar los problemas al vuelo. En el libro *Blink* (*Inteligencia intuitiva*), Malcolm Gladwell demostró lo inteligentes que podemos ser cuando aprendemos a «hacernos cargo de los dos primeros segundos». Entre sus casos de estudio de personas que hacen juicios rápidos que resultan ser increíblemente precisos había expertos en arte que podían decir de inmediato si una escultura vendida por 10 millones de dólares era un fraude,[1] y un psicólogo que podía predecir qué parejas se acabarían divorciando limitándose a observar sus conversaciones.[2] Tenemos el sistema 1 de pensamiento en acción, y no solo los expertos pueden hacerlo. Está al alcance de todos nosotros. Cuando juego al hockey, mi mente está resolviendo problemas con la adrenalina, calculando en fracciones de segundo cómo esquivar a un defensa que se acerca o deslizar el disco a otro compañero de equipo. La mayoría de lo que hacemos en la vida diaria, desde conducir un coche hasta cortar una zanahoria, implica lo mismo: pensar sin pensar. Encontrar una solución en un abrir y cerrar de ojos es tan común que muchas disciplinas tienen su propio término para describirlo. Cuando un jugador de baloncesto hace el perfecto pase a ciegas durante un rápido contraataque relámpago, decimos que tiene «olfato de campo». Cuando un general puede evaluar el campo de batalla con una sola mirada, se dice que se le ha bendecido con una vista privilegiada. A menudo lo llaman intuición, y se considera un regalo de los dioses. Napoleón, que desde luego no era un vago en el campo de batalla, creía que la vista privilegiada era «innata en los grandes generales». Sin embargo, la verdad es más prosaica que eso. Como ya hemos visto, nuestra mente pasa una y otra vez del sistema 1 al sistema 2 de pensamiento. Cuando hacemos un juicio automático, seguimos haciendo todos los movimientos del sistema 2: evaluar el escenario, discernir qué datos son relevantes, unir los puntos y señalar la mejor manera de actuar, pero nos limitamos a hacerlo todo mucho más rápido. Los psicólogos lo llaman *thin-slicing*, o «técnica de rebanado fino», porque extraemos toda la información necesaria a partir de una pequeña parte de la experiencia.

¿Cómo funciona? Cuando el reloj no deja de avanzar, los mejores *thin-slicers* acceden a una base de datos personal de experiencia que les permite localizar patrones familiares, obstáculos y posibilidades en un problema. Mientras que los novatos acaban enterrados en toneladas de información irrelevante que han reunido y analizado, corriendo por callejones sin salida y analizando cursos de acción incorrectos, los expertos van directamente al grano, reduciendo al mínimo los datos clave y después saltando a la mejor solución. Cuánto tiempo requiera esto, dependerá del problema que tengamos entre manos. A veces esa técnica de pensamiento de rebanado fino puede producirse en segundos, e incluso en milisegundos.[3] En otras ocasiones necesitaremos un poco más de tiempo, tal vez unos pocos minutos, para sacar el mejor provecho de nuestras bases de datos personales. En cualquier caso, esa capacidad puede servir para muchas disciplinas. Acostumbrados a hacer llamadas en segundos en la casa de locos que son los mercados financieros, a los *traders* de Wall Street se les suelen dar bastante bien los juegos de guerra que requieran tomar decisiones muy rápidas.[4] No obstante, el mejor pensamiento con la técnica del rebanado fino suele ocurrir en un solo ámbito, porque se basa en la experiencia previa. La investigación en muchos campos sugiere que se requieren diez mil horas de práctica para dominar una disciplina hasta el punto de poder dar los saltos intuitivos que diferencian a los ganadores de los quiero y no puedo. Como observó Esther Dyson, la analista de tecnología convertida en inversora: «Cuando decimos que algo es intuitivo, a menudo queremos decir que nos es familiar».

Y ahí es donde la parte lenta entra en acción. La mayoría de los ejemplos de este libro, desde el giro radical en el Instituto Locke hasta el nuevo sistema de seguridad de la RAF Coningsby, implica invertir tiempo en resolver un problema. Eso sigue siendo cierto en el caso del *thin-slicing*, pero con un matiz: uno se ha tomado el tiempo necesario antes de que surja el problema para construir una base de datos de experiencia que le permita sacarse un conejo de la chistera cuando las cosas van mal.

En otras palabras, la planificación y la preparación te permiten solucionar las cosas con rapidez cuando el reloj no te da tregua, lo que es muy diferente de aceptar la solución más rápida en un ataque de pánico ciego.

Esto no solo puede aplicarse a los solucionadores de problemas individuales. Los grupos también pueden pulir su pericia en esta técnica. Ya sabemos, gracias a montones de investigaciones, que los equipos con experiencia tienen más probabilidades de solucionar problemas que los que carecen de ella. Según un estudio realizado en Estados Unidos, casi tres cuartas partes de los accidentes de aviones comerciales tienen lugar el primer día en que un piloto y un primer oficial vuelan juntos.[5] Los errores de novato raras veces se producen en la Fórmula 1, donde la regla de oro de las siete Pes («*Prior Planning and Preparation Prevents Piss-Poor Performance*»; es decir, la planificación y la preparación previas evitan una actuación miserable) es toda una religión. Los equipos contratan a gente inteligente, desde magos de la ingeniería a genios de las matemáticas, que, a su vez, construyen una base de datos de experiencia que los convierten en pensadores rápidos de primer orden. Sirve de ayuda que la mayoría comparta una obsesión empedernida por hacer coches más rápidos. Incluso después de tres décadas en el mundo de las carreras, Hodgman conserva un entusiasmo infantil por la magia de la mecánica. Cuando nos encontramos, enciende su iPhone para enseñarme fotos del Austin A35 de 1957 que está reconstruyendo en su tiempo libre. «La mayoría de la gente de la Fórmula 1 está obsesionada con los coches —dice—. Siempre pensamos en mejores formas de construirlos o arreglarlos». Hasta trescientas personas como Hodgman se pasan noche y día puliendo hasta el último detalle de los coches de McLaren. Usan datos de los ordenadores integrados, así como la información de los conductores, rastrean hasta el último pequeño cambio en la velocidad de las ruedas y las revoluciones del motor, en los cambios de marchas, en los aceleradores, en el consumo de combustible y en el tubo de escape. Entre carreras, revisan el diseño, pruebas partes, experimentan con nuevas soluciones, investigan fallos y realizan reparaciones, perfeccionando las bases de datos personales y colectivas cada vez. En un cambio de neumáticos estándar, 28 personas se arremolinan alrededor de un coche en los boxes; algunos se encargan de apretar los neumáticos o de preparar el coche, mientras que otros quitan los neumáticos usados o ponen los nuevos. Al contrario que los chicos de Burton, el equipo de McLaren entrena una y otra vez, e incluso apura el tiempo para un ensayo final durante la mañana de cada carrera. «Todo el mundo sabe exactamente lo que hace —dice Hodgman—. Se vuelve tan automático que es casi como la natación sincronizada. Haces lo que te toca casi sin pensar». Los mejores equipos de boxes desarrollan un sexto sentido unos con otros. «Pasamos mucho tiempo juntos, probablemente más que con tu mujer o con tu novia, así que coges mucha confianza, de manera que lo sabes todo sobre los puntos fuertes y débiles de los demás —dice Hodgman—. Llega a un punto en el que ni siquiera necesitas hablar, tan solo pasas una llave porque sabes que tu compañero la va a necesitar».

Los equipos y los ingenieros de los boxes de Fórmula 1 conocen sus coches de una manera tan íntima y están tan bien entrenados que, a menudo, encuentran señales de problemas (una ligera inclinación en el chasis, un chirrido del motor o un pequeño cambio en el olor del tubo de escape) antes de que el ordenador exponga el problema con gráficos y ecuaciones detallados. Incluso aquellos que nunca hemos puesto un pie en un *pit-lane* podemos aprender de este ejemplo. Cuanto más usas los ingredientes de la solución lenta (admitir errores, tomarse una pausa para pensar, unir los puntos, dejarse la piel en los pequeños detalles, y ver las cosas largo plazo), mejor llegas a comprender lo que haces, y más probable será que desarrolles la intuición necesaria para tratar con los problemas raudamente en el futuro. «Cuando tienes años y años de práctica y de conocimiento a tus espaldas, no se te pasa nada por alto —dice Hodgman—. Por mucho que el tiempo apriete, detectarás el problema y buscarás una manera de arreglarlo».

Eso es cierto más allá del mundo a contrarreloj de las carreras de coches. Gary Klein ha pasado casi treinta años estudiando cómo se enfrenta la gente a los problemas bajo presión. A lo largo de los años se ha convertido en un destacado defensor del poder de la intuición. En su libro *Sources of Power* muestra cómo la pericia construida sobre la práctica, el entrenamiento y la experiencia es la receta más fiable para dar con una buena solución cuando el tiempo aprieta. Klein descubrió que, mientras que los jugadores de ajedrez novatos se vienen abajo cuando se ven obligados a jugar a toda prisa, los grandes maestros siguen haciendo los movimientos correctos.[6] Del mismo modo, los capitanes de bomberos veteranos toman el 80 % de sus decisiones en menos de un minuto.[7]

Muchos de nuestros solucionadores lentos de problemas se valen del mismo truco. Después de pasarse años observando a sus clientes en oficinas y fábricas, Geir Berthelsen ha desarrollado una especie de visión rápida corporativa. «Cuando voy a una empresa es como escuchar una orquesta. Si un músico desafina, lo detecto de inmediato», dice. Una larga experiencia ha enseñado al coronel de las fuerzas aéreas Simon Brailsford a rastrear lo que hay debajo de los errores y los errores que están a punto de cometerse en la RAF Coningsby. «Puedo darme cuenta de los problemas limitándome a subir a un avión —dice—. Incluso sin haber iniciado una investigación, solo que si alguien hubiera hecho x o y, la misión habría ido mejor». Are Hoeidal puede calibrar lo que va mal en una prisión con una sola visita.

Los mejores *thin-slicers* nunca dejan de hacer acopio de experiencia. Da igual lo bueno que seas en algo: siempre puedes ser mejor. «Cuando empiezas a pensar que lo sabes todo, que ya lo has visto todo, tienes un problema —dice Hodgman—. Siempre hay algo que no sabes, y tienes que trabajar duro para permanecer en la cima». Los empresarios japoneses lo llaman el arte de la «mejora continua», y eso explica por qué incluso los mejores cantantes siguen teniendo profesores durante toda su carrera, y por qué los atletas de élite se pasan horas y más horas haciendo ejercicios repetitivos, prácticas y ejercicios de visualización. En la comedia de improvisación, los mejores artistas pueden cambiar en un instante y convertir así incluso los escenarios menos prometedores en una mina de oro para la comedia. Muchos tienen vis cómica, pero las estrellas de verdad nunca dejan de ensayar, de asistir a cursos e impartirlos, e incluso de criticar las actuaciones los unos de los otros y adentrarse en territorios inexplorados. La Odisea de la Mente también cultiva la capacidad de encontrar soluciones sobre la marcha. Además de tener que desarrollar una solución a lo largo de nueve meses, cada equipo tiene cinco minutos para resolver un problema al que se enfrenta por primera vez, en una actividad llamada «espontánea». «Cuando te enfrentas a cualquier tipo de problema, tienes que sabes cuándo va a ser rápido y cuándo será lento —dice Sam Micklus—. Es como la maratón y el *sprint*, y los mejores solucionadores de problemas pueden hacer ambas cosas».

Sin embargo, aquí debemos lanzar una enorme e importante advertencia. No importa la asiduidad con que revisen su enorme base de datos de experiencia: los expertos nunca son tan inteligentes o infalibles como a ellos (o a nosotros) nos gustaría creer. Estudio tras estudio se confirma que los especialistas en casi todos los ámbitos, desde las leyes o la medicina hasta las finanzas, sobrestiman su experiencia e infravaloran sus errores. En un estudio sobre informes de autopsias, los médicos que estaban completamente seguros de su diagnóstico mientras un paciente seguía vivo resultaron estar equivocados en un 40 % de las ocasiones.[8] Echemos también un vistazo al mundo corporativo, donde tres de cada cuatro miembros no solo no acaban aumentando el valor de las acciones sino que lo arruinan, a pesar del enorme apoyo que reciben de legiones de directores ejecutivos, consultores y expertos. Un estudio a largo plazo de predicciones hechas por 284 comentaristas políticos y económicos importantes desveló unos resultados igualmente concluyentes.[9] Cuando se les pidió que estimaran las posibilidades de que hubiera alguna guerra en Oriente Próximo, el futuro de los mercados emergentes y las posibilidades políticas de los líderes mundiales, los comentaristas dieron peores resultados que los algoritmos informáticos básicos. Y cuanto más prestigioso era el comentarista, más presuntuosas y equivocadas resultaban sus predicciones.

Incluso los equipos de Fórmula 1 meten la pata de vez en cuando. Dos meses después de arreglar el alerón trasero de Hamilton en boxes, los mecánicos de McLaren enviaron a su compañero de equipo, Jenson Button, de vuelta a la carrera con una tuerca suelta en la rueda derecha delantera.

Como el resto de nosotros, incluso los expertos pueden verse influidos por cosas que realmente no deberían importar. Recordemos cómo los directores de orquesta desechaban de manera automática a las intérpretes femeninas antes de que las audiciones se realizaran a ciegas detrás de una pantalla. Otros estudios han demostrado que los entrevistadores de las facultades de Medicina aceptan a menos candidatos en los días lluviosos,[10] y que hay más probabilidades de que un juez les conceda la libertad condicional a los prisioneros después de haber comido.[11]

Incluso cuando las pruebas ponen en duda su sexto sentido, a los expertos les cuesta dar marcha atrás. En 2009, Amanda Knox, una estudiante estadounidense, fue condenada por participar en el asesinato de su compañera de piso británica en Perugia, Italia. Aunque no se encontró ninguna prueba física que la relacionara con la escena del crimen en los días y semanas posteriores al hallazgo del cuerpo, la policía elaboró a toda prisa una teoría que nunca cuestionó: Knox era una sociópata adicta al sexo con cara de ángel y un olfato maquiavélico para el engaño. Este retrato empezó a tomar formar solo horas después del asesinato, cuando Edgardo Giobbi, el jefe de la investigación, vio a Knox ponerse un par de fundas para los zapatos de una manera que le pareció provocativa. «Pudimos establecer su culpabilidad mediante la observación cercana de la reacción psicológica y el comportamiento de la sospechosa durante el interrogatorio —dijo después—. No necesitamos basarnos en otro tipo de investigación». Traducción: la recogida y el análisis meticuloso de las pruebas físicas, o dejarse la piel en los pequeños detalles, puede funcionar para esos moñas de *CSI*, pero los polis de verdad se dejan guiar por sus corazonadas. Cuatro años después, Knox fue liberada cuando un tribunal de apelación anuló su sentencia por falta de pruebas.

La moraleja de todo esto es que la intuición es un arma de doble filo. Aunque puede obrar maravillas cuando es precisa, también puede verse afectada por las emociones y los prejuicios sin que seamos conscientes de ello. Pensarse las cosas demasiado también puede anular la intuición. Estudio tras estudio se ha demostrado que hay muchas más probabilidades de que los testigos señalen al criminal correcto si se deciden enseguida. Del mismo modo, las pelotas de tenis que superan la red con lentitud pueden ser endiabladamente difíciles de devolver porque tenemos demasiado tiempo para pensar en el contragolpe.[12] «Deberíamos escuchar a nuestra intuición, pero no seguirla de inmediato», nos avisa Jane Fulton Suri, de IDEO.

Todos podemos dar ciertos pasos para equilibrar la balanza y optimizar nuestra visión rápida de la solución de un problema. El primero de ellos es no dejar de poner a prueba y enriquecer nuestra base de datos personal. Incluso cuando no hay problemas en el horizonte, debemos practicar, entrenar y leer en nuestra área de experiencia. Imagine escenarios en los que se equivoque con la solución rápida, y analice por qué lo ha hecho. Para que su intuición sea lo más pura y precisa posible, deseche la información que considere irrelevante y déjelo cuando empiece a hacer conjeturas. Y sobre todo, procure estar en calma y relajado: algunos estudios demuestran que cuando el corazón empieza a latir demasiado rápido, nos dejamos llevar por nuestros prejuicios y tomamos decisiones equivocadas.[13]

El mejor guardián contra el mal funcionamiento de la intuición es la humildad. Como hacer un diagnóstico fácil de una situación y buscar una solución siempre será un arte poco fiable, necesitamos aceptar que, por muy impresionantes que sean nuestros currículos, deberíamos comprobar nuestros juicios intuitivos y, a veces, dejar que otros los refinen. Eso significa buscar segundas, terceras y cuartas opiniones cuando nos enfrentamos a problemas difíciles. Incluso después de treinta y un años en la Fórmula 1, Hodgman no lo haría de ningún otro modo. «No importa lo bueno que seas: siempre eres mejor junto a alguien más. Nadie puede hacerlo todo por sí solo», explica.

8

COLABORAR: CUATRO OJOS VEN MÁS QUE DOS

> En la larga historia de la humanidad [...] han preva-
> lecido quienes aprendieron a colaborar e improvisar
> con más efectividad.
>
> CHARLES DARWIN

Si tuviéramos que elegir a un hombre renacentista de principios del siglo XXI, es muy posible que nos quedáramos con alguien muy parecido a David Edwards, un profesor de la Universidad de Harvard que vive buena parte del año en París. Este ingeniero químico estadounidense ha escrito libros de texto sobre matemáticas aplicadas y ha fundado una empresa farmacéutica. Además, sus novelas y ensayos le han valido un puesto en la prestigiosa Orden de las Letras y las Artes de Francia. Y solo tiene cincuenta años. ¿De repente le parece que su currículum vítae es poca cosa? Desde luego, a mí sí.

Si tenemos en cuenta su linaje, Edwards muy bien podría ser un esnob intelectual enclaustrado en su propia torre de marfil; sin embargo, es justo lo contrario. Sus rizos oscuros y entrelazados y sus botas de cuero le dan un aspecto casual y de hombre de mundo. Es parlanchín, curioso y modesto, y su instinto lo lleva a hacer preguntas, poner a prueba las fronteras de su propio conocimiento y empaparse de la sabiduría y la experiencia de todo aquel que lo rodea. Ese espíritu omnívoro es lo que respalda su misión de reinventar el arte de resolver problemas en el siglo XXI. Como cualquier buen hombre renacentista, Edwards comprende que estudiar disciplinas de manera transversal, saltando de las artes a las ciencias y a la inversa, puede llevar a conseguir soluciones notables.

Después del estancamiento intelectual de la Edad Media, el Renacimiento fue ciertamente una época fructífera para la resolución de problemas. Entre los siglos XIV y XVII, la humanidad concibió un ramillete de inventos que modelaron el mundo moderno, entre los que se incluyen la contabilidad por partida doble, la imprenta, los rodamientos, logaritmos, relojes portátiles y el cálculo. Igual que Edwards, muchos de los mejores pensadores del Renacimiento fueron bendecidos con una erudición que servía para todo. Cuando no estaba revolucionando la astronomía, Copérnico practicaba la medicina y el derecho. Kepler basó su teoría del movimiento planetario en las variaciones y el flujo de la armonía musical. Aunque en su época lo conocían como abogado, hombre de Estado, escritor y cortesano, Francis Bacon fue uno de los pioneros del método científico. Un teólogo llamado Robert Boyle estableció las bases de la química moderna. Leonardo da Vinci, el estandarte de los eruditos, era también un magnífico pintor, escultor, músico, anatomista y escritor, además de un inventor asombrosamente prolífico.

Traspasar los límites de las disciplinas no fue un fenómeno privativo del Renacimiento. Samuel Morse, inventor del telégrafo, fue un celebrado pintor antes de dirigir su interés a la ciencia. Un pianista cualificado, Alexander Graham Bell, usó un simple juego musical como punto de partida para inventar el teléfono. Un reciente estudio demostró que casi todos los galardonados con los Nobel científicos practican alguna actividad artística.[1] Comparados con el científico corriente, tienen 25 veces más probabilidades de cantar, bailar o actuar, y 17 más de ser un artista visual. Max Planck, que ganó el Premio Nobel de Física en 1918, prefiguró la devoción de Edwards por borrar las líneas entre disciplinas cuando dijo: «El científico creativo necesita una imaginación artística».

En la actualidad, sin embargo, solemos estar demasiado ocupados especializándonos como para zambullirnos en otras disciplinas. Incluso dentro de cada ámbito, los mejores cerebros están atrapados en refugios cada vez más estrechos de habilidades. La economía, la biología, la química y otras materias se han dividido en tantas disciplinas y subdisciplinas que los expertos pueden tener problemas para comprender el trabajo de los colegas que están en el despacho de al lado.

Tampoco es humanamente posible ser un erudito del mismo modo que durante el Renacimiento. Hace unos cinco o seis siglos, alguien que estuviera dotado de un buen cerebro y mucho tiempo libre podía convertirse en un experto en todo, desde la medicina y la astronomía hasta la literatura y la filosofía, porque el conjunto del conocimiento humano era modesto. E incluso entonces existía el peligro de no llegar a profundizar lo suficiente. En uno de sus cuadernos, Da Vinci escribió: «Como un reino dividido, que se apresura a su destrucción, la mente que se sumerge en temas demasiado variados puede confundirse y debilitarse». Hoy en día, simplemente hay demasiado conocimiento como para que una sola persona pueda abarcarlo. Según un estudio de Google, el número de libros publicados desde la invención de la imprenta hasta ahora llega a los 130 millones.

Aun así, no deberíamos tirar el ideal renacentista por el retrete. Tan solo tiene que adaptarse a los tiempos. En un mundo altamente complejo e hiperespecializado, la mejor manera de recrear el batiburrillo de conocimiento que podía tener una sola persona en otros tiempos es reunir a varias. Por este motivo la colaboración a menudo es un ingrediente clave de la solución lenta.

Esta idea no es nueva. En *The Rational Optimist*, Matt Ridley demuestra que los seres humanos siempre han conseguido ser más innovadores cuando están conectados en grandes redes diversificadas.[2] Los *Homo sapiens* se impusieron a los neandertales en parte porque los primeros recorrieron largas distancias, lo que permitió que sus ideas mejoraran a través de la polinización cruzada. Las sociedades mediterráneas florecieron durante aquellos periodos de la historia en los que los barcos mercantes (fenicios, griegos, árabes o venecianos) navegaban libremente de puerto en puerto, extendiendo las ideas y uniendo la región en una red social gigante. Cuando los piratas interrumpieron esa corriente, como hicieron a finales del segundo milenio antes de Cristo, durante la Alta Edad Media y en el siglo XVI, la innovación flaqueó. A lo largo de la historia y en todas las culturas, las sociedades que se han aislado del mundo exterior han tendido a estancarse: pensemos en la China de la dinastía Ming o en el Japón del shogunato, en Albania o en Corea del Norte. Cuando el nivel del mar subió y dejó la pequeña isla de Tasmania aislada del resto del continente hace unos diez mil años, sus habitantes retrocedieron en lo relativo a la innovación. «El desarrollo de los avances tecnológicos no solo depende de la inteligencia individual, sino también de que se compartan ideas colectivas, y esto ha sido así durante decenas de miles de años —escribió Ridley—. El progreso humano crece y decrece dependiendo de cuántas personas entren en contacto e intercambien ideas».

En parte, esto conduce a una saludable competición al viejo estilo. Mezclarse con otras personas, sobre todo si estas tienen buenas ideas, puede incentivarnos para mejorar nuestro propio juego, pero cuando realmente se solucionan los problemas es cuando se trabaja con los demás, y no contra ellos. Una reciente investigación sobre el cerebro apunta una razón para ello. Consideremos el trabajo de dos expertos en comportamiento organizativo, Kyle Emich, de la Universidad de Cornell, y Evan Polman, de la Universidad de Nueva York. En un experimento, les pidieron a 137 sujetos que resolvieran el siguiente acertijo. Un prisionero ansioso por escapar de una torre encuentra una cuerda en su celda. La longitud de la cuerda solo cubre la mitad de la distancia necesaria para llegar a salvo al suelo. Decidido, el prisionero divide la cuerda por la mitad, une las dos piezas y escapa de la torre. ¿Cómo lo hace?

Antes de enfrentarse al problema, se les pidió a la mitad de los participantes que se imaginaran que eran el prisionero, y a la otra mitad se le pidió que se imaginara que el prisionero era otra persona. La respuesta al acertijo no era exactamente física cuántica: el prisionero divide la cuerda a lo largo, entonces ata las dos mitades y de ese modo consigue que sea lo suficientemente larga como para llegar al suelo de una pieza. Sin embargo, requería un pensamiento creativo y lateral.

Y aquí es donde las cosas se ponen interesantes. De quienes se imaginaron a sí mismos como el prisionero, solo el 48 % resolvió el problema, mientras que el 66 % de quienes se imaginaron que el prisionero era otra persona dieron con la respuesta. Conclusión: somos más creativos cuando se trata de resolver los problemas de otras personas.[3]

Tampoco puede decirse que este resultado sea casual. En experimentos similares, Emich y Polman descubrieron que a la gente se le ocurre regalos más creativos para personas a quienes no conoce en absoluto que para sí misma. También dibuja ilustraciones más imaginativas para una historia escrita por un autor desconocido que las que hacía para sus propias historias. ¿Cómo se explica este fenómeno? Ya existe todo un cuerpo de investigación psicológica que demuestra que tenemos dos maneras diferentes de pensar en las personas y en los escenarios. Cuando son muy allegadas o están cerca de nosotros (en los planos físico, emocional o temporal), pensamos en ellas en términos concretos. Cuando están lejos de nosotros, adoptamos un modo abstracto de pensamiento, que tiende a ser más creativo. Jean-Paul Sartre observó en cierta ocasión que el «infierno es el otro», pero resulta que los demás pueden ser la clave para resolver problemas difíciles.

El trabajo en equipo, o al menos el basarse en el trabajo de otros, ha sido un artículo de fe en el mundo de la ciencia desde que la Royal Society publicó el primer ejemplar de *Philosophical Transactions* (Transacciones Filosóficas) en Londres en 1665. Las innovaciones científicas suelen basarse en una multitud de avances hechos por investigadores que se basaron en descubrimientos anteriores, que aprendieron de los errores de los demás, que comprobaron teorías rivales y añadieron su propia pieza al puzle. El objetivo de *Philosophical Transactions* era extender el conocimiento científico para que las intuiciones, las teorías y los momentos de inspiración pudieran relacionarse unos con otros. En 1676, uno de los primeros colaboradores de la publicación, sir Isaac Newton, le resumió a un rival la importancia de basarse en los trabajos de colegas y predecesores. «Si he conseguido llegar a ver más allá —escribió— ha sido porque me he apoyado en hombros de gigantes». Eso sigue siendo cierto a fecha de hoy. Estudio tras estudio se confirma que los científicos solventan mejor los problemas cuando trabajan unidos. Los laureados con el Nobel colaboran más que los colegas que tienen menos reconocimientos. Paula Stephan es profesora de Economía de la Universidad Estatal de Georgia, y es experta en cómo avanza la ciencia. Su investigación confirma que los fundadores de *Philosophical Transactions* estaban en lo cierto: «Los científicos que colaboran unos con otros tienden a producir mejor ciencia que los investigadores individuales».

Pongamos un ejemplo. Cada seis meses, una empresa llamada MathWorks plantea un problema en MATLAB, un lenguaje que inventó para ayudar a los ingenieros y matemáticos a realizar cálculos extremadamente complicados. Cientos de contendientes envían soluciones por Internet en código informático. Cada una de ellas se analiza, se evalúa y se publica para que todo el mundo la vea. Cualquiera puede entonces canibalizar las mejores partes del código para confeccionar una solución mejor, basada en la propuesta anterior. Si tu propuesta consigue un algoritmo más eficiente, aunque solo hayas alterado unas cuantas líneas del código, te pones de inmediato en lo más alto de la clasificación. Eso significa que los participantes están compitiendo y colaborando al mismo tiempo. Lo que a simple vista parece una receta destinada a desembocar en la anarquía, ha obtenido justo el efecto contrario.

Algunos competidores son más inteligentes que otros, pero trabajar en equipo hace que todo el mundo sea de mayor valor que la suma de sus partes. Más de una década de concursos de MATLAB sugiere que la colaboración para resolver problemas suele seguir el mismo proceso: largos periodos de pequeños avances salpicados por grandes saltos hacia delante ocasionales. «La gente olfatea los puntos débiles de un algoritmo, como hienas que se arremolinan en torno a una carcasa. Entonces, se cansan hasta que alguien llega y pone la carcasa en una nueva posición, y entonces todo empieza de nuevo —dice Ned Gulley, el jefe de diseño de eProducts y Servicios de MathWorks—. Nos han enseñado una versión de la historia en la que grandes hombres, como por ejemplo Napoleón, son los únicos actores. Sin embargo, la realidad es mucho más complicada y requiere una compleja interacción entre aquellos que dan los grandes saltos y quienes hacen pequeños avances».

Todo esto me suena familiar. De vez en cuando, nuestra familia intenta montar un puzle de mil piezas. A veces trabajamos los cuatro juntos, otras veces nos dividimos en parejas o lo hacemos por nuestra cuenta. Como un algoritmo de MATLAB, el puzle evoluciona con vaivenes. Juntos, mi hijo y yo podemos juntar una esquina, quedarnos encallados hasta que llegan mi mujer o mi hija y giran una pieza de modo diferente, que de repente conecta dos partes y conduce a un avance en la construcción del puzle. A veces, un amigo que pasa de visita rompe un punto muerto uniendo dos piezas de un modo que a nadie de la familia se le había ocurrido. Cada uno de nosotros podría hacer el puzle por sí solo, pero no tan bien como cuando lo hacemos juntos.

Según Gulley, al final de cada concurso de siete días de MATLAB, el algoritmo ganador suele ser mil veces mejor que los mejores algoritmos enviados al principio. «Participa gente realmente brillante. Una de ellas puede ser un gran avance, y por sí sola habría sido la mejor solución en un concurso de la vieja escuela, simplemente porque son brillantes —explica—, pero los contendientes del concurso de MATLAB pueden modificar las propuestas de inmediato. Ninguna persona en solitario podría acometer algo así. Trabajamos como un gran enjambre, tenemos acceso a un gran y enorme cerebro colectivo».

Sin embargo, la colaboración dentro de un solo campo tiene sus propios límites. Los grupos pequeños con experiencias similares tienden a ver las cosas con anteojeras. Decimos que «las grandes mentes piensan igual» como si fuera algo bueno, pero semejante uniformidad puede conducir al pensamiento en grupo. Esto suponía ya un problema antes de que la Administración Kennedy se convenciera, a pesar del montón de pruebas que indicaban lo contrario, de que la invasión de bahía de Cochinos era una buena idea. Más de dos mil años antes, los eruditos judíos que escribieron el Talmud decretaron que siempre que las autoridades dictaminaran un veredicto de culpabilidad por unanimidad en un caso que conllevara la pena de muerte, el acusado debía ser liberado.[4] ¿Por qué? Porque la falta de una sola voz que discrepe es una señal evidente de pensamiento grupal.

La magia para resolver problemas solo tiene sentido cuando empiezas a unir disciplinas al estilo con del Renacimiento. Juntarnos con personas con otros historiales nos obliga a replantearnos las cosas que damos por sentado y a examinar los problemas bajo una nueva luz. Eso explica por qué las tormentas de ideas funcionan mejor cuando se anima a los participantes a debatir y a criticar las ideas de los demás. Y más aún, se produce algo muy parecido a la alquimia cuando las disciplinas se tocan y se superponen. En el siglo XVIII, un ramillete de pensadores se reunieron en los cafés de Europa para forjar, afinar y discutir sobre los inventos e ideas que dominaban la Ilustración. Los hombres de ciencia y filosofía que discutían todos los miércoles por la tarde en el salón de Viena organizado por Sigmund Freud ayudaron a establecer las bases del psicoanálisis. El legendario Edificio 20 del Instituto de Tecnología de Massachusetts (MIT), hogar de un conjunto caótico de ingenieros, biólogos, químicos, lingüistas, físicos, informáticos, psicólogos, mecánicos y reclutadores del ejército generó una notable serie de inventos, desde la fotografía de alta velocidad y la lingüística de Chomsky hasta los famosos auriculares Bose, se ganó el apodo del «incubador mágico». La zona cero de la revolución del ordenador personal fue el Homebrew Computer Club de California, donde *hackers*, científicos, pensadores y emprendedores se reunieron para compartir ideas en la década de 1970. «Los participantes acudían a estos espacios en parte por la camaradería que se creaba por estar con otros que compartían sus pasiones, y no cabe duda de que la red de apoyo aumenta el compromiso y la productividad del grupo —escribió Steven Johnson, en *Where Good Ideas Come From*—. Sin embargo, el ánimo no tiene por qué conducir a la creatividad. Las colisiones lo hacen, y se producen cuando diferentes campos de experiencia convergen en algún espacio físico o intelectual compartido. Ahí es donde surge la verdadera chispa».

Soy testigo de este tipo de colisiones todos los días en el trabajo. Alquilo uno de los 99 escritorios en una oficina compartida que hay cerca de mi casa de Londres. Con paredes blancas, estatuas budistas y salas de reuniones a la moda, es la viva imagen del estilo *cool* urbano. No obstante, la mezcla de disciplinas también lo convierte en un lugar fértil para trabajar. A cuatro metros de mi escritorio se sientan un vendedor de metales, el propietario de una red de escuelas de inglés en Asia, un equipo de arquitectos, una organización caritativa de ayuda a África, una agencia de actores y un diseñador de aplicaciones. Ocurren colisiones creativas durante todo el tiempo. Un ingeniero de software intercambia ideas en la cocina con, por ejemplo, un diseñador de interiores, mientras que, junto a la impresora, un consultor de una agencia de trabajo discute con un agente de *casting* sobre cómo ganarse a un cliente.

Igual que los demás ingredientes de la solución lenta, la colaboración lleva su tiempo. Tienes que encontrar y dirigir a las personas adecuadas, y entonces controlar las colisiones creativas que se produzcan; pero funciona incluso en los sectores de la economía que se mueven más rápido. Steve Jobs constató una vez que el revolucionario ordenador de Apple «funcionó tan bien porque quienes trabajaron en él eran músicos, artistas, poetas e historiadores que resultaron también ser excelentes ingenieros informáticos». Casi tres décadas después, la empresa sigue barriendo a la competencia con la misma receta. «Está en el ADN de Apple: la tecnología por sí sola no es suficiente». Jobs declaró que después del lanzamiento del iPad, que conquistó el mundo, su «tecnología se casó con las artes liberales, con las humanidades, [y] eso nos proporciona los resultados que hacen cantar a nuestro corazón». Moraleja: cuantas más personas acudan a nuestra fiesta de resolver problemas, y cuantas más variadas sean sus experiencias, mayor probabilidad existe de que esas ideas colisionen y se produzca una polinización cruzada para engendrar los destellos prometeicos de sabiduría que pavimentan el mejor camino para las mejores soluciones lentas.

Y pese a todo, seguimos reticentes a trabajar juntos, especialmente entre diferentes disciplinas. Ponemos demasiado énfasis en la especialización, e invertimos tiempo y dinero adquiriéndola y defendiéndola. Presumimos del estatus que otorga, y ponemos títulos delante de nuestros nombres e iniciales tras ellos. Usamos jerga, certificados y gremios profesionales para mantener a los extraños a distancia, y después despreciamos a cualquiera que tenga la temeridad de alejarse de su campo elegido considerándolo un ignorante de todo y sabio de nada. Todos esos diplomas y premios enmarcados que cuelgan en las paredes de las oficinas de todo el mundo envían el mismo mensaje: «Ha acudido usted al sitio correcto. Conozco mi materia. Ahora ya no necesita a nadie más». Y seamos honestos: en momentos de crisis, todos anhelamos un par de manos expertas. Cuando estás tumbado en la calle luchando por tu vida después de un accidente de coche, quieres creer desesperadamente que la paramédica que te atiende puede arreglarte de la cabeza a los pies.

Incluso cuando estamos cantando las virtudes de la magia del trabajo en equipo, nuestro instinto es cargar las tintas sobre el mérito individual. Los premios, desde el Nobel hasta el Pulitzer, desde los Oscar hasta las becas de genios MacArthur normalmente van a ganadores individuales. Incluso en los deportes de equipo colmamos a las superestrellas con premios y alabanzas. Estudio tras estudio se demuestra que cuando explicamos acontecimientos solemos hacer demasiado hincapié en el papel del acto individual, y no lo suficiente en las circunstancias. Este fenómeno se llama «error fundamental de atribución». Por eso, habitualmente asumimos que los directores ejecutivos tienen más poder para moldear las fortunas de sus compañías que el que sugieren todas las investigaciones. Cierto es que nos encanta la idea del genio solitario, el experto en solitario que trabaja duro en soledad antes de gritar finalmente: «¡Eureka!» y salir a la luz del sol con una solución completa a un problema. Es simple. Es romántico. Es emocionante. No obstante, a menudo eso no se parece en absoluto a lo que ocurre. Incluso antes de la Edad Moderna, las mejores ideas rara vez surgían completas de una sola mente; más bien fueron fruto de la fertilización cruzada entre varias mentes. ¿Quién inventó la bombilla? Thomas Edison. Error. Edison solo fue el miembro con más destreza de un conjunto de inventores rivales que aprendieron y tomaron ideas unos de otros. Convencido de que los pequeños equipos formados por varios expertos eran los que conseguían mayor inventiva, dirigía a un grupo de más de veinte personas. Incluso Miguel Ángel contrató a asistentes para ayudarlo a pintar partes de la Capilla Sixtina.

No resulta de ayuda que muchas de nuestras instituciones encargadas de resolver problemas estén estructuradas de modo que entorpezcan la colaboración. Los departamentos universitarios a menudo actúan como feudos rivales. Del mismo modo, los ministerios de los gobiernos, dotados con sus propios presupuestos, culturas y agendas, se inclinan más a competir que a colaborar. El recelo en la colaboración es especialmente profundo en el mundo corporativo, donde el sistema de patentes a menudo cierra líneas de investigación. El ego es otro obstáculo. Los investigadores que alaban el esfuerzo colectivo pueden enfadarse si amenaza su área, y muchos siguen pudiendo preferir guardar sus datos con la mayor privacidad posible. Aunque compartir conocimientos y puntos de vista pueda servir para el bien mayor, también hace más difícil asignar la gloria, las cátedras y el dinero de las becas. En 1994, 450 físicos diferentes recibieron el reconocimiento de considerarse los descubridores de la partícula cuántica conocida como *top quark*. ¿Cómo se puede premiar a tanta gente? El fórum de MATLAB está repleto de debates sobre quién debería conseguir los honores de cada cosa.

A pesar de esas trabas, los solucionadores de problemas más creativos salen cada vez más fuera de sus búnkeres intelectuales para buscar la sabiduría de otros búnkeres. «En nuestro mundo altamente especializado, a menudo nos quedamos atascados en agujeros de pericia, lo que nos impide comunicarnos con otros agujeros, y eso limita nuestra visión y nuestra creatividad —dice David Edwards—. Los grandes creadores sueñan con salir de su agujero porque saben que compartir conocimiento y puntos de vista es la mejor manera de resolver problemas».

Para romper esas barreras, Edwards abrió Le Laboratoire en París, en 2007. Ubicado en un precioso edificio del siglo XVIII, a solo unas pocas calles del Louvre, el gran depósito de obras de arte del Renacimiento, su ocurrencia es difícil de definir. Le Labo no es una universidad, ni un centro de estudios, ni un laboratorio científico, ni una agencia de *marketing*, ni una cocina industrial, ni una galería de arte, ni un diseño de estudio o tienda. Y sin embargo es un poco de todo eso, y más. Hay que pensar en Le Labo como un café de la Ilustración del siglo XXI, un parque de ideas, un espacio donde los expertos de las artes y las ciencias pueden reunirse con normalidad para pensar en soluciones a problemas. Tal vez se pueda encontrar a un chef haciéndole una demostración de su último mejunje a un biólogo en la resplandeciente cocina del sótano, a un artista hablando sobre mecánica cuántica con un físico en una de las salas de reuniones, o a un arquitecto discutiendo sobre el desarrollo de un producto con un químico. O tal vez pueden trabajar todos juntos en el mismo equipo. «Todo el mundo se aproxima al problema a su modo, pero entonces empiezan a fluir las ideas y, con ellas, la magia —dice Edwards—. Podría ver algo como imposible desde un punto de vista médico, pero alguien del mundo del diseño ve que puede funcionar. Cuando estamos unidos tenemos una perspectiva más amplia del problema, lo que nos permite encontrar una solución mejor».

Para ver Le Labo en acción, sigo de cerca un proyecto reciente. El problema consiste en cómo crear un recipiente para transportar agua basado en la célula biológica. El germen de la idea surgió en el curso que Edwards impartió en la Universidad de Harvard. A él asistían estudiantes de todo tipo de ámbitos, desde la economía y la biología hasta la arquitectura y la comunicación audiovisual. Una de las primeras propuestas fue crear una cúpula geodésica unida por 270 cilindros, pero eso resultó demasiado frágil y complicado. La siguiente idea fue una bolsa con forma de célula, inspirada en una lámpara china.

Más tarde, en Le Labo, Edwards reunió a un equipo que incluía a chefs, químicos, diseñadores y un grupo rotatorio de estudiantes de los tres campos. Decidieron crear un botella comestible. Cinco meses después, nueve miembros del equipo se reunieron en la cocina de alta tecnología de Le Labo, con su techo de espejo y sus encimeras inmaculadas de acero. Raphaël Haumont, el químico jefe, enseña algunos de los primeros prototipos de la membrana que albergará el líquido. Un cuaderno andrajoso lleno de notas escritas a mano sobre tiempos, temperaturas y cantidades de sal y azúcar está abierto sobre la encimera. Haumont señala una bolsa resbaladiza y amarilla, del tamaño de una pelota de tenis, que contiene agua desde hace dos semanas. El agua se ha filtrado y ha dejado una mancha en la servilleta que había debajo. «Está claro que esta no es la botella del mañana —dice Haumont—. Necesitamos trabajar mucho más para modificar la estructura química, y muchas más pruebas para hacer que la membrana sea lo suficientemente fuerte». No obstante, ver aquel suave recipiente que se asemeja a una célula enciende la imaginación del resto del equipo, y las ideas empiezan a volar.

François Azambourg, el diseñador jefe, sugiere añadir un hilo que podría usarse para abrir la membrana. O añadir un tapón o un cierre de un color diferente. «¿Podría variar el grosor de la membrana —se pregunta— de manera que algunas veces sea fuerte, y otras veces, blanda?». Otro diseñador se pregunta si el recipiente podría convertirse en un cubo para que así fuera más fácil de almacenar y transportar. Uno de los chefs sugiere, entonces, crear una gran membrana circular con esferas más pequeñas en el interior, y que cada una de ella contuviera el ingrediente de una comida. «*Magnifique*», dice Edwards.

Haumont responde fríamente a la tormenta de ideas. «Todos los asuntos relacionados con el diseño tendrán que esperar porque mi trabajo como químico es encontrar una membrana estable, y todavía no lo he conseguido», apunta, con cierta impaciencia en su voz. Más adelante explica que construir una membrana de múltiples colores, con ángulos rectos y un cierre separado nunca funcionará científicamente.

Edwards observa con una mirada indulgente y divertida la lucha que se produce dentro del equipo. Desempeña un papel crucial en la mayoría de los proyectos de Le Labo, lanzando ideas, amonestando, alabando, dirigiendo y persiguiendo al resto del equipo. Le recuerda a Haumont que queda menos de un año para que se cumpla el plazo para mostrarle al público el primer prototipo funcional. «Ahora trabajáis de forma muy artesanal, y eso está bien, pero necesitamos pensar a lo grande, a escala industria desde el principio», añade.

Azambourg, que cumple a la perfección con la imagen del intelectual francés, con su chaqueta y sombrero negro, ha estado sopesando el rechazo de Haumont en silencio. Vuelve a entrar en la refriega, con la esperanza de impulsar al químico en una nueva dirección. «Quizá la idea de una abertura en el recipiente es algo primitiva —concede—. Tal vez acabemos con algo que se consuma de un bocado sin que ni siquiera tengamos que abrirlo».

Durante los siguientes siete meses, el equipo se reúne con regularidad para debatir ideas, y gradualmente refinan su producto. Cuando llega la primera demostración al público, han creado un recipiente semejante a una célula inspirado en la estructura de un huevo, con membranas externas e internas que son comestibles y biodegradables. Hay dos ejemplos de muestra en la exhibición. Uno contiene zumo de fresas dentro de una membrana de chocolate. Lo muerdo. El jugo está sabroso, pero la membrana es demasiado gomosa, y su sabor artificial resulta desagradable. El segundo recipiente tiene una textura mucho más atractiva. Su membrana está hecha de naranjas y tiene un sabor fresco y cítrico. Acabo comiéndomelo entero, y sorbiendo el zumo de cítricos del interior. Ambas membranas pueden almacenar líquidos con seguridad durante varios meses.

Aún queda trabajo que hacer en los contenedores, pero la primera respuesta del público es favorable. A lo largo de los siguientes dieciocho meses, Le Labo, cuyos fondos provienen de donaciones, becas y de los ingresos de la venta de los productos que crea, llama a más diseñadores, ingenieros y químicos alimentarios para ayudar a refinar la fórmula y experimentar con recetas. Al final bautizan a los nuevos contenedores como «WikiCells», y las primeras unidades llegan al mercado en 2012, entre grandes titulares de que pueden acabar con la costumbre de tirar botellas o tarros después de consumir su contenido. «Quizá pronto haya bares y secciones en las tiendas de alimentación donde puedas pedir yogures en recipiente comestible, y donde el recipiente esté hecho de *muesli* o de frutos rojos —reflexiona Edwards—. O quizá las membranas, y las cáscaras que se necesitarán para protegerlas, puedan incorporar las vitaminas y los minerales de los que, en ocasiones, carece nuestra dieta».

Aunque han sufrido algunos reveses en sus discusiones, los miembros del equipo están emocionados por el resultado de la combinación de sus esfuerzos: «Los universos de la ciencia, el diseño y la cocina son completamente diferentes, y definitivamente hemos tenido, cómo decirlo, debates —dice Haumont, con una sonrisa cómplice—. Pero cuando los universos se cruzan resulta tremendamente enriquecedor, y cuando todo el mundo se reúne en torno a una mesa consigues una increíble colisión de ideas que nunca podrías conseguir por tu cuenta». Azambourg está de acuerdo: «Los mejores siempre se rodean de un buen equipo, tanto si después lo admiten como si no», explica. A Julien Benayoun, otro diseñador, le gusta la manera en que la chispa competitiva que surgió en el grupo se canalizó para conseguir una causa común, en lugar de una gloria o recompensa personales. Los estudios demuestran que la creatividad se desploma cuando las empresas fomentan en exceso la competición interna,[5] porque los empleados dejan de compartir información y empiezan a obsesionarse con batir al rival que está en el cubículo contiguo. Eso no ocurre nunca en Le Labo. «Al final, no sabes de quién fue una idea, esa o aquella —dice—. No puedes decir: "Esa fue mía", porque hay muchas influencias y aportaciones de los demás y todo el mundo se alimenta de los demás».

Así es como suele funcionar la colaboración en la solución lenta. Deja tu ego en la puerta, prepárate para compartir el crédito y deja que la creatividad empiece a fluir. Los Monty Python acuñaron de este modo algunos de los *sketches* más famosos del canon de la comedia. Un miembro del grupo, John Cleese, resumió así el proceso: «Detrás de toda idea realmente buena, siempre hay un gran proceso. A menudo una idea no demasiado interesante llevó a otra idea que era solo ligeramente mejor, que otra persona entendió mal, de modo que acabaron diciendo algo que era realmente interesante»..

IDEO casi nunca le asigna un proyecto a una sola persona. «La crítica de grupo es la clave porque sus ideas mejorarán si se las exponen pronto a otros —dice Jane Fulton Suri—. Reunir a personas de diferentes disciplinas resulta tan poderoso que hemos desarrollado una tendencia natural a mezclarlas y trabajar en equipos».

Con tantas disciplinas que convergen, ese enfoque tiene sentido. Cuando investigan más en profundidad en la naturaleza del universo, los físicos se descubren disputándoles el terreno a los filósofos y los teólogos. Los avances del futuro, como la secuenciación del genoma humano, se basarán, por lo tanto, en las aportaciones de la biología, la química, la ingeniería, la tecnología de la información, el diseño y otras disciplinas. Un informe de 2011 del MIT predecía que la «verdadera convergencia» y la polinización cruzada podrían desencadenar una «tercera revolución» científica.[6]

Gracias a la tecnología moderna, trabajar unidos es más fácil que nunca antes. No hace mucho resultaba difícil saber qué ocurría en otros campos, así que podías malgastar meses intentando averiguar si tu idea brillante era buena o mala, o si ya se había intentado hacer antes. Ahora, gracias a Google, puedes averiguarlo en pocos minutos. También puedes compartir datos y debatirlos con personas de todo el planeta con solo apretar un botón.

Un reciente estudio exhaustivo de patentes y artículos académicos revisados por otros colegas mostró que durante los últimos cincuenta años, el trabajo en equipo ha aumentado en casi cada campo científico y el tamaño medio de los equipos casi se ha triplicado.[7] La medicina ya está en proceso de ser un deporte de equipo. Para proporcionar un mejor cuidado, los sistemas de salud ahora animan a sus médicos a trabajar unidos en diferentes campos de experiencia. Por todo el mundo, las facultades de Medicina han empezado a seleccionar alumnos por su capacidad para colaborar, y le han añadido clases de «trabajo en equipo» al plan de estudios. Incluso el protagonista de *House*, el inconformista genio interpretado por Hugh Laurie, resuelve todos esos retorcidos enigmas médicos contrastando sus teorías con sus colegas. «Cuando entré en la Facultad de Medicina, todo se centraba en convertirse en un experto individual —explica el doctor Darrell G. Kirch, presidente y director ejecutivo de la Asociación de Facultades de Medicina Estadounidenses—. Sin embargo, ahora nos centramos en conjugar toda esa experiencia para tratar al paciente en equipo».

La colaboración puede presentarse de muchos modos. Puede adoptar la forma de una observación descartable por teléfono, un dibujo garabateado en el dorso de una servilleta o una sesión formal de tormenta de ideas con pizarras y rotuladores. También puede darse en plataformas online, entre personas que nunca han estado en el mismo espacio o que nunca han hablado en el mundo real. Un ejemplo es el Polymath Project, donde los matemáticos comparten problemas en una página web. Su primer reto era encontrar una nueva demostración del teorema Hales-Jewett. Colaborando a distancia, poniéndose a prueba, retando y mejorando el trabajo los unos de los otros, 40 matemáticos lo consiguieron en seis semanas.

Otro ejemplo es la *idea jam*, en la que los expertos discuten un problema online. En 2010, 3.800 activistas, académicos, políticos y jefes militares pasaron cinco días debatiendo 26 temas sobre seguridad global. Los moderadores online dirigieron la sesión y, más adelante, usaron el software de búsqueda y procesamiento de datos y el juicio humano al viejo estilo para escribir una lista con las diez mejores ideas. Una de ellas era dedicar el 5 % de todas las donaciones para ayudar en los desastres a un fondo internacional que esté listo para cuando se produzca una nueva crisis. Otra era que la OTAN debería establecer un departamento civil que manejara los aspectos no militares de sus misiones. La moraleja de la historia es que mezclar un amplio espectro de pensadores puede proporcionar resultados más ricos que los congresos tradicionales y ayudar a evitar lo que los organizadores de la sesión llamaron «pensamiento en grupo o maraña de burócratas».

No obstante, la colaboración más enriquecedora a menudo requiere trabajar unidos en el mundo real. Esto puede ser complicado y consumir mucho tiempo, pero ayuda a construir los lazos de confianza que nos ayudan a abrirnos, a confesar errores, a asumir riesgos y a retarse los unos a los otros; es decir, todos los ingredientes esenciales de la solución lenta.

Cuando unos investigadores de la Facultad de Medicina de Harvard analizaron más de 35.000 artículos publicados por equipos de científicos, descubrieron que cuanto más cerca trabajaban los colaboradores en el mundo real, mejor investigaban.[8] Los científicos que estaban en el mismo edificio solían conseguir el mejor trabajo de todos. Unos de ellos, Isaac Kohane, llegó a la siguiente conclusión: «Incluso en la era de la gran ciencia, cuando los investigadores pasan demasiado tiempo en Internet, sigue siendo importante crear espacios íntimos».[9]

Para que eso pueda ocurrir, las universidades están rediseñando sus campus para fomentar la colaboración, las colisiones y los encuentros casuales entre disciplinas. En Columbia,

Princeton, el MIT y la Universidad de Nueva York, los biólogos, físicos, químicos, genetistas, ingenieros e informáticos trabajan ahora juntos en laboratorios de concepto abierto y se mezclan en los comedores, bibliotecas y habitaciones comunes. En un intento similar, estos crisoles en los que se unen las artes y las ciencias al estilo de Le Labo están brotando en ciudades de todo el mundo. Para construir equipos con expertos en diferentes materias, las universidades han empezado a contratar a profesionales que puedan trabajar en temas de investigación amplios, como el «envejecimiento» o la «energía», en lugar de seguir la práctica tradicional de contratar por departamentos. Ahora que los gobiernos presionan a los científicos para compartir más datos y trabajar juntos más estrechamente, y crece la presión para que las revistas académicas abran sus publicaciones al público en general, sigue la búsqueda por encontrar maneras de reconocer contribuciones individuales en los descubrimientos en colaboración.

A los estudiantes se los impulsa en la misma dirección. La Universidad de California en Berkeley celebra una competición llamada «Big Ideas» en la que unos equipos interdisciplinarios de estudiantes compiten por la invención de nuevas formas que puedan abordar el analfabetismo, purificar el agua o ayudar a los científicos a construir equipos de laboratorio que usen materiales locales en los países en vías de desarrollo. Las licenciaturas también se alejan de la especialización limitada; por ejemplo, los estudiantes de biología reciben clases de tecnología, negocios, psicología, innovación y cultura. Algunos lo llaman «el modelo de aprendizaje en forma de T», lo que significa profundizar en uno o dos campos mientras siguen abordando muchos otros. El objetivo es alcanzar el punto medio entre el sabio renacentista y la visión con anteojeras del hiperespecialista. «No creo que se trate de pensar que una persona pueda hacerlo todo —dice Alan Guttmacher, director del Instituto Nacional de Estados Unidos de Salud Infantil y Desarrollo Humano—. Se trata de entrenar a la gente para que esté expuesta a nuevas formas de pensamiento».

En un mundo en el que ningún hombre puede permitirse ser una isla, o un *one-trick pony*, incluso los solucionadores de problemas más especializados buscan maneras de colaborar y aprender de los demás. En 2012, el equipo Williams de Fórmula 1 contrató a Michael Johnson, el antiguo campeón olímpico de atletismo, para que los ayudara a mejorar su rutina de cambio de neumáticos y a reafirmar su entrenamiento. Incluso los mejores solucionadores de problemas de la NASA recurren ahora a expertos fuera de sus propios laboratorios y centros de investigación. Los recortes presupuestarios son una razón del cambio, pero el verdadero motivo es que se han dado cuenta de que el mundo ha cambiado. «Estamos imitando lo que ya sucede en instituciones académicas, en la industria de la alta tecnología y en muchos otros sitios —dice Jeff Davis, director del Departamento de Ciencias de Vida Espacial de la NASA—. Con los problemas realmente complejos a los que nos enfrentamos hoy en día en el mundo, ninguna organización por sí sola tiene los recursos ni la experiencia para manejar toda la serie de retos que se nos pueden presentar, así que tiene sentido usar una experiencia más amplia fuera del grupo con el que sueles relacionarte».

La colaboración avanza de forma menos homogénea en el mundo de los negocios. Muchas compañías solo actúan dentro de su propio jardín vallado. Como una versión del Kremlin californiano, Apple es famosa por su secretismo y solo practica su magia interdisciplinaria dentro de sus instalaciones, y ni en sueños compartirían sus investigaciones como hace la NASA. Sin embargo, otras empresas sí están dando el salto. Procter & Gamble, un gran fabricante de productos de consumo, ha firmado más de un millar de acuerdos de colaboración con innovadores de todo el mundo, para compartir el tipo de I+D que habría permanecido bajo llave en el pasado. En más de la mitad de sus nuevos productos han colaborado personas que no estaban en nómina de P&G. «Queremos colaborar con los mejores innovadores de todo el mundo», dice Bob McDonald, el director ejecutivo.

Aunque muy pocos de nosotros tenemos la fuerza de arrastre de P&G, todos podemos mejorar nuestra capacidad de colaboración. Empiece puliendo sus credenciales renacentistas. Empiece a practicar aficiones que lo obliguen a adentrarse en terreno desconocido. Si se dedica a la codificación informática o es contable, asista a clases de pintura, empiece a practicar un instrumento o a cultivar un jardín urbano. Si su trabajo requiere tratar con personas todo el día, visite una feria de ciencias, haga sudokus o asista a alguna clase de gastronomía molecular. Procure visitar páginas web que pongan a prueba su punto de vista sobre el mundo en lugar de reforzarlo, y lea libros que traten de campos diferentes al suyo.

Para maximizar las colisiones con potenciales colaboradores, salga al exterior. Únase a asociaciones (clubes de cenas, coros de la comunidad, o grupos de corredores) que lo lleven a encontrarse a personas con diferentes historiales. Busque un entrenador o un mentor que le proporcione una visión externa a su solución. Convenza a su empresa de que organice una tormenta de ideas. Cuando se enfrente a un problema difícil, asegúrese de que la primera pregunta que se plantee sea: «¿Quién puede ayudarme con esto?».

A veces encontraremos la respuesta limitándonos a mirar a nuestro alrededor, revisando nuestra cuenta de Twitter o publicando una solicitud en Facebook. O contratando a uno de los nuevos gurús de dirección que se especializan en encontrar a las personas correctas para resolver problemas. Sin embargo, otras veces la colaboración tradicional no es suficiente. Hay mucha sabiduría e ingenuidad ahí fuera que resulta difícil de dirigir en un equipo organizado.

A veces, para encontrar la solución correcta, hay que mezclarse con la multitud.

9

«CROWDSOURCING»: LA SABIDURÍA DE LAS MASAS

> Cuantas más manos para ayudar, menor el peso del trabajo.
>
> JOHN HEYWOOD

Thetta reddast es una expresión que se oye mucho en Islandia de un tiempo a esta parte. Más o menos puede traducirse como: «No te preocupes, todo se resolverá solo». A algunos, les sugiere un peligroso fatalismo; a otros, un homenaje a su espíritu optimista. En cualquier caso, lo cierto es que esta pequeña isla nación golpeada por el viento en el Atlántico norte necesitaba una solución después de la crisis financiera global de 2008.

Antes de la caída, Islandia atravesaba una buena racha. Sus bancos y empresas devoraban a los rivales del otro lado del mar. Algunos de sus ciudadanos se convertían en millonarios de la noche a la mañana, y gastaban a espuertas en yates, aviones privados, coches de última generación y áticos de ensueño. Reikiavik, la desaliñada capital, empezó a construir la ópera más cara del mundo. Dejándose llevar por el festival consumista, los islandeses de a pie pedían préstamos y gastaban como si no hubiera mañana. Aun así, su tan cacareado «milagro económico» era un espejismo, una burbuja de proporciones escalofriantes. En el pico del estallido, los bancos de Islandia acumulaban deudas cuyo valor era nueve veces mayor que el producto nacional bruto de la nación. Cuando la burbuja estalló, el país estaba a un paso de la suspensión de pagos.

La escabechina de 2008 obligó al mundo a mirarse largo y tendido en el espejo. En muchos países, la introspección espoleó los movimientos para equilibrar los libros de contabilidad y tirar de las riendas del sector financiero. En Islandia, la introspección fue más profunda. Con una población de 320.000 personas, es un país muy unido, y el sentimiento de traición fue muy intenso. Los islandeses se preguntaron cómo habían podido las autoridades, que en muchos casos eran antiguos compañeros de escuela, dejar que sus bancos se salieran del buen camino de forma tan espectacular. ¿Por qué nos descarriamos de ese modo como nación? Pronto se llegó a un consenso. Elegir un nuevo Gobierno, reformar el sector bancario y equilibrar el presupuesto eran solo el principio: lo que Islandia necesitaba de veras era reinventarse partiendo de cero.

El primer punto de su agenda era reformar un sistema político que había perdido el contacto con el electorado. Este problema no es nuevo, ni tampoco se limita a Islandia, la patria con el Parlamento más antiguo del mundo. Los votantes de todo el orbe siempre les han encontrado defectos a sus gobernantes, pero la desconfianza en las autoridades oficiales ha subido como la espuma en la última generación. Según demuestran las encuestas, la cantidad de británicos que cree a fecha de hoy que los políticos anteponen su propio beneficio al interés nacional se ha cuadruplicado con respecto a la década de 1980. Incluso en los países cuya economía mantiene la dignidad, como Alemania, la relación entre los votantes y sus políticos se ha enfriado. En 2010, la Asociación de la Lengua Alemana eligió *Wutbürger*, o «ciudadano enfurecido», como la palabra del año.[1] Se refería a la furia de los votantes con respecto a las «decisiones políticas que se tomaban al margen de su voluntad».

Para encarar este problema de raíz, un grupo de islandeses propuso una solución radical que nos ayudará a comprender el siguiente ingrediente de la solución lenta: invitaron al electorado a desempeñar un papel directo para modelar la política del Gobierno y escribir una nueva Constitución.

Suena un poco insensato. Al fin y al cabo, ¿qué sabrán los votantes de a pie sobre la legislación, por no hablar del derecho constitucional y la filosofía política? Sin embargo, el experimento islandés no es tan descerebrado como podría parecer. En el capítulo 8 vimos cómo la colaboración entre expertos de diversas disciplinas puede resultar muy fructífera. Otro tanto puede suceder cuando lanzamos la red de forma mucho más amplia e indiscriminada. Eso se debe a que la multitud, si se la dirige de la manera adecuada, puede ser notablemente inteligente. Sin duda, este hecho resulta difícil de aceptar si se tiene en cuenta nuestro miedo primordial a las masas. En el siglo XIX, Thomas Carlyle ya nos advirtió contra la creencia «en la sabiduría colectiva de la ignorancia individual». Su contemporáneo, Henry David Thoreau, también había estudiado la idea de involucrar a *hoi polloi* para escribir una Constitución: «La masa nunca se sitúa al nivel del mejor miembro. Todo lo contrario: se degrada hasta el nivel del sujeto más bajo que la integra».

Sin embargo, esa elegante explosión de sabiduría convencional es completamente cierta. Por supuesto, las multitudes pueden ser insensibles y bárbaras. Los disturbios que se desataron cerca de mi casa de Londres en el verano de 2011 son una triste prueba de ello. No obstante, siempre hay otra versión de la historia. En *Cien mejor que uno: La sabiduría de la multitud o por qué la mayoría es más inteligente que la minoría*, James Surowiecki defiende el papel de las masas para ayudar a resolver problemas. El libro está repleto de ejemplos de multitudes que ofrecen mejores respuestas que los expertos, desde averiguar el peso de un buey en una feria de ganado[2] hasta señalar la ubicación de un barco perdido en el mar.[3] Cuando la NASA le pidió al público que buscara y clasificara los cráteres de la superficie de Marte, ofreciendo apenas un poco de formación, se emitieron juicios colectivos que los expertos calificaron como «virtualmente indistinguibles» de los que había dado un «geólogo con años de experiencia en la identificación de cráteres de Marte».[4]

Incluso se ha demostrado que mezclar a expertos y aficionados estimula la inteligencia colectiva en condiciones experimentales. Scott Page, profesor de Ciencias Políticas y Economía en la Universidad de Michigan, usó la simulación por ordenador para diseñar un abanico de agentes virtuales que servían para resolver problemas. Cada agente tenía un equipo único de habilidades, algunas de ellas programadas para ser inteligentes, y otras, para serlo menos. Como resultado, los grupos mixtos casi siempre conseguían mejores resultados que los grupos compuestos solo por agentes inteligentes. ¿Por qué? Pues porque mientras que los expertos pueden superarnos a los demás en unas cuantas tareas especializadas, también suelen tener, como vimos antes, experiencias y perspectivas demasiado similares como para aportar el nuevo punto de vista que se requiere para encarar muchos problemas. Page resumió sus descubrimientos en lo que llama el teorema del triunfo de la capacidad de la diversidad.[5] «Este teorema no es una simple metáfora, ni una simpática anécdota empírica que dentro de diez años podrá ser verdad o no —explica—. Es una verdad lógica: bajo las condiciones adecuadas, una selección al azar de solucionadores de problemas supera a un conjunto formado por los mejores solucionadores de problemas individuales». En otras palabras, vale la pena escuchar a la multitud.

Cuando el tipo correcto de multitud se pone a sopesar el tipo correcto de problema, se produce una alquimia sorprendente. Imaginemos una pintura de un artista puntillista. La obra de George Seurat *Un baño en Asnières* está compuesta de miles de puntos de pintura individuales.

Si miramos ese lienzo muy de cerca, cada uno de esos puntos parece banal y carente de sentido. Sin embargo, si retrocedemos, los puntos forman una gloriosa pintura de personas que se bañan a orillas del Sena. Para comprender lo que se ha bautizado como *crowdsourcing*, debemos dar un salto mental similar. Cuando se añaden las decisiones de muchos, incluso aunque algunas de esas decisiones sean estúpidas, el resultado es una decisión colectiva única que a menudo resulta igual de buena, si no mejor, que aquella a la que podría llegar la persona más inteligente del grupo por sí sola. Esa perspectiva es la piedra angular del imperio Google. Para organizar el océano de información de la Red, la empresa usa un algoritmo que aprovecha los miles de millones de decisiones que tomamos a diario por Internet y situarlos en una clasificación. «Se podría decir que es como si estuviéramos programados para ser inteligentes de manera colectiva», concluyó Suroweicki.

Por ese motivo, el siguiente ingrediente de la solución lenta es recurrir a la multitud.

En el capítulo anterior vimos el poder que da el trabajar unidos y traspasar las barreras de las diferentes disciplinas. Sin embargo, la colaboración tradicional tiende a implicar equipos con miembros limitados y muy centrados. Solo se invita a unos pocos seleccionados a trabajar en proyectos de Le Laboratoire o a llevar a cabo investigaciones en los laboratorios de formato abierto de las universidades de Columbia y Princeton.

El *crowdsourcing* implica encarar un problema del que en condiciones normales se ocuparían unos pocos, y planteárselo a muchos. Si se deja en manos equivocadas, podría limitarse a desembocar en una rápida explosión de publicidad o alguna que otra investigación de mercado de medio pelo. Sin embargo, si se usa de la manera adecuada, la multitud puede ser un poderoso aliado en la batalla para resolver problemas difíciles. Se le puede pedir a la multitud que se reúna, o que extraiga datos. Podemos invitarla a probar y juzgar soluciones. A veces vale la pena limitar la interacción entre la muchedumbre para evitar el pensamiento grupal. Basta con observar las catastróficas burbujas que se inflan cuando todo el mundo se pone de acuerdo en los mercados financieros. No obstante, la multitud da lo mejor de sí misma cuando sus miembros se comunican y colaboran entre sí.

Uno de los líderes que están detrás del experimento islandés del *crowdsourcing* es Gudjon Mar Gudjonsson, un emprendedor, de aspecto juvenil y unos cuarenta y tantos años, que cuenta en su currículum vítae con una serie de empresas de alta tecnología y patentes. Tras estudiar el fracaso de la crisis en 2008, llegó a la conclusión de que los expertos, por sí solos, nunca podrían haber vuelto a levantar Islandia, y los ciudadanos normales tuvieron que desempeñar un papel central en la reconstrucción. «Todos tenemos nuestra propia visión del futuro y las ideas de cómo arreglar nuestro país, y ese es un recurso valioso al que vale la pena recurrir —explica—. Nuestro objetivo era usar la sabiduría de la multitud para capturar el latido de la creatividad de una nación».

Mientras trabajaba con reformadores de ideas afines, Gudjonsson convocó una «Asamblea Nacional» en 2009 basada en el *crowdsourcing* y en técnicas de innovación abierta del sector privado. Estaba formada por 1.500 miembros, casi el 5 % de la población de Islandia, una muestra representativa de 1.200 ciudadanos tomada del censo de votantes nacional, 300 políticos, líderes del sector empresarial y otras personas que podían hacer cambios. En otras palabras, una mezcla de aficionados y expertos. Durante un evento de un día de duración, los miembros se sentaron en pequeños grupos y compartieron ideas sobre cómo veían el futuro de la nación. ¿Qué tipo de país debería aspirar a ser Islandia, y qué podemos hacer para hacerlo posible? Un coordinador dirigía cada grupo, y todos los resultados se evaluaban, clasificaban, ordenaban y difundían en una pantalla gigante. El acontecimiento alcanzó tanta popularidad que se formaron otras asambleas más pequeñas por todo el país. En 2010, el Parlamento islandés se reunió con objeto de valorar las aportaciones para la nueva Constitución nacional. También se recogieron opiniones procedentes de Twitter, YouTube y Facebook.

Para ver en directo cómo funciona la política basada en el *crowdsourcing*, me uno a una asamblea que tiene lugar en el gimnasio de una escuela a las afueras de Reikiavik. Se les ha encomendado identificar las «competencias centrales» sobre las que Islandia debería construir su futuro. Unas 150 personas se presentan una gris y húmeda mañana de sábado. Fiel al espíritu del *crowdsourcing*, son una muestra representativa de la sociedad islandesa además de un puñado de parlamentarios, un antiguo alcalde y el jefe de policía de la ciudad. La mayoría de ellos van vestidos de manera informal, y muchos hombres llevan bigotes como parte de una campaña contra el cáncer. Todo el mundo usa sus nombres de pila, y el ambiente es distendido aunque expectante.

El gimnasio nos recuerda que se trata de una asamblea organizada por el pueblo para el pueblo. Hay carteles que advierten a los alumnos que no fumen, ni tiren basura ni vayan en

monopatines. Una bola de discoteca cuelga del techo, prepara-
da para el baile de la noche siguiente. Pared con pared se pueden oír las voces de los entrenadores y los gritos de los niños
que juegan al baloncesto. En las mesas dispuestas en el gimnasio hay jarras de agua y blocs de hojas amarillas. Mi sitio está
en la mesa K, junto con un ingeniero de software, un obrero en
paro, una auditora pública, un arquitecto en formación, un
estudiante de música, un gerente de *marketing*, un diseñador
de interiores y Katrin Jakobsdottir, la joven ministra de Educación, Ciencia y Cultura.

Después de hacer las presentaciones, Sigrun, nuestro mode-
rador, nos pide que hagamos una lista de las virtudes únicas
para vender Islandia. El ingeniero de software dice que el país
tiene una imagen limpia y verde que lo distingue.

Cuando Sigrun lo anima a ser más específico, la auditora
interviene. «Tenemos mucha agua fresca y limpia en comparación con otros países —dice ella—. ¿Podríamos encontrar una
manera de utilizar eso?». El arquitecto señala que Islandia es
rica en aguas termales. El obrero se inclina hacia delante, y
asiente con vigor. «Tal vez podríamos perforar el suelo para
conseguir energía geotermal del agua», dice. Con esto se plantea un debate sobre si el agua es realmente una virtud que hace
única a Islandia, y si una localización tan remota como Islandia podría exportar la energía procedente de ella. Entonces,
Jakobsdottir, la ministra, da un giro a la idea de las aguas termales. «Tal vez podríamos desarrollar y exportar tecnología
geotérmica», comenta.

Durante toda la mañana, las ideas van y vienen. Podríamos
construir granjas de viento para explotar nuestro clima; publi-
citar lo mejor de nuestra cocina y vendérselo al mundo, o convertir Islandia en el centro de la moda nórdica. Podríamos
aprovechar nuestros altos niveles educativos y nuestros conocimientos tecnológicos para convertirnos en el Silicon Valley
del Atlántico norte. O bien podríamos ofrecer nuestra pequeña
y homogénea población como un gigante grupo focal para empresas y productos de investigación. La conversación se desvía

de manera gradual hacia el turismo y la posibilidad de atraer a
los turistas con el aliciente del impresionante paisaje de géise-
res, rocas volcánicas y cascadas. El estudiante de música, que
ha permanecido en silencio hasta ahora, echa un jarro de agua
fría sobre esa idea. «¿Qué tienen de especial nuestra comida y
cultivos, u observar una cascada —pregunta en un tono ligeramente petulante—. ¿Por qué se molestarían nuestros turistas
en ir a nuestros museos cuando estos no nos interesan ni a nosotros?». Su intervención nos deja a todos alicaídos. Para mejorar ese humor, sugiero que la posición de Islandia, a medio
camino entre Europa y Norteamérica, la convierte en la ubicación perfecta para albergar congresos. «Muy cierto —dice el
obrero—. ¿Ves?, a veces necesitas a alguien de fuera del país
para analizar cuáles son tus puntos fuertes». Y entonces empezamos a dar ideas para convertir Reikiavik en una sede de congresos y retiros corporativos.

Después de una comida que consiste en lentejas y lasaña de
cordero, volvemos al trabajo. Jakobsdottir inicia la sesión de la
tarde con la observación de que la música islandesa es popular
en todas partes, y que otra pequeña isla nación, Irlanda, ha
construido una industria musical líder en el mundo. No obstante, esta idea no llega muy lejos. Alguien señala que la banda
más importante de Irlanda, U2, reside fuera del país para evitar
pagar impuestos. El experto en *marketing* avisa de que Bjork,
la delicada cantante de voz etérea y desgarradora, es un gusto
adquirido incluso para los islandeses. Otras ideas que surgen
son fabricar píldoras de vitaminas o comida para mascotas a
partir de los desechos de pescados, y construir un parque temá-
tico basado en los enanos, elfos y otros «seres mágicos» que
son parte central de la cultura islandesa. Por fin llega el momento de redactar la lista con las mejores ideas con las que
vender Islandia que le presentaremos a la asamblea. Nos quedamos con cinco: el agua; la mezcla de entornos urbanos y rurales; la ubicación transatlántica; los balnearios y la salud; y la
comida limpia y saludable. Todo el mundo se arremolina en
torno a un ordenador portátil para darle forma a la presenta-

ción final. Señalamos las faltas de ortografía, nos reímos de los dobles sentidos y damos consejos. Mientras el portavoz de cada mesa lee su lista desde el escenario, el público abuchea o da su aprobación. Cuando nuestro portavoz, el experto en *marketing*, vuelve del estrado, todos le damos la mano. Turismo, pesca, energía geotermal y agricultura parecen ser las principales virtudes para vender Islandia.

Entonces, ¿ha hecho la asamblea su trabajo? ¿Hasta qué punto es cierto que el experimento de Islandia con el *crowdsourcing* ha desencadenado un torrente de soluciones creativas a los problemas de la nación? Sentado a la mesa K, y después de compartir una sesión de lluvia de ideas con los lugareños, no me dio la impresión de que estuviera presenciando una resolución de problemas a escala prometeica. Por supuesto, habíamos redactado una lista interesante de sugerencias, pero eso también podría haberlo hecho un grupo de personas reunidas en un bar. No obstante, puede que esa sea una manera equivocada de abordar el asunto. Tal vez intento evaluar un cuadro puntillista desde demasiado cerca.

Cuando das un paso atrás y miras el panorama general, el experimento de Islandia con el *crowdsourcing* sí parece haber dado sus frutos aportando ideas útiles que tal vez un día lleguen hasta la política del Gobierno. «Una parte de la Asamblea Nacional es puro bla, bla, bla, pero el mero hecho de que hayan surgido dos o tres buenas ideas de una reunión ya es todo un triunfo —dice Jakobsdottir—. Y eso ya está ocurriendo». Los participantes en las asambleas han dejado claro lo mucho que les preocupan a los islandeses el bienestar social y la educación, y lo poco que les gusta el transporte público de Reikiavik. Uno de los primeros impulsores de la asamblea dedicada a la educación fue capaz de formular una propuesta sólida: hay que hacer mayor hincapié en los valores y en el debate filosófico. «En mi educación faltaron ambos componentes, pero los niños deberían enfrentarse a preguntas como: "¿Qué son los valores morales" y: "¿Por qué la sociedad es del modo que es?" —dice Jakobsdottir—. Ya estoy pensando cómo integrar esta idea en el currículum vítae nacional». Mucha gente se va optimista de mi asamblea, pensando que el *crowdsourcing* puede ayudar a levantar Islandia. Algunos hablan de prepararle el terreno a una nueva forma de hacer política. «Lo que estáis viendo aquí es una forma de superdemocracia —dice el profesor universitario—. Las discusiones son muy poderosas, creativas e innovadoras, pero refundar y remodelar el Gobierno requerirá tiempo». Incluso a los participantes de un ámbito menos académico parecen deleitarlos las ideas que han aflorado a la superficie. «Para ser honesto, esperaba aburrirme, pero en realidad ha sido un día bastante estimulante —me dice el experto en *marketing*—. Cuando pones a diferentes personas en torno a una mesa, generas nuevas ideas y nuevos enfoques de viejas ideas».

No obstante, una colaboración semejante no es esencial. A veces, tan solo necesitas encontrar un diamante en bruto, a esa persona única entre la multitud que vaya armada con una aplicación asesina. A principios del siglo XVIII, la Armada Real Británica perdió muchos barcos en el mar porque las tripulaciones no tenían modo de medir la longitud mientras navegaban. Algunas de las mejores mentes científicas de su época, incluido sir Isaac Newton, intentaron en vano resolver este problema. Desesperados por hallar una solución, Gran Bretaña dejó de lado sus consideraciones personales acerca de la clase social y le pidió ayuda a la multitud. En 1714, el Parlamento ofreció 20.000 libras, una enorme suma por aquel entonces, a quienquiera que fuese capaz de inventar un modo de calcular la longitud en el mar que resultara «práctico y útil». Cinco décadas después, alguien ganó por fin la competición inventando un reloj de alta precisión que podía tomar mediciones exactas incluso en las aguas más turbulentas. El dato más sorprendente sobre el ganador fue su biografía. John Harrison no era ni un marinero ni un constructor naval.[6] Tampoco era profesor de Oxford o de Cambridge, ni miembro de la Royal Society. De hecho, había recibido muy poca educación formal. Era el hijo de un carpintero de Yorkshire, y tan solo había aprendido a fabricar relojes. En otras palabras, era el diamante en bruto definitivo.

Como demuestra el descubrimiento de la medición de la longitud, recurrir a la multitud no es nuevo. Lo que ha cambiado en los últimos años es que la tecnología nos permite dirigir y coordinar grupos más amplios que nunca hasta ahora para desenterrar ideas en las esquinas más oscuras del globo. En esta era de alta tecnología, todo el mundo es una multitud, y todos los hombres y mujeres que viven en él son solucionadores de problemas en potencia. Tenemos comunidades de expertos y aficionados a un solo clic de distancia, como en ideaken y Whinot. InnoCentive resuelve problemas que han dejado atónitos a los mejores cerebros de la investigación privada y laboratorios de desarrollo, gobiernos y organizaciones sin ánimo de lucro planteándoselos a una red de más de 250.000 «solucionadores» de casi doscientos países, es decir, recurriendo a la multitud a una escala que habría sido inimaginable hace veinte años, por no decir en el siglo XVIII. A los clientes que buscan soluciones se los conoce como «buscadores», y entre ellos se cuentan desde gigantes farmacéuticos y conglomerados de productos de consumo hasta la NASA y la revista *Economist*. Entre las ofertas recientes de la página web se cuentan las siguientes: 100.000 dólares por crear una insulina que pueda responder a las necesidades individuales de la gente que sufre de diabetes; 50.000 dólares por desarrollar una técnica que aumente el valor nutricional de los tejidos de las plantas; 30.000 dólares por una sierra que pueda cortar el hueso sin dañar el tejido blando; 8.000 dólares por un sistema que pueda detectar la corrupción en las instituciones; y 5.000 dólares por una nueva forma de empaquetar la cerveza. Cualquiera puede ser un solucionador, desde un especialista que disponga de un poco de tiempo libre hasta un aficionado que se conecte desde su sótano, dormitorio o garaje. Se puede ganar dinero encontrando soluciones que funcionen, lo que ha convertido Inno-Centive en el mercado más grande del mundo para la resolución de problemas.

El primer paso es ayudar a los buscadores a tirar de la cuerda Andon para averiguar exactamente cuál es el problema antes de ponerse a trabajar en encontrar una solución, igual que Geir Berthelsen hizo en Norsafe. «La mayoría de las organizaciones no tienen ni idea de cuáles son sus verdaderos problemas, y aunque se hayan hecho una idea básica, les resulta auténticamente difícil expresarlos», dice Dwayne Spradlin, presidente y director ejecutivo de InnoCentive, que dirige cursillos de entrenamiento para enseñar a los buscadores por qué y cómo recurrir a la multitud. «Cuando tratas con problemas que son difíciles de resolver, profundos y complejos, no puedes limitarte a poner un anuncio en Craigslist y suponer que todo el mundo responderá. No se trata de Yahoo! Respuestas —dice Spradlin—. Ayudamos a nuestros buscadores a plantear mejor las preguntas y contextualizar el problema, para que puedan conseguir mejores respuestas». Igual que IDEO.

Aunque plantearle problemas a una multitud de 250.000 personas suena como un atajo al caos, o el mínimo común denominador, InnoCentive funciona bastante bien. Los solucionadores encuentran un arreglo adecuado para más de la mitad de los retos que se les han planteado; entre ellos, muchos de los que han dejado perplejos a los mejores laboratorios de I+D del mundo. Han inventado formas más baratas y sencillas de fabricar las medicinas para tratar la tuberculosis y potabilizar el agua del lago Victoria. ¿Recuerda la linterna BoGo? Mientras desarrollaba el prototipo, Mark Bent se encontró con un problema: su artilugio no podía iluminar una habitación entera igual que una lámpara de queroseno. Así que recurrió a InnoCentive, y retó a los participantes a que encontraran una manera de dispersar la luz. Al cabo de tres meses, un ingeniero neozelandés presentó un diseño que permitía doblar la potencia de BoGo, al tiempo que consumía menos energía de las pilas. Recurrir a la multitud mediante InnoCentive suele forjar alianzas que en otros tiempos habrían sido impensables. Cuando la NASA pidió ayuda para mejorar los paquetes que se usaban para preservar la comida en misiones espaciales, el autor de la solución ganadora (usar lámina de grafito) fue un científico ruso.

Por supuesto, la lección más importante de InnoCentive reside en quién resuelve los problemas. Un estudio de la Universidad de Harvard desveló que, a menudo, quienes encuentran las mejores soluciones son las personas que operan «en los límites o fuera de su campo de conocimiento». De media, los solucionadores consiguen resultados hasta a seis áreas de distancia de la disciplina más íntimamente ligada al reto. Un solucionador usó su conocimiento de la industria del cemento para inventar una técnica con la que separar el aceite del agua después de un vertido en temperaturas heladas. Un abogado de patentes de Carolina del Norte encontró una nueva manera de mezclar grandes tandas de componentes químicos. Cuatro estudiantes de química y bioingeniería de la Universidad de Washington inventaron un dispositivo eléctrico que emite una señal luminosa cuando el agua que se está purificando mediante una tecnología de desinfección es potable, lo que supone un salvavidas potencial para millones de residentes en países en vías de desarrollo. Moraleja: recurrir a la multitud más amplia y diversa da sus frutos.

Por eso InnoCentive intenta encarar cada problema de modo que nadie se sienta excluido de intentar solucionarlo. Un problema de una empresa de perforación, por ejemplo, se publicará sin referencia a la industria del petróleo y el gas. «La mayoría de la gente dejaría de leer el problema en cuanto viera las palabras *petróleo* y *gas*, porque pensaría: "Yo no pertenezco a la industria del petróleo y el gas" —dice Spradlin—. Nuestro modelo se basa en lanzar una red muy amplia para evitar limitarla a los mismos viejos expertos».

Eso puede permitir que personas como John Lucas trabajen como una hormiguita en tus problemas. Este hombre de cuarenta y cinco años vive en la ciudad de Maidenhead, al oeste de Londres. En su tiempo libre ha resuelto cuatro problemas a través de InnoCentive, y ha ganado 62.000 dólares en el proceso. Alterando la forma de una botella, pudo cambiar la sensa-

ción efervescente en la boca. Después identificó un aditivo que
impide que el queso y el aceite que se rocían en los aperitivos
se separen, y encontró un componente que formaba una corteza y que impide que se pudra el forraje almacenado en las granjas. En fechas más recientes ha diseñado un guante que evita
que los soldados se quemen las manos mientras manejan rápidamente cuerdas desde helicópteros.

A juzgar por sus logros, podría esperarse que Lucas fuera
un químico con acceso a un laboratorio industrial. De hecho,
es un biólogo molecular con una licenciatura en Derecho que
creció en una granja de Ohio. «No tengo ni un laboratorio ni
un garaje donde pueda crear artilugios o probar componentes,
así que lo que hago a través de InnoCentive solo es pensar en
posibles experimentos —dice. Lucas hace hincapié en la importancia de mantenerse alejado de su propia área de experiencia—. Lo normal es que, cuando estas empresas se atascan en
algún problema, la gente que trabaja en ese campo no puede
resolverlo, así que lo más inteligente es que otra persona lo
contemple desde otro punto de vista, para aproximarse a él
desde un ángulo diferente», nos cuenta. Como muchos convencidos de la solución lenta, Lucas enfoca cada problema con
una gran reserva de paciencia. Nunca pretende dar con la clave
con su primera solución. «Al principio piensas: "No voy a ser
capaz de manejar esto", pero entonces lo dejas en barbecho,
sigues pensando en ello, rumiándolo, se te ocurre una idea e
investigas un poco al respecto, lo que acaba conduciéndote en
otra dirección —dice—. La mayoría del tiempo acabo muy lejos de donde empecé».

Ya hemos visto que ese tipo de pensamiento lento y zigza-
gueante es la fuente vital de la creatividad, y que no puede
apresurarse. Tampoco podrás encontrar antes al solucionador
de problemas oculto entre la multitud limitándote a mirar en
determinadas disciplinas. Si supieras dónde buscar, ya habrías
resuelto tu problema. En el siglo XVIII, nadie podría haber pre-
dicho que un relojero autodidacta de Yorkshire podría resolver
el enigma de la longitud. Del mismo modo, nadie esperaba que

un chico de quince años de Maryland ganara una feria internacional de ciencias en 2012 gracias al descubrimiento de un método para detectar el cáncer de páncreas.[7] «Resulta evidente que la mejor manera de resolver estos problemas es plantearlos en campos adyacentes, pero la cuestión es que nunca se puede predecir en cuáles exactamente —dice Spradlin—. No se trata de encontrar a las 1.500 personas que estén capacitados para resolver problemas, sino de ceder el control y decir: "No tengo ni idea de dónde puedo encontrar la solución"».

A pesar de los grandes esfuerzos de InnoCentive, a muchos buscadores sigue costándoles ceder el control. Mientras que los cuerpos gubernamentales y las fundaciones suelen dejar sin problemas que personas ajenas a la institución echen un vistazo entre bambalinas, a muchas empresas sigue aterrorizándoles el hecho de desvelarle secretos a la competencia. La mayoría de los retos de InnoCentive publicados por el sector corporativo son anónimos y un poco recelosos, para gran disgusto de la comunidad de solucionadores. «Varias veces había pensado que había dado con una solución satisfactoria, solo para que la empresa viniera y dijera: "Eso ya lo sabíamos" o: "Ya lo habíamos intentado", lo que significa que has invertido tu tiempo y esfuerzo a cambio de nada —dice Lucas—. Si quieres pedirle ayuda a la gente, necesitas ser más comunicativo y proporcionarle más detalles sobre cuál es exactamente tu problema, por qué intentas resolverlo, cuál sería una solución adecuada y cuál has probado ya».

Todos aquellos que deseen recurrir a la multitud pueden extraer una gran lección de aquí, y no solo las empresas obsesionadas con los secretos de mercado: hay que jugar siguiendo las reglas. Solo podrás usar la sabiduría de la multitud si la tratas bien. La gente quiere que la respeten. Odia sentirse explotada. Espera una actitud abierta como respuesta a sus investigaciones y entusiasmo. Si la multitud sospecha que te estás aprovechando, se rebelará, se dispersará o se marchará a otra parte. Nadie es dueño de la gente.

Las empresas que se acercan a la gente cosechan beneficios.

A veces esa multitud es tu propia plantilla. Desde 2001, IBM
ha usado las propuestas de ideas online para sacarle el máximo
partido a sus 300.000 empleados globales. La tormenta de
ideas interna ha ayudado a la empresa a remodelar sus prácticas de trabajo y a lanzar diez nuevas empresas con un capital
inicial de 100 millones de dólares.[8]

Recurrir a la multitud más allá de las paredes de la empresa
también da sus frutos. En 2006, Netflix, una empresa de alquiler de películas online, le ofreció un millón de dólares a quien
inventara un algoritmo que pudiera predecir los índices de
usuarios de las películas de una manera al menos un 10 % más
eficiente que su software actual.[9] Tres años después, un equipo
de estadísticos e ingenieros informáticos extendidos por todo
Estados Unidos, Canadá, Austria e Israel reclamaron el premio.
Ese mismo año, Fiat empezó a construir el primer coche usando
totalmente el *crowdsourcing* en su fábrica principal en Betim,
en Brasil.[10] La empresa puso en marcha un portal web donde
todo el mundo podía colgar ideas sobre cómo debería diseñarse
y construirse el vehículo. Les llegaron más de diez mil sugerencias procedentes de 160 países. En cada estadio, la multitud,
que abarcaba desde miembros de Fiat hasta adolescentes desde
sus dormitorios, criticaba, debatía y refinaba las idas. Fiat se
aseguraba de que el diálogo fluyera con libertad en todas las
direcciones, e incluso explicaba por qué algunas sugerencias
acababan prevaleciendo sobre otras en última instancia. «Esto
es completamente diferente del proceso habitual del diseño,
cuya característica principal es que se lleva a cabo a escondidas
y en secreto», dijo Peter Fassbender, gerente de Centro Estilo, el
centro de diseño de la empresa. Fiat fue un paso más allá que
otros *crowdsourcers* pasando del mundo virtual al real, puesto
que invitó a los miembros más inteligentes de la multitud, entre
los que se incluían un funcionario, un especialista en informática y un profesor, para que inspeccionaran los prototipos y se
mezclaran con los diseñadores e ingenieros de la empresa en
Betim. El fruto de este experimento fue el Mio, un precioso
coche pequeño que cosechó críticas muy positivas en el Salón

del Automóvil de São Paulo en 2010. También cambió para siempre el funcionamiento de Fiat. Otras empresas han seguido el ejemplo. Extrayendo ideas online de una comunidad de 12.000 personas, que abarcaban desde diseñadores profesionales a entusiastas de fin de semana, una empresa estadounidense llamada Local Motors construyó un prototipo de vehículo militar que algún día podría servir para misiones de reconocimiento, entregas y evacuación en zonas de combate.[11]

Los grupos también pueden generar arreglos para problemas sociales. En la plataforma online de IDEO, OpenIDEO, 34.000 personas procedentes de 160 países debatieron sobre preguntas del estilo de: «¿Cómo podemos mejorar la recogida de basuras y de desechos humanos en comunidades urbanas de bajos ingresos?» y «¿Cómo puede la tecnología apoyar los derechos humanos cuando se produce una detención ilegal?». Los, por así llamarlos, «anfitriones de retos» filtran cientos de ideas hasta conformar una pequeña lista con las mejores y, entonces, la multitud opina. Con las soluciones ganadoras se hacen pilotos y prototipos. Gracias a las ideas de OpenIDEO, entre ellas la de los kits de toma de muestras, la Universidad de Stanford animó a más personas a que se apuntaran a su banco de médula ósea. Sony está desarrollando una revista online interactiva que pone en contacto a voluntarios locales con proyectos locales; es otra solución de OpenIDEO.

Otras organizaciones recurren a la multitud para buscar ideas sobre cualquier cosa, desde hacer que las ciudades sean más habitables hasta combatir las enfermedades de transmisión sexual. En muchos campos, los académicos se vuelven a las masas para ayudarlas a explotar sus datos, canalizar el entusiasmo del público y la sorprendente habilidad del cerebro humano para detectar patrones. Escudriñando las imágenes del telescopio Kepler que se han publicado online, unos clientes «de a pie» han localizado dos planetas que se les habían pasado por alto a los astrónomos, a pesar de haber usado sus ordenadores de última generación. También ayudan a identificar células cancerosas, a localizar y clasificar nuevas galaxias, y a transcribir textos del griego antiguo escritos en una caligrafía embrollada y casi ilegible.

La muchedumbre ya ha solucionado problemas en nuestra vida diaria. ¿Qué hace cuando su ordenador empieza a fallar? Si hace lo que yo, se dirigirá directamente a los muchos foros de Internet, donde miles de personas con distintos grados de experiencia comparten consejos para solucionar problemas. Al contrario que las líneas de los servicios de ayuda de las empresas, esos foros son gratuitos, y no te dejan esperando durante horas mientras escuchas a Enya. Y, a menudo, la ayuda que proporcionan es mejor. La última vez que mi disco duro se volvió loco, me pasé más de una hora hablando con un experto de Apple que no consiguió resolver el problema. Después de colgar, probé suerte en un foro de Internet. Al cabo de diez minutos encontré la solución perfecta que había colgado un adolescente de Wisconsin, en una especie de momento a lo John Harrison del siglo XXI. Los problemas informáticos son solo la punta de iceberg: la Red está llena de foros en los que la gente ofrece consejos sobre todo, desde relaciones personales hasta salud, pasando por las reparaciones del hogar.

Ahora llega el momento de añadir un llamamiento a la prudencia: tanto la colaboración como el *crowdsourcing* tienen sus límites. Trabajar unidos no es la única respuesta a todos los problemas. Incluso los equipos que arrastran un largo recorrido a sus espaldas pueden, después de cierto tiempo, volverse obsoletos y cerrados de miras. La multitud puede cometer errores o sufrir los sabotajes de miembros malintencionados. Con unos cien mil contribuyentes que editan su contenido de manera constante, Wikipedia es un buen ejemplo de los peligros del *crowdsourcing*. A pesar de ser una mina de oro debido a la información que proporciona, la enciclopedia es proclive a las imprecisiones y a la parcialidad. Las burbujas y las crisis financieras de los últimos años son un recordatorio de que los mercados bursátiles, otro ejemplo muy valorado de inteligencia colectiva, no siempre son tan listos. A veces, tal y como lo plantea un personaje de una de las sagas islandesas: «El consejo empeora cuanta más gente estúpida se reúne».

Por encima de todo, resolver problemas complejos suele conllevar un salto conceptual, un rayo de inspiración, una capacidad, semejante a la de la mítica Casandra, para ver hacia dónde se dirige el mundo, y eso solo es un acto colectivo en contadas ocasiones. A Henry T. Ford no se le ocurrió la idea de construir coches para las masas gracias a las investigaciones de mercado ni a los grupos de discusión. «Si les hubiera preguntado a los clientes lo que querían —dijo una vez—, me habrían dicho: "Un caballo más rápido"». Steve Jobs también tenía una intuición especial para ver lo que los otros no podían. Ahora resulta difícil de creer, pero el primer iPad se lanzó rodeado de un gran torbellino de escepticismo por parte de entendidos y consumidores. ¿De verdad iba a comprar la gente un artilugio que está a medio camino entre un smartphone y un ordenador portátil? ¿Existiría tan siquiera un mercado para esas tabletas? Resultó que la respuesta fue un enorme Sí. «Resulta difícil diseñar grupos de discusión para un asunto tan complicado —dijo Jobs después—. Muchas veces, la gente no sabe qué quiere hasta que se lo enseñas».[12]

El trabajo en equipo también puede ser contraproducente. Piense en todas esas horas que malgastamos en reuniones de trabajo aburridas y carentes de sentido. La colaboración y el trabajo en equipo también se pueden llevar demasiado lejos. En sus cuarteles de Emeryville, en California, Backbone Entertainment construyó una oficina de planta abierta donde todo el mundo podía ver y oír a los demás. La empresa desarrolla videojuegos y esperaba que reunir a toda su plantilla en una gran olla daría como resultado un rico estofado de magia colaborativa. Sin embargo, lo que produjo fue un montón de desarrolladores desencantados que deseaban un poco de privacidad. Al final, Backbone reconfiguró su oficina con cubículos, esos símbolos que ridiculizan las tiras cómicas de Dilbert. «Cualquiera pensaría que en un entorno creativo la gente odiaría eso —dice Mike Mika, el antiguo director creativo de la empresa—, pero resulta que prefieren tener recovecos y escondrijos en los que poder esconderse y alejarse de todo el mundo».

Siempre ha sido así. Aunque Rembrandt colaboraba de manera estrecha con otros pintores en su estudio de Ámsterdam, cada artista contaba con su espacio privado para trabajar a solas. Cuando unos consultores compararon a 600 programadores informáticos de 92 empresas para señalar qué diferenciaba a los mejores de los demás,[13] descubrieron que el ingrediente secreto no era ni una paga más elevada ni una mayor experiencia, sino el disponer de un espacio privado de trabajo que minimizara las interrupciones. Los seres humanos somos profundamente sociales, pero también anhelamos cierta intimidad y libertad personales. Las investigaciones han demostrado que las oficinas abiertas pueden ponernos de los nervios, agresivos y cansados, y nos hacen más proclives a enfermar.[14] También nos bombardean con distracciones que socavan el pensamiento profundo. Cuando quiero encontrar un lugar tranquilo donde estar a solas en mi oficina compartida, busco refugio en una de las habitaciones privadas. Algunas están construidas para una sola persona, y sus paredes rosas acolchadas te alejan del mundo y te recogen como si estuvieras en un óvulo. «La gente puede muy ser muy exigente para con los demás —dice Peter Spencer, que diseñó la oficina—. Buena parte de las mejores ideas surgen cuando la gente está a solas con sus pensamientos».

Por esa razón, a lo largo de la historia y las disciplinas, los mejores solucionadores de problemas, las grandes bestias de la creatividad que consiguen avances que cambian el mundo han valorado la soledad. Einstein se pasó horas mirando fijamente al espacio en su oficina de la Universidad de Princeton. William Wordsworth describió a Newton como: «Una mente que viaja sin cesar por los extraños mares del pensamiento, sola». Todas las religiones importantes tienen profetas (Buda, Mahoma o Moisés) que se adentraron en lo desconocido con sus propias grandes preguntas. Picasso dijo una vez: «Sin una gran soledad, no es posible efectuar trabajo serio alguno». Esta afir-

mación sigue siendo cierta en nuestro mundo altamente tecno-
lógico. En su autobiografía, Steve Wozniak describe cómo
construyó los dos primeros ordenadores de Apple, trabajando
a solas hasta altas horas de la noche: «La mayoría de los inventores e ingenieros que he conocido son como yo [...] viven dentro de su propia cabeza. Son casi como artistas [...] Y los artistas trabajan mejor a solas».

Por esa razón todos necesitamos andarnos con cuidado a la
hora de recurrir a la multitud. Pregúntese si realmente será beneficioso plantearle su problema abiertamente a todo el mundo. Si es así, tómese el tiempo para averiguar cuál es el mejor
modo de plantear la pregunta, y cómo dirigir y premiar a la
multitud. Y nunca ponga todas sus esperanzas en ello.

No es ninguna casualidad que todos aquellos practicantes de
la solución lenta que hemos visto hasta ahora, desde IDEO hasta Le Laboratoire o la NASA, advierten del peligro que entraña
el darle demasiado poder al grupo. En lugar de eso, su objetivo
es forjar una relación simbiótica entre el trabajo colectivo y el
individual, lo que le da a todo el mundo la libertad de alimentar
sus propias ideas en un espléndido aislamiento, antes de pasarlas por el filtro del equipo o de la multitud. El introvertido
Newton, por ejemplo, contrastaba sus teorías con los colegas
mediante cartas y las páginas de *Philosophical Transactions*.

Después de sus largas y solitarias noches, Wozniak discutió
sus ideas con unos cuantos empollones, compañeros del Homebrew Computer Club. Incluso Einstein colaboró. «El secreto reside en equilibrar la balanza —dice David Edwards—. El
grupo es crucial para desarrollar y mejorar tus planteamientos,
pero a menudo las mejores ideas empiezan con una sola persona. Lo individual es muy importante».

10

CATALIZAR: EL PRIMERO ENTRE IGUALES

Toda gran institución es la sombra alargada de un
solo hombre. Su carácter determina el carácter de la
organización.

RALPH WALDO EMERSON

La hora punta de Bogotá ya no es lo que era. Al menos, no
para la gente como Manuel Ortega. De un tiempo a esta parte,
el banquero de cuarenta y dos años viaja a diario desde las afueras
en un autobús que ha ayudado a la capital colombiana a convertirse en una de las ciudades preferidas del movimiento ecologista
y en un caso de estudio en el ámbito de la renovación urbana.

El TransMilenio no es una red de transporte ordinaria. En
medio de los bulevares más salvajes, Bogotá ha trazado nueve
rutas de autobuses que cruzan la ciudad como una red de metro que transcurriera por la superficie. Cada carril está separado del resto del espacio de la calzada por muros bajos, lo que
permite que las flotas de autobuses rojos articulados puedan
deslizarse sin obstáculos entre el tráfico normal. En lugar de
esperar en el exterior en paradas de autobuses convencionales,
los pasajeros usan tarjetas con cintas magnéticas para entrar en
estaciones cerradas hechas de metal y cristal. Como si fuera un
tren o el metro, el TransMilenio frena junto al andén y abre
todas las puertas a la vez, lo que permite que muchas personas,
incluidos ancianos, discapacitados y padres con carritos, suban
y bajen de manera rápida y fácil. Este sistema se llama «tráfico
de bus rápido», o TBR.

Ortega coge la línea H13 y, cuando me reúno con él, parece
un representante del transporte público. Esbelto y elegante,
vestido con un traje gris y una corbata amarilla, está hojeando
un informe trimestral que tiene sobre su regazo. Un colega an-

sioso por programar una reunión lo llama a su Blackberry. «Estaré en la oficina en... diecisiete minutos», dice Ortega, mientras le echa una ojeada a su reloj.

Semejante puntualidad sería impensable para la mayoría de los usuarios del transporte público de cualquier parte del mundo. Tal vez solo estés a tres o cuatro paradas de tu oficina en Londres, Boston o Taipei, pero ¿quién te dice que un camión averiado o un atasco de tráfico no acechan a la vuelta de la esquina?

Cuando el H13 avanza tranquilamente por el centro de Bogotá, las calles que flanquean la ruta del TransMilenio son el vivo retrato del caos. Carril tras carril, están llenos de taxis decrépitos, minibuses antediluvianos que lanzan nubes de humo y carros tirados por caballos y cargados de chatarra. Las motos se abren camino por definición entre la marea de tráfico paralizado; hay mendigos pidiendo cambio y vendedores callejeros que te ofrecen de todo, desde caramelos de menta a DVD piratas. Los cláxones de los coches, las motos que rugen y la música de salsa se combinan en una cacofonía muy colombiana.

Sentado junto a la ventanilla en el TransMilenio, y mirando el infierno urbano que se extiende a su alrededor, Ortega se encoge de hombros y dice: «Lo de ahí fuera parece otro mundo. Gracias a Dios que estoy aquí».

En Latinoamérica, como en buena parte del mundo en vías de desarrollo, los ricos viven en un universo separado, viajan en coches privados desde urbanizaciones valladas con vigilancia privada, y desde clubes de campo hasta oficinas y tiendas de moda por donde patrullan guardias armados. El TransMilenio le ha asestado un golpe a ese *apartheid* social y se ha ganado a los bogotanos más ricachones. Los vecindarios más pijos tienen sus propios autobuses lanzadera hasta las estaciones más cercanas, y los inversores inmobiliarios construyen centros comerciales y bloques nuevos de apartamentos tan cerca de la red de transporte como sea posible. A cualquier hora del día, ves a *yuppies* parloteando por sus iPhones junto a criadas y obreros de los barrios más pobres.

Muchos de los compañeros del banco de Ortega viajan ahora con TransMilenio. Al otro lado del pasillo se sientan tres hombres jóvenes que tienen las manos cubiertas de mugre y que van a trabajar a una de las plantaciones que rodean Bogotá. Dos filas más atrás, una joven y elegante abogada con la manicura recién hecha se escudriña la laca de las uñas. Detrás de ella, Victoria Delgado, una joven estudiante de biología que va a la Universidad de los Andes, le está escribiendo un mensaje de texto a su novio. «Es una buena mezcla social —dice ella—. Todo el mundo es igual aquí».

Sin embargo, los bogotanos no realizan dos millones de viajes cada día en el TransMilenio para fomentar la solidaridad social. Han aceptado tan bien el transporte en autobús rápido porque les ofrece algo que no existía antes: una forma cómoda y eficiente de viajar por esta ciudad anárquica de ocho millones de almas. Delgado tarda veinticinco minutos en llegar a la universidad, tres veces menos de lo que tardaría si fuera en coche. El uso del TransMilenio ha recortado el trayecto diario de Ortega de dos horas a cuarenta minutos. Y puede programar reuniones de camino porque sabe que llegará puntual.

Las mujeres como Delgado también se sienten seguras en el TransMilenio, lo que es mucho decir en una ciudad que en tiempos era sinónimo de violencia urbana. Sigue habiendo mucha seguridad intimidatoria en Bogotá, puesto que muchos edificios públicos y sedes de empresas están protegidos por guardias armados y perros adiestrados, pero el sistema del TransMilenio le señala el camino a un futuro más relajado. No hay seguridad en los autobuses, y en las estaciones patrulla un personal joven vestido con chaquetas de colores amarillo brillante y rojo, que llevan estampado el eslogan «La cara amistosa de la ciudad».

El TransMilenio sigue siendo un proyecto con aristas que pulir. Bogotá está construyendo nuevas rutas, así como pasos subterráneos que les permitan a los autobuses pasar por debajo de los cruces problemáticos sin tener que esperar a que se pongan los semáforos en verde o a que se aclare el tráfico. Por supuesto, el sistema tiene sus fallos. El recorrido puede estar lleno de baches en carreteras donde los problemas con el alcantarillado han provocado grietas y bultos en la calzada. Aunque el clima de Bogotá es templado, los viajeros suspiran por el aire acondicionado durante los días más calurosos de verano. Las mujeres a veces se quejan de que los pasajeros varones se propasan, y hay que andarse con cuidado con los carteristas, pero el principal motivo de queja es que no hay suficientes asientos en las horas punta debido a la gran cantidad de usuarios del sistema. Traducción: el TransMilenio está muriendo de éxito.

Como resultado, el TBR recibe alabanzas por solucionar uno de los problemas mundiales más apremiantes: transportar a la gente por las ciudades de manera cómoda y limpia. Por las ciudades de Asia, África y Latinoamérica, la creciente prosperidad está llenando las calles de coches, motos, camiones, *scooters*, *jeeps*, *rickshaws* motorizados, autobuses y otros vehículos. Los peatones han quedado confinados a la periferia de los espacios públicos, y tienen que abrirse paso a través de la contaminación como buenamente pueden, y entre toses. Aunque las emisiones de las fábricas se han reducido, se calcula que el tráfico lanzará un 50 % más de gases nocivos para el medio ambiente en 2030, y buena parte de ese aumento provendrá de los países en vías de desarrollo.[1]

El TransMilenio también emite gases de carbono. Para que no suban los costes, sus autobuses articulados utilizan diésel en lugar de otros combustibles más limpios que resultan más caros y menos apropiados para la altitud de Bogotá, que está a 2.600 metros por encima del nivel del mar. Sin embargo, un motor del TransMilenio es tan eficiente que emite menos de la mitad de gases contaminantes que un minibús antiguo. Al implantar el TBR, Bogotá ha sacado a 9.000 pequeños autobuses privados de las carreteras, lo que ha hecho caer en picado el consumo de combustible de autobús desde que abriera la primera línea en 2001. Algunos coches privados se desvanecieron también. El año pasado, Ortega vendió su Audi sedán y ahora se mueve por toda Bogotá en el TransMilenio o en taxi, lo que supone un gran paso en una sociedad donde tener tu propio vehículo con ruedas es el símbolo de estatus definitivo. «Ahora ya no siento la necesidad de tener coche —explica—. Ahora puedes vivir de forma diferente en esta ciudad».

En 2009, el TransMilenio se convirtió en el primer gran proyecto del mundo que consiguió el derecho de generar y vender créditos de carbono bajo el Protocolo de Kioto. Eso significa que las naciones y empresas que excedan sus límites de emisiones, o que simplemente deseen mejorar sus credenciales ecologistas, pueden comprarle créditos a TransMilenio, y así añadir un millón de dólares más a las arcas de Bogotá.

TBR aguanta bien contra otras formas rivales de transporte. Es mucho más barato de construir y mantener que una línea de metro, y, aun así, puede transportar a los mismos pasajeros. No resulta sorprendente que ciudades de todo el mundo, desde Ciudad del Cabo hasta Yakarta, pasando por Los Ángeles, han construido sus propias versiones de este sisema, o están planeándolas. Más de una docena de gobiernos municipales, de México a China, están listos, o lo estarán pronto, para vender créditos de carbono por sus líneas de TBR. A Bogotá acuden en masa las delegaciones internacionales a estudiar el TransMilenio, y el diseño urbano se ha convertido en una licenciatura de moda entre los jóvenes colombianos.

Por supuesto, el TransMilenio no surgió sin más. A principios de la década de 1990, Bogotá era una locura, donde se producían constantes secuestros, ataques terroristas y tenía uno de los índices de asesinatos más altos del mundo. Su infraestructura era pobre incluso para los estándares de Latinoamérica debido a la falta de inversión durante años y a la inmigración descontrolada de las áreas rurales. Instalar un sistema de tráfico de autobuses resplandecientes en medio de semejante anarquía habría sido el peor tipo de solución rápida. Otras ciudades de los países en vías de desarrollo han aprendido esa lección a las malas. Nueva Delhi creó su propio TBR sin reeducar a los motoristas locales, que rápidamente boicotearon el sistema al invadir los carriles destinados a los autobuses. En Johannesburgo, los conductores de taxis bloquearon las rutas de TBR y provocaron daños en autobuses y estaciones porque veían la red como una amenaza a su forma de ganarse la vida.

Para que el TransMilenio funcionara, Bogotá tuvo que planear una transformación más amplia, que incluía muchos de los ingredientes de la solución lenta que hemos visto hasta ahora. Todo empezó con una meta a largo plazo: crear una ciudad en la que todo el mundo se sintiera cómodo mezclándose en los espacios públicos. Se identificó la lucha contra la pobreza como un elemento sin el cual no sería posible llevar a cabo el proyecto. La ciudad extendió la red de agua potable y de alcantarillado a casi todos los ciudadanos. Se construyeron nuevas y vistosas escuelas, piscinas y bibliotecas en los barrios más pobres. Para luchar contra el crimen, Bogotá modernizó su cuerpo de policía dotándolo de un presupuesto más elevado, un mejor entrenamiento y más responsabilidades. Mediante amnistías y registros legales, se recogieron y fundieron miles de armas de fuego. Asimismo, el éxito de Colombia al conseguir acorralar a las fuerzas guerrilleras en las profundidades de la jungla y conseguir la estabilidad económica respaldó todas estas medidas.

En el epicentro de la transformación de Bogotá se encontraba el esfuerzo por reequilibrar la balanza de poder entre el tráfico y los peatones. A principios de la década de 1990, la ciudad era esclava de los coches. Los motoristas hacían caso omiso de los semáforos, se saltaban los pasos de cebra y aparcaban por todas las aceras. La única sanción que les esperaba era un pequeño soborno a los oficiales de policía, famosos por su corrupción. Para empezar a recuperar el territorio colonizado por el tráfico y devolver el coche a su lugar, Bogotá creó un nuevo cuerpo de policía de tráfico que, en realidad, hacía cumplir las leyes que impedían que los conductores aparcaran donde quisieran. La ciudad prohibió el paso al 40 % de vehículos de las carreteras a hora punta. Instaló cientos de balizas de cemento para impedir que los conductores se subieran al bordillo y aparcaran ilegalmente. Después eliminó un tercio de las plazas de aparcamiento de las calles para hacerle sitio al TransMilenio. Además, amplió y volvió a pavimentar muchas aceras.

Bogotá también empezó a alejar de los parques a los camellos, a los mendigos y a las prostitutas. Creó nuevos espacios verdes y acicaló los antiguos, plantando miles de árboles y programando conciertos al aire libre de bandas de rock, jazz y salsa, así como representaciones de ópera, teatro y poesía.

A todas estas medidas las complementó una campaña para promover lo que se llamó la «cultura de la ciudadanía». Para atraer la atención sobre las matanzas en las calles, las autoridades de Bogotá pintaron estrellas en los lugares de las calzadas donde habían muerto peatones. Se contrató a 420 mimos para actuar en las calles para que se valieran del arte, la música, el baile y el humor y, de este modo, animar a los bogotanos a comportarse como buenos ciudadanos: echar la basura a las papeleras de las aceras, ayudar a los ancianos a cruzar las calles y respetar las normas de tráfico. Se podía dar la situación de que un mimo de cara blanca persiguiera a un peatón moviendo un dedo en gesto de desaprobación o propinándole una ligera reprimenda por su paso. Asimismo, otro mimo que fingía horror y sujetaba una bufanda roja con la palabra «¡Incorrecto!» podía plantarse delante de un conductor que bloqueara un cruce o un paso de peatones. Bogotá también entregó 350.000 tarjetas con pulgares verdes hacia arriba por un lado y pulgares rojos hacia abajo por el otro, lo que permitía a los peatones emitir un juicio inmediato del comportamiento de los motoristas. Para llevar este mensaje a los hogares, el Ayuntamiento usó los anuncios de televisión para poner en jaque la tiranía del coche. Todos los domingos, el equilibrio de la balanza de poder se inclina ahora a favor del peatón, puesto que Bogotá cierra al tráfico 120 kilómetros de sus calles. Gentes de toda clase social salen a las vías públicas, normalmente abarrotadas de coches, para correr, ir en bicicleta, pasear y jugar al fútbol y al *frisbee*. Con bandas tocando en los parques, y profesores de aeróbic y yoga dando clases al aire libre, se respira una atmósfera de carnaval, la mareante sensación de que el orden natural se ha revertido, o restaurado.

Como la mayoría de los bogotanos, a Delgado, la estudiante de biología que va al campus en el TransMilenio, le encantan los domingos. Va a correr por en medio del normalmente ajetreado bulevar que hay delante de su apartamento. O sale a pasear en bici con su novio. «En esos momentos todo el mundo puede hacerse una idea de cómo sería una ciudad controlada por la gente en lugar de por los coches —dice ella—. Y una vez que surge esa idea, toma forma en tu cabeza y se hace fuerte en ella».

Con el mismo propósito, Bogotá ha construido más de trescientos kilómetros de carriles para bicicletas a través de sus intrincados barrios. Ahora se puede ir en bici por toda la ciudad, serpenteando entre los bloques de apartamentos, cruzando parques y junto a carreteras y vías de tren, sin llegar a compartir espacio con los vehículos motorizados. Aunque ir en bici por la mayoría de las ciudades latinoamericanas es como jugar a la ruleta rusa, algunas partes de la capital colombiana, con sus *rickshaws* de alquiler, me recuerdan a un país tan amigo del transporte en bicicleta como Holanda. En una tarde cálida de un día entre semana, el carril bici del barrio de Tintal es una mezcolanza de la sociedad de Bogotá: un pensionista que vuelve del mercado con verduras en el cesto del manillar; un obrero con un casco amarillo adelanta a una mujer vestida con un traje de chaqueta, y le lanza una sonrisa descarada al pasar, mientras que algunos niños vuelven de la escuela, con amigos sentados en los asientos de atrás.

La moraleja es que Bogotá se ha convertido en una ciudad más segura, verde y placentera de lo que habría parecido posible a mediados de la década de 1990. Después del lanzamiento del TransMilenio, el uso de la bicicleta se disparó,[2] mientras que las cifras de heridos y fallecidos en accidentes de tráfico cayeron en picado.[3] La calidad del aire tras el paso del TBR también mejoró notablemente. En 2007, la Junta Nacional de Turismo acuñó el eslogan «El riesgo es que te quieras quedar».[4]

La transformación de Bogotá nos recuerda que tomar en consideración los pequeños detalles y pensar de forma holística y a largo plazo son elementos esenciales de la solución lenta. No obstante, también nos puede enseñar algo igualmente valioso. Tal vez se haya dado cuenta de que he atribuido los cambios conseguidos en la capital de Colombia a la «ciudad» en sí misma o a unas autoridades municipales anónimas. La verdad tiene más matices. Resulta que Bogotá es un vivo ejemplo del siguiente ingrediente de la solución lenta: tener una figura poderosa que dirija la búsqueda de una solución.

Muchas de las soluciones que aparecen en este libro tienen múltiples autores, y los participantes suelen apresurarse a alabar el esfuerzo colectivo. Dicen: «Hemos resuelto este problema juntos. Éramos más que la suma de cada uno de nosotros». Todos cantan las virtudes de la colaboración, del *crowdsourcing*, de los equipos y las redes; pero no podemos olvidar la advertencia que lanzamos en el capítulo 9: tanto el equipo como la multitud más inteligentes tienen sus límites. El mejor solucionador de problemas suele mezclar el mérito individual y el colectivo. Como mínimo, necesita a alguien que dirija el grupo, como hacen los moderadores que dirigen los debates y las tormentas de ideas en OpenIDEO y en las asambleas nacionales de Islandia.

Si examina cualquier solución lenta, a menudo encontrará a una persona que personifica o incluso proporciona la visión subyacente que une a todo el equipo, actúa como un núcleo de la red o como un pararrayos para la multitud que inspira a los demás a luchar, a hacer sacrificios y a vencer la resistencia y la inercia que conlleva la solución de problemas más ambiciosa.

Esto no supone sorpresa alguna para Tony Silard, fundador del Global Leadership Institute de Washington, D. C. A lo largo de los últimos veinte años ha entrenado a miles de líderes procedentes del sector privado y de organizaciones sin ánimo de lucro, incluidos los directores ejecutivos de las cien empresas más importantes de la clasificación de *Fortune*. Cree que cada solución lenta requiere una figura individual en su núcleo.

«Resolver problemas complejos siempre implica un cambio, y lo primero que busca la gente durante un proceso de cambio es la seguridad —afirma—. Las ideas cambian, las circunstancias cambian, y también lo hacen los equipos, así que la gente necesita a una persona concreta que tenga una idea clara de adónde se dirige el grupo, que se vaya a hacer responsable en última instancia de lo que ocurre y que les haga sentir a salvo. Quieren un líder».

Todas las soluciones lentas que hemos visto hasta ahora tienen alguna figura semejante detrás de ellas. Con sus modales educados y geniales, Are Hoeidal marca el paso en la prisión de Halden. El grupo del capitán Simon Brailsford es la fuerza que ha catalizado la revolución que se ha producido en materia de seguridad en la RAF. En el Instituto Locke, donde hay figuras dinámicas para dar y tomar, la plantilla señala al jefe, Kelly Hurley, el antiguo director y ahora vicepresidente de recursos humanos de Green Dot, como el eje del cambio de rumbo. «Es la clase de tipo que llega al romper el alba y se marcha cuando ya ha oscurecido, que se reúne con todos los alumnos, los profesores, los padres, la dirección y la seguridad. Él se ocupa de todo —explica Phil Wolfson, director del Departamento de Educación Especial—. Kelly es el pegamento que lo mantiene todo unido». Incluso David Edwards, un cruzado de la colaboración, sigue siendo la mano invisible que hay detrás de muchos proyectos de Le Labo. «La visión y la pasión de un creador central son esenciales», afirma.

Aunque Apple se basa en la colaboración y el trabajo en equipo para crear sus dispositivos revolucionarios, también anima a los líderes de los proyectos a actuar como *auteurs*, para que estén al frente y estampen su personalidad por todo el producto final. El papel que desempeñó Jonathan Ive en los diseños del iMac, el iPod y el iPad fue tan decisivo que a veces se le concede el honor de haber inventado los dispositivos. Y detrás de todo estaba la cabeza pensante, Steve Jobs. A sus amigos y enemigos les gustaba su habilidad para llevar a la gente a «un campo de realidad alternativa». Sus discursos más importantes fueron alabados como clases magistrales del arte de la persuasión. Cuando murió en 2011, Jobs había conseguido el tipo de estatus de estrella del rock que muy pocas veces se le concede a un director ejecutivo. Los fans dejaban flores, mensajes e incluso manzanas mordidas en las tiendas Apple de todo el mundo.

Cuando Bogotá tuvo que encontrar una solución lenta, la ciudad se apoyó sobre todo en dos alcaldes visionarios cuyos mandatos, consecutivos, comenzaron en 1995. El primero fue Antanas Mockus, un matemático y filósofo excéntrico dotado de un don especial para el teatro. Entre sus trucos podemos citar el haberse vestido con un traje de superhéroe y llamarse a sí mismo «Superciudadano» para promocionar una «cultura de la ciudadanía» como parte de la transformación de la ciudad. Su sucesor, Enrique Peñalosa, es un economista vivaracho y viajado con un pasado marxista. Pese a que sus métodos eran menos llamativos que los de Mockus, quien en cierta ocasión tuvo que dimitir como rector de la Universidad Nacional después de enseñar el culo en una clase llena de estudiantes agitados, Peñalosa se implicó de pleno en las reformas que transformaron el paisaje urbano de Bogotá, el TransMilenio incluido.

Para explicar el papel que una sola figura catalizadora desempeña en una solución lenta, decido pasar algo de tiempo con Peñalosa. Nos reunimos en una tarde agradable de principios de la primavera en la Zona T, un área peatonal que creó en 2000. Llenas de bares y restaurantes elegantes, las calles están atestadas de personas de todas las edades, que pasean, se toman una cerveza o comen al aire libre. Es la viva imagen de una vida urbana moderna.

Peñalosa llega en una bicicleta, mientras escucha a Sarah Brightman en su iPod. Alto, delgado y con barba, parece un Don Quijote con glamur. Aunque ha pasado una década desde que dejó el cargo, varios peatones lo saludan amistosamente al pasar. Nos sentamos a cenar en la terraza de un restaurante italiano y, al cabo de pocos segundos, el encargado aparece y abraza al antiguo alcalde. «Cuando me hice cargo de esta ciudad, Colombia pasaba por su peor periodo de recesión, y la lucha contra la guerrilla estaba descontrolada —dice Peñalosa—; pero, de algún modo, aquello fue una ventaja porque la gente estaba predispuesta al cambio, a tomar en consideración puntos de vista novedosos, e incluso para intentar algo que sonara un poco chiflado».

Su sueño quijotesco iba mucho más allá de la construcción del TransMilenio. Se trataba de transformar Bogotá en una ciudad que perteneciera a todo el mundo y que se sintiera a gusto consigo misma. «En una buena ciudad, los ricos y los pobres se encuentran como iguales en parques, autobuses, aceras y en acontecimientos culturales —me cuenta, después de dejar sus cubiertos para poder gesticular con libertad con ambas manos—. Los seres humanos son peatones por naturaleza, somos animales que necesitan caminar no solo para sobrevivir, sino para ser felices. Un pájaro en una jaula del tamaño de una catedral será más feliz que uno que viva en una jaula pequeña, pero el pájaro más feliz de todos es el que puede volar libremente sin ninguna jaula».

Se detiene para contemplar la escena que nos proporciona la Zona T. Una joven familia pasea sin prisa, comiendo helado y empujando unas bicicletas. Una sonrisa se extiende en la cara de Peñalosa, mientras retoma su discurso.

> Hay cosas que cambian tu vida mucho más que un aumento de sueldo: poder sentarte fuera en un café sin que te ahogue el humo de los coches, poder leer el periódico en silencio, oír los trinos de un pájaro, ver a los niños jugar sin miedo en la calle y escuchar su risa, a parejas besándose en la acera, que la gente se sienta lo suficientemente segura como para ir en bicicleta al trabajo o para reunirse con un amigo en un parque, para llenar la ciudad de mariposas y flores —dice—. Mi plan para Bogotá era crear una ciudad en la que la gente viviera en el exterior, donde pudiera vivir la vida como se supone que debe vivirse.

Es un discurso emotivo y me siento inclinado a escucharlo. Y eso importa porque una solución lenta requiere que alguien dirija a las tropas. Podría llenarse todo un Kindle con los libros, artículos y ensayos dedicados al arte del liderazgo, pero buena parte de todo ello se reduce a una sola cosa: conseguir inspirar a los demás para que te sigan en la batalla. «Si la gente siente que te falta pasión o que te mueves solo por tu propio beneficio, nadie invertirá en ti —dice Tony Silard, del Global Leadership Institute—. Sin embargo, cuando sientes verdadera pasión por una idea, la gente te seguirá».

Muchas de las personas que ponían en práctica soluciones lentas tenían esa pasión. Julien Benayoun, un diseñador que trabajaba en el proyecto WikiCells, describe a David Edwards como el principal catalizador de Le Laboratoire: «Cree lo suficiente por una, dos, tres, cuatro o cinco personas —dice—. Cuando te sientes derrotado, cuando te desanimas por la complejidad de un problema, él sabe sacarte a flote. Algunas personas simplemente tienen esa capacidad de empuje».

Está claro que Peñalosa lo tiene. Aunque las tres ocasiones en las que no tuvo éxito en su intento de conseguir la reelección apuntan a sus defectos como candidato político, es fácil imaginárselo arengando a las tropas en el Ayuntamiento. Muchos miembros de su antiguo equipo siguen siendo firmes defensores de Peñalosa. «Cuando Enrique te habla, te hace sentir como la persona más importante del mundo —dice un antiguo consejero—. Es un maestro a la hora de inspirarte para que sigas adelante cuando la cosa se pone difícil».

Fue de gran ayuda que Peñalosa llegara al ayuntamiento con una visión poderosa. Para inspirar a la gente, debes hacer algo más que dominar los detalles. Tienes que pensar a lo grande y a largo plazo. No movilizas al electorado prometiendo más carriles bici o mejores autobuses. Solo lo conseguirás si te comprometes a revolucionar su ciudad. «Incluso el barrendero más humilde comprendió que no solo iba a limpiar las aceras sino que pensaba transformar Bogotá —dice Peñalosa—. Sabía qué estábamos haciendo y por qué, pues teníamos una visión, y caló hondo en la gente».

En la actualidad, la mayoría de los lugareños aceptan que

Bogotá ha hecho grandes avances desde la década de 1990, pero tuvo que luchar duro para cambiar algunas actitudes que estaban muy arraigadas. Al principio, los motoristas se negaban a ceder terreno. «Echar a los coches de las aceras, para poder hacerlas más anchas, fue una guerra interminable —dice Peñalosa—. Los propietarios de coches eran quienes ostentaban el poder en la ciudad, eran los ricos, y nadie se había atrevido a tocarlos antes. Sentían que tenían el derecho divino a conducir y aparcar donde quisieran. Despreciaban los autobuses porque los veían como transporte para pobres. Era una guerra a muerte».

Peñalosa pagó un precio elevado por eso. Solo un año después de llegar al poder, la oposición a sus planes para la renovación urbana se volvió tan virulenta que él y su mujer enviaron a su hija de doce años a vivir a Toronto. «Era el enemigo público número uno. La única persona más odiada que yo era el líder de las guerrillas —explica—. Recuerdo haber rezado por las mañanas: "Dios, déjame sobrevivir a este día". Ni siquiera le rogaba que me concediera una semana, un mes o un año. Solo quería sobrevivir a ese día».

Muchos políticos habrían cedido al embate. El que Peñalosa aguantara nos dice mucho de su carácter. También sugiere que los solucionadores lentos necesitan algo más que el poder para inspirar: también necesitan una gran reserva de confianza en sí mismos. Desde luego, Peñalosa la usó para actuar de manera contundente contra los problemas de Bogotá. «Pude perseverar porque sabía que tenía razón —dice él—. Aunque la gente se oponía a la visión que yo tenía del futuro de la ciudad, sabía que era lo correcto. Cuando tienes una clara visión a largo plazo, eso te da la confianza necesaria para enfrentarte al mundo entero, para encararte a la opinión pública, porque tienes la tranquilidad de saber que dentro de quince o veinte años se demostrará que tenías razón». En este punto volvemos a encontrarnos con la tranquilidad que aporta la visión a largo plazo.

Semejante convicción a prueba de balas suele indicar que nos hemos tomado el tiempo necesario para forjarnos una idea en profundidad acerca del problema en cuestión. Basta con mirar los currículos de nuestros solucionadores lentos. Hoeidal trabajó casi dos décadas en el sistema penitenciario noruego, incluido su trabajo de alcaide, antes de que lo destinaran a Halden. Hurley se pasó años dirigiendo algunas de las escuelas más conflictivas del condado de Los Ángeles antes de tomar el control del Locke. Antes de fundar Le Labo, Edwards se pasó años estudiando creatividad y la interacción entre las artes y las ciencias.

Peñalosa había sido testigo de suficientes soluciones rápidas que habían salido terriblemente mal en Bogotá como para no apresurarse a desencadenar su revolución en la ciudad. Sabía que primero necesitaba llevar a cabo un profundo entrenamiento intelectual, forjarse el conocimiento y la experiencia que le permitieran arreglar su ciudad natal de la manera adecuada. En la década de 1970, cuando estudiaba en París, empezó a pensar en cómo el paisaje urbano moldeaba el comportamiento de la gente. «París me enseñó que en una ciudad que te proporciona seguridad, vida cultural, la posibilidad de caminar, de hacer deporte o de ir a parques, resulta menos importante ser rico o pobre —dice—. Eso me llevó a pensar de forma diferente sobre Bogotá». Más o menos al mismo tiempo, la participación de su padre en la Conferencia de las Naciones Unidas sobre los Asentamientos Humanos le descubrió a Peñalosa las últimas tendencias del desarrollo urbano.

Después de estudiar cómo se las habían arreglado los alemanes y los daneses para controlar el tráfico a fin de recuperar las ciudades para los peatones y ciclistas, inició un debate sobre los carriles bici en la prensa colombiana. Investigó cómo Lima, la capital del vecino Perú, había recuperado los parques, que hasta entonces habían estado en poder de los delincuentes. También exploró los pros y los contras del sistema TBR que Curitiba, una ciudad del sur de Brasil, había construido en la década de 1970. «Estaba un poco asustado porque nadie más en el mundo había seguido su ejemplo, así que sentí que debía de haber algún problema que yo no comprendía, ni veía, algo que necesitaba solucionar antes de pasar de la teoría a la práctica —explica Peñalosa—. Visitar otros sitios me proporcionó ideas y me ayudó a desarrollar mi pensamiento, pero quizá lo más importante que te da es la motivación necesaria para comprender que un problema determinado puede resolverse».

Después de hacer los deberes, estuvo preparado para empezar con el pie derecho. «Me pasé veinticinco años estudiando, leyendo, pensando cómo arreglar esta ciudad —me cuenta—. Cuando asumí el cargo, estaba preparado para acometer cambios radicales, y hacerlo rápido». Traducción: su base de datos personal estaba asegurada y cargada.

Sin embargo, como otras figuras poderosas que hemos visto en el ámbito de las soluciones rápidas, Peñalosa no proviene de la escuela autocrática del liderazgo. Por el contrario, cree ciegamente en el trabajo en equipo y en la conveniencia de recurrir a las masas. Para que las ideas y la crítica fluyeran con libertad, estableció un sistema de buzón de voz que permitía que cualquiera de los 1.500 miembros de su Administración le dejara un mensaje personal a cualquier otro miembro, incluido el propio alcalde. Cada tres meses, como en el caso de la Patagonia e Yvon Chouinard, se llevaba a los miembros clave de su equipo a un retiro fuera de la ciudad para comprobar sus progresos. A pesar de tener una fe de hierro en su propia visión, y una resolución feroz por verla cumplida, se desvió de su camino para alabar a colegas por su buen comportamiento y su crítica constructiva. «Si vas a resolver un problema complejo, tienes que ser arrogante, pero también humilde. No puedes convencerte de que eres un oráculo con todas las respuestas —me dice—. Si la gente pensaba que me equivocaba, hablábamos, discutíamos y hacíamos ajustes. Sí, a veces era duro. Tenía que serlo, pero no obligué a mi equipo a aceptar mi visión. Los convencí. La clave era que todos los miembros del equipo hicieran sus aportaciones y se sintieran parte de la visión, y el resultado fue que juntos conseguimos cosas con las que yo ni siquiera podría haber soñado, y mucho menos hecho, por mí mismo».

Esto se ajusta a las investigaciones académicas más rigurosas en materia de liderazgo, pues nos muestra que los debates en grupo son más fructíferos cuando un líder le proporciona a todo el mundo la posibilidad de hablar, y esa gente poderosa empieza a tomar decisiones incorrectas cuando desechan las opiniones de los demás.[5] Cuando Jim Collins llevó a cabo el trabajo de campo de su influyente libro *Empresas que sobresalen*, se sorprendió al descubrir que quienes llevaban a las empresas sólidas a la estratosfera a largo plazo no son machitos petulantes como los que llaman la atención en *El aprendiz*. Sí, poseen la intensidad y la resolución necesarias para resolver los problemas a cualquier precio, pero también deben ser lo suficientemente humildes como para escuchar. Igual que Peñalosa. «Modestos, callados, reservados e incluso tímidos, estos líderes son una mezcla paradójica de humildad personal y voluntad profesional —escribió Collins—. Son más como Lincoln y Sócrates que como Patton o Julio César».

Esa accesibilidad encaja con el momento. En nuestro mundo sin barreras, en el que los famosos y los directores ejecutivos hablan directamente con sus fans y clientes por Twitter, y donde las fechorías y las debilidades quedan al descubierto como nunca antes lo habían hecho, la mera idea de un líder infalible, solitario y omnisciente parece caduca. No obstante, aceptar las opiniones de los demás es solo el principio. Los mejores líderes suelen tener en gran medida lo que Daniel Goleman llamó «inteligencia emocional» (IE),[6] es decir, la capacidad de comprender y llevarse bien con otras personas. Cuando Goleman estudió 188 empresas multinacionales líderes en sus campos, descubrió que la IE era la clave del éxito. «Cuando analicé todos estos datos, di con unos resultados dramáticos —escribió él—. Por supuesto, el intelecto era el conductor de una actuación espectacular. Las habilidades cognitivas como la visión de conjunto a largo plazo eran particularmente importantes, pero cuando calculé la importancia que tenían las habilidades técnicas, el cociente intelectual y la inteligencia emocional para conseguir realizar una actuación excelente, la inteligencia emocional resultó ser el doble de importante que los demás ingredientes en trabajos de todos los niveles».

Google llegó a una conclusión similar cuando probó su propia teoría de que los mejores directores son aquellos que cuentan con gran experiencia técnica a sus espaldas.[7] Después de pasarse meses recopilando datos, analizando encuestas y realizando evaluaciones y propuestas para recompensar a los responsables, la empresa emitió su veredicto: los directores que sacaron tiempo para hablar cara a cara, que se enfrentaron a los problemas planteando preguntas en lugar de limitarse a imponer soluciones porque sí, y que mostraron interés por la vida y las carreras profesionales de los empleados no solo eran los más populares, sino que también dirigían a los equipos que mejor trabajaban.

Esto explica que tantos gurús del liderazgo evoquen a Ernest Shackleton, el antiguo oficial de navío británico que capitaneó una aciaga expedición al Polo Sur en 1914.[8] A lo largo del camino, su barco, el *Endurance*, se quedó atrapado en el hielo, y se deslizó durante diez meses antes de ser aplastado como una maqueta hecha con cerillas. Shackleton tuvo que enfrentarse a uno de los problemas más duros de los anales de la exploración del Antártico: cómo rescatar a 28 hombres encallados en un mar de hielo a más de mil kilómetros de la civilización. Para mantenerlos vivos, dio una clase magistral de liderazgo, impartiendo órdenes mientras mantenía la moral elevada. Estableció un horario regular de comidas, ayudó a curar a los enfermos e insistió en que incluso los oficiales se encargasen de las tareas más humildes. Animó a su tripulación a expresarse mediante juegos, a escribir poesías que recitaban en fiestas y a hacer cualquier cosa que les gustara. Al final, Shackleton y seis de sus hombres navegaron en un pequeño bote a lo largo de 1.300 kilómetros de océano helado y, después, escalaron una montaña nevada en busca de ayuda. La encontraron y regresaron para rescatar a sus camaradas. Después de dos años de infierno polar, los 28 tripulantes del *Endurance* vivieron para contarlo.

Alguien llamó a Shackleton «vikingo con corazón de madre», y qué mejor epíteto para un líder: eres un vikingo, eres fuerte, eres asertivo; las cosas te importan de verdad y no te asusta hablar alto y claro sobre ellas, pero al mismo tiempo tienes un corazón de madre, te preocupas y cuidas de los demás —dice Silard—. Los líderes más efectivos saben equilibrar la balanza entre la empatía y la autenticidad. La gente quiere ver que tu visión a la hora de encarar un problema es poderosa, pero al mismo tiempo quiere que la escuchen.

Muchas de las personas que practican soluciones lentas combinan la mano de hierro y el guante de seda. Pensemos en los términos en que Wolfson describe a Hurley, el antiguo director del Instituto Locke. «Sabe escuchar y apoyar, pero si necesita llamarnos la atención para indicarnos la dirección en la que quiere ir, también puede hacerlo —dice—. Sabe cómo hacer los malabarismos necesarios para darnos libertad con la que podamos contribuir con nuestras propias ideas, mientras que al mismo tiempo sabe llevarnos por el mismo camino».

No todos los líderes con éxito tienen un corazón de madre. Steve Jobs es el clásico contraejemplo. Los trabajadores de Apple lo describían como un tiránico maníaco del control que podía ser odioso y maleducado con sus empleados, humillarlos, apropiarse de sus ideas y hacerlas pasar como propias, y mostrar un interés nulo por sus vidas privadas. ¿Habría llegado Apple incluso más alto si su inteligencia emocional hubiera sido equivalente a su cociente intelectual? Nunca lo sabremos. Pero quizá Jobs fuera una rara excepción: un genio del que te alejabas bajo tu responsabilidad.

Se podría debatir hasta qué punto los simples mortales pueden usar el desagradable estilo de liderazgo tiránico, pero no cabe duda de que solucionar un problema complejo a menudo depende de una figura central que lo dirige todo. Resulta muy difícil imaginar que Bogotá se hubiera transformado o hubiera puesto en marcha el TransMilenio sin hombres como Peñalosa al frente.

Sea cual sea el problema, debería ponerse a una figura catalizadora en el centro de la solución. Piense en el vikingo que tenía un corazón de madre y un gran bagaje a sus espaldas. Si usted mismo no encaja en el perfil, deje a un lado su ego y busque a alguien que sí cumpla con los requisitos. Si esa persona se va, busque a un sustituto rápidamente. No deje nunca su solución sin nadie al mando, pues podría desviarse de su meta o incluso retroceder.

He podido comprobar cómo se ha desvanecido en los últimos años buena parte del empuje inicial para reformar Bogotá, ya que los últimos alcaldes han invertido menos energías en las obras públicas, la lucha contra la pobreza y controlar el tráfico. El crimen, o al menos el miedo a este, ha vuelto a aumentar. En 2011, el entonces alcalde se vio obligado a dimitir debido a un escándalo de corrupción que también paralizó la construcción de la nueva línea del TransMilenio con destino al aeropuerto. Al mismo tiempo, la bonanza económica ha puesto más coches en las calles. Resultado: la balanza del poder ha vuelto a inclinarse hacia los vehículos privados motorizados en Bogotá.

Después de cenar en la Zona T, Peñalosa me lleva a dar un paseo por el barrio. Resulta evidente que está orgulloso de sus logros. «Nos propusimos cambiar la cultura de base en Bogotá, y lo hicimos —dice—. Obviamente, faltan por hacer diez mil cosas, y queda mucho camino por delante, pero lo importante es que hemos cambiado la visión de la ciudad. Establecimos la idea de que el progreso no debería medirse por la cantidad de autopistas, sino por la calidad de nuestro transporte y espacios públicos. Sin eso, el TransMilenio no habría podido funcionar. Ninguno de nuestros logros lo habría hecho. No habría sido más que una solución rápida carente de sentido».

No obstante, salta a la vista su desencanto por la caída en desgracia que ha sufrido su proyecto desde que dejó el cargo. Cuando paseamos junto a tres coches aparcados en la acera justo enfrente de un restaurante especializado en ceviche, levanta las manos enfadado. «No deberían estar ahí; es completamente ilegal», dice en una voz que se lleva el aire templado de la tarde. Un guardia de seguridad que está en un portal cercano oye su lamento, y desvía la mirada avergonzado.

Antes de marcharse pedaleando en la noche, le preguntó a Peñalosa qué cambiaría si pudiera volver a enfrentarse a la transformación de Bogotá de nuevo.

Me responde de inmediato.

Haríamos mucho más por ganarnos al hombre de la calle —dice—. Para resolver problemas difíciles es imprescindible que impliques a la gente que vive con esos problemas tanto como sea posible.

11

DELEGAR: AUTOAYUDA (EN EL BUEN SENTIDO)

> Las buenas soluciones existen solo en la práctica.
> [...] Los problemas deben resolverse en el trabajo y
> sobre el terreno [...] y deben hacerlo las personas que
> sufran las consecuencias de sus errores.
>
> WENDELL BERRY

Ricardo Pérez todavía se acuerda de la primera vez que probó su propio café. Fue a principios de 2005, en San José, la capital de Costa Rica, y la experiencia le cambió la vida. Como muchos agricultores de esta pequeña y pacífica nación centroamericana, Pérez proviene de una familia que se ha pasado varias generaciones cultivando café. No obstante, ni él ni sus ancestros habían llegado a tomarse una taza procedente de sus propios granos de café. La pequeña parte de la cosecha que conservaban para su uso personal se procesaba de forma tan desastrosa que el mero recuerdo hace que Pérez frunza el ceño. «Desde luego, no daban ningunas ganas de beberlo —explica—. Era malo, muy malo».

Lo que Pérez bebió esa mañana de 2005 era el santo grial de los apasionados del café de todo el mundo: una sola cosecha orgánica que se refinó, se tostó y se sirvió a la perfección: «Me había pasado toda la vida trabajando con el café sin haber llegado a probar mi propio producto, así que fue un momento increíble —añade este hombre de cincuenta años y voz aterciopelada—. Los sabores eran sorprendentes. Recuerdo la sorpresa que me produjo la agradable calidad cítrica, pero también lo conmovedor que resultó. Pensaba: "Este es *mi* café, estoy bebiendo *mi* café, no es el de nadie más, es el *mío*, me pertenece y su sabor es maravilloso". Todo cambió en ese momento».

El café es un asunto muy serio en Costa Rica. Los granos de

café arábigo comenzaron a importarse de Etiopía y a plantarse en el país centroamericano en 1779. Al darse cuenta del potencial de la cosecha, el Estado le ofreció pequeños terrenos a cualquiera que estuviera dispuesto a cultivar esa planta. El auge de las exportaciones dio lugar a una nueva clase de señores del café lo suficientemente influyentes como para derrocar al primer presidente del país y dominar su política y su economía hasta bien entrado el siglo xx. Sin embargo, el dinero también ayudó a transformar Costa Rica, que pasó de ser una colonia estancada a convertirse en un Estado moderno. Como la pesca en Islandia, o el trigo en las praderas canadienses, el café está entretejido en la cultura. Las vacaciones escolares solían coincidir con la cosecha, y el hecho de que el año fiscal comience en octubre es un vestigio de esa realidad comercial. El café sigue siendo una de las principales exportaciones de Costa Rica.

La visión que muchos de nosotros tenemos de los cafetales es la que han modelado las películas de Hollywood, y los más de cincuenta años de anuncios protagonizados por Juan Valdez, el granjero ficticio que se inventó la Federación Nacional de Cafeteros de Colombia. Con su carismático bigote y su fiel mula, *Conchita*, es un arquetipo, un cafetero más bueno que el pan y cuya vida es sencilla aunque profundamente satisfactoria y en armonía con la naturaleza. Los anuncios de televisión lo pintan acariciando y oliendo sus granos de café con una sonrisa beatífica mientras suena una banda sonora que pretende tocar la fibra sensible. «Juan Valdez es definitivamente una buena herramienta de promoción —dice Pérez—, pero dio una imagen muy idealizada de la vida que llevan la mayoría de los productores de café».

En el mundo real, la industria está plagada de problemas comunes a todos los cultivos comerciales. Con independencia del producto que cultiven (azúcar, cacao o café), los agricultores viven y mueren al ritmo que les marcan los precios inestables de las materias primas en las bolsas internacionales. Los humildes trabajadores no son las únicas víctimas de esta situación. Howard Schultz, el director general de Starbucks, acusó a los especuladores de inflar de manera artificial el precio mundial del café en 2011.[1] Por supuesto, a los productores les importa menos esa volatilidad cuando el mercado experimenta una tendencia prolongada al alza como la que alentó a Costa Rica en la década de 1970. Durante esa «edad de oro», los padres de Pérez se compraron tres coches y enviaron a todos sus hijos a la universidad. Él se licenció en Ciencias Políticas y Relaciones Internacionales, pero los años siguientes fueron inestables y complicados, y cuando el precio del café se hundió en 2002, muchos agricultores costarricenses se vieron entre la espada y la pared. Pérez, que posee un terreno de 15 hectáreas situado a 60 kilómetros al noroeste de San José, se disponía a renunciar por completo al café. «Me planteé cambiarme al ganado lechero o incluso vender las tierras y hacer algo completamente diferente —explica—. Habría significado la muerte de una tradición familiar, pero el café parecía un callejón sin salida».

Eso podría sorprender a cualquiera a quien le hayan clavado 5 dólares por un café *macchiato* en Nueva York o en Londres. Por supuesto, el mercado del café siempre mueve mucho dinero. El problema es que no suele acabar en los bolsillos de quienes cultivan los granos. El resultado es que los pequeños agricultores como Pérez suelen carecer del dinero o de los alicientes para convertir sus haciendas en negocios prósperos y sostenibles.

Sin embargo, eso está cambiando. Por toda Costa Rica, los agricultores están haciendo lo imposible: manufacturar y vender su propio café con sus propias marcas. En lugar de enviar sus cosechas directamente desde el campo a los molinos gigantes que han dominado aquí el negocio del café desde hace más de un siglo, han instalado sus propios equipos y refinan sus propios granos de café.

Esta llamada «revolución de los micromolinos» se inició como respuesta a las tendencias cambiantes de la industria del café. En la década de 1990, Starbucks, Illy y otras grandes firmas peinaron el mundo en busca de granos de mayor calidad. A ellos no les servía el producto anónimo que producían en masa los enormes molinos de Costa Rica. Mientras la revolución del consumo de café avanzaba a pasos agigantados, los pequeños cafeteros entraron en el mercado en busca del grano perfecto para vendérselo a unos clientes que estaban dispuestos a pagar por una taza estupenda.

Igual que muchas otras soluciones lentas, una persona desempeñó un papel clave en implantar los micromolinos de Costa Rica. Francisco Mena, un exportador de café, descubrió su potencial durante las primeras fases del proceso. Les explicó a Pérez y a otros agricultores las virtudes de su propio café. Los ayudó a capear el contraataque de los megamolinos y a rellenar todo el papeleo que requería la expansión de sus negocios. También ayudó a establecer los premios anuales al mejor café que tanto han hecho por aumentar la media de calidad y a elevar el perfil del café costarricense. Con su inglés fluido y su encanto natural, Mena pone en contacto a los cafeteros del otro lado del océano con los productores locales. Incluso después de que se hayan hecho las presentaciones, muchos productores, incluido Pérez, siguen exportando su café a través de su empresa. Cuando llego a San José, está celebrando una comida para los jueces de los premios de la Taza de la Excelencia. Mientras los entendidos en café procedentes de Reino Unido, Noruega, Alemania, Singapur y Estados Unidos se mezclan con los agricultores y sus mujeres, Mena se pasea por la habitación como un profesional. «Francisco es un hombre con una visión que lo abarca todo —me cuenta un productor de café—. Sin él, no estoy seguro de que la revolución de los micromolinos hubiera podido producirse».

La palabra «revolución» puede sonar muy grandilocuente, pero lo cierto es que el auge de los micromolinos está cambiando muchas vidas en Costa Rica. En los viejos tiempos, los productores de café como Pérez eran poco más que meros proveedores de materia prima. «Trabajabas un poco, sudabas otro poco más, y después, a las dos o las tres de la tarde, te sentabas con las piernas cruzadas porque ya no había nada más que hacer durante el resto del día —dice él—. Sentías que, por mucho que te esforzaras, no ibas a conseguir nada».

Todo eso cambió en 2005, cuando Pérez unió fuerzas con dos vecinos para instalar un micromolino en sus tierras, que se extienden por la ladera de un exuberante valle de la región de Llano Bonito de Naranjo. Ahora trabaja desde el amanecer hasta que se pone el sol. Además de ocuparse de las plantas de café, él y sus compañeros supervisan a los obreros que trabajan en el micromolino de Helsar de Zarcero, donde los granos se muelen, fermentan y se secan. El día de mi visita, los rancheros están echando granos de café a las máquinas que arrancan las cáscaras, haciendo un ruido estruendoso y lanzando columnas de humo al aire. Al otro lado del almacén, más allá de una montaña de sacos blancos llenos de granos listos para su exportación, se sientan siete mujeres que eliminan los granos que no cumplen los estándares de calidad de una cinta transportadora que se mueve a toda velocidad. En un nuevo chalé con vistas al valle, Pérez contesta preguntas de todo el mundo con un ordenador portátil Hewlett-Packard que su hija adolescente le ha enseñado a usar. Al lado, en la pequeña cocina, él y sus compañeros tuestan, preparan y prueban su propio café. Durante la temporada de la cosecha, entre diciembre y marzo, todas las semanas acuden dos o tres compradores internacionales para asistir a las catas y realizar los pedidos del año siguiente. «El cambio ha sido increíble —dice Pérez—. Ya no somos meros repartidores que echamos nuestro café al molino de otra persona y, después, nos olvidamos. Ahora somos especialistas, emprendedores, directores, controladores de calidad, financieros, comerciantes, publicistas e ingenieros agrónomos todo a la vez. Hemos pasado de ser una hacienda adormecida sin futuro a un negocio con una fuerte implantación en el mercado global».

Lo cierto es que la vida se ha portado muy bien con Pérez y sus compañeros desde que ganaron el prestigioso premio de la Taza de la Excelencia en 2007. Ahora no pueden producir suficiente café para cubrir la demanda, y la mayoría de su cosecha se vende antes incluso de que la cosecha madure. Si busca «Helsar de Zarcero» en Google, aparecerán unas veinte mil páginas, en muchas de las cuales aparecen fantásticas críticas. Un admirador alaba el «olor a mora fresca y la acidez moderada de su café». Otros ponen por las nubes «la dulzura propia de un panal de miel, los matices de vainilla y el aroma exótico y seco de frutos rojos».

Ocho vecinos llevan ahora parte de su cosecha al molino de Helsar de Zarcero, que da trabajo a 35 personas. Y lo que es más importante: se ha reducido la parte de sus ingresos que se quedan los intermediarios. Por cada dólar que generan sus granos de café de un tostadero en Seattle o Seúl, Pérez calcula que 85 centavos acaban en su bolsillo; es decir, cuatro veces más que antes. Y lo mejor de todo: es mucho menos vulnerable a las fluctuaciones de precio del mercado mundial. Tanto en Osaka como en Ottawa u Oslo, los consumidores están dispuestos a pagar mucho dinero por unos granos de café de primera calidad de pequeños productores tras los que hay una bonita historia que contar sobre el cuidado del medio ambiente y la regeneración de las comunidades locales. Los precios del café de micromolinos fluctúan, pero no lo hacen con la misma volatilidad despiadada que caracteriza los mercados mundiales de materias primas. Los dueños de los micromolinos suelen forjar sólidas relaciones a largo plazo con sus clientes de los tostaderos del extranjero para ayudar a evitar los contratiempos de último minuto. Del mismo modo que un bodeguero ayuda a un buen viñedo en un mal año, o un editor acepta un libro por debajo de la calidad aceptable si lo ha escrito uno de los autores «de la casa», los tostadores intentarán comprarles todos los granos de café que puedan a los productores que hayan padecido una mala cosecha. Cuando los costes de producción alcanzaron su máximo en Helsar de Zarcero hace muy poco, los compradores de Pérez en Tokio reescribieron su contrato para garantizarle un precio más elevado.

Gracias a la revolución de los micromolinos, Pérez vive en una casa cómoda, conduce un deslumbrante todoterreno y planea enviar a sus dos hijas a la universidad. Fiel a sus raíces latinas, lo que más le enorgullece es lo que piensa su madre.

«Para mis padres también es muy emocionante, porque a ellos también les habría encantado hacer esto con nuestro café —dice—. Mi madre se pone muy sentimental al pensar que sus hijos siguen adelante con la tradición familiar y que les va muy bien: es como si su sueño se hubiera hecho realidad a través de sus hijos».

Ya hemos visto lo inteligente que resulta consultar un amplio abanico de opiniones, tantos de expertos como de aficionados, al intentar resolver un problema. También hemos explorado cómo una sola figura apasionada por su trabajo puede encabezar la búsqueda de soluciones. La revolución de los micromolinos mezcla las ideas de los trabajadores de a pie con las de los capataces, y añade otro ingrediente a la solución lenta. En otras palabras, a menudo tiene sentido poner la resolución de un problema en manos de quienes conviven con él, darle a la gente que está en la primera línea del frente la oportunidad de tomar las riendas. Esta idea no es nueva. En la Antigua Grecia, la asamblea ateniense esperaba que el *demos* y los arcontes resolvieran los problemas locales.[2] Hacia finales del siglo XIX, el Vaticano empezó a aceptar la «subsidiariedad», el principio de que las decisiones deberían tomarse en el ámbito más local posible.[3] En 1931, en una encíclica titulada *Quadragesimo Anno*, el papa Pío XI afirmó que es un «gran error impedir que las personas resuelvan sus conflictos por propia iniciativa e industria, si tienen la capacidad para hacerlo». Al encargar la resolución de los problemas cotidianos a unos burócratas que estaban muy lejos y a unos funcionarios atados a sus escritorios, la Unión Soviética firmó su propia sentencia de muerte. Hoy, la subsidiariedad es uno de los principios básicos, al menos sobre el papel, de la Unión Europea.

La revolución de los micromolinos funciona porque pone al frente del negocio a productores como Pérez. El café es ahora una vocación, y no solo una manera de pagar las facturas. «Ahora adoro mi café —dice—. Antes, nadie de por aquí decía que estaba orgulloso de su café porque era algo que vendíamos para vivir, pero ahora albergamos un profundo sentimiento de responsabilidad y propiedad. Nuestro café es como nuestros hijos: los alumbramos con mucho esfuerzo y los acompañamos hasta el día en que les decimos: "¡Por fin estáis listos para salir al mundo!"». Como un padre orgulloso y avasallador, Pérez todavía no ha acabado de buscar nuevas maneras de resolver el viejo dilema de cómo vivir sin estrecheces gracias al café. «Ahora, desde el momento en que te despiertas hasta el momento en que te vas a la cama, estás pensando en cómo mejorar tu café: cómo procesarlo mejor, como tostarlo mejor y cómo atender tu plantación para conseguir una taza mejor», dice.

El sentimiento de propiedad puede estimular la solución de problemas más allá de los cultivos de café de Costa Rica. Las empresas que premian con *stock options* a los miembros de la plantilla suelen conseguir que sus beneficios, su productividad y el precio de las acciones suban más rápido que aquellas que solo las reservan para sus altos cargos. Un estudio realizado por la Cass Business School en 2010 descubrió que las empresas cuyos propietarios son los empleados son más productivas y resisten mejor en tiempos de recesión.[4] Las investigaciones han demostrado que la gente trabaja mejor, busca problemas y encuentra soluciones con mayor celeridad cuando experimenta algún sentimiento de propiedad de la empresa para la que trabaja.[5]

El grupo de empresas del británico John Lewis, que incluye grandes almacenes y la cadena de supermercados Waitrose, es un buen ejemplo. Los expertos en finanzas señalan su «modelo de sociedad» como el pilar de su éxito. Cada uno de sus 76.500 empleados es dueño de una parte de la empresa mediante un fideicomiso independiente, y se elige a cinco de ellos para sentarse en el consejo. Todos los empleados de John Lewis, desde el director general hasta los empleados de la limpieza, se embolsan el mismo porcentaje de gratificaciones salariales. Muchos llevan más de veinte años en la empresa. «En todos los demás sitios en los que he trabajado, la gente se sentaba y dejaba que otros tomaran la iniciativa de cargar con las culpas cuando las cosas iban mal —dice Maggie Shannon, quien comenzó a trabajar en el Departamento de Ventas hace una década y ahora lo hace en la gerencia—, pero cuando todo el mundo es dueño de parte de la empresa, la cosa cambia: ves un problema y estás dispuesto a hacer cualquier cosa para solucionarlo».

Las personas que están en las trincheras suelen estar mejor preparadas para enfrentarse a los problemas que quienes se sientan en los mejores despachos con sus paredes cargadas de títulos y diplomas. «Un experto en un laboratorio de Estados Unidos no es la persona más indicada para solucionar los problemas de mi granja en Costa Rica —dice Pérez—. El experto me puede ayudar, por supuesto, pero quien debe tomar el mando es el propio agricultor. Trabajamos la tierra con nuestras propias manos. Acariciamos estos granos de café entre nuestros dedos. Conocemos esta tierra palmo a palmo. Danos el poder para controlar nuestro propio destino, y las soluciones que podemos encontrar no conocerán límite».

Pérez tiene ahora los medios y la motivación para responder al momento incluso cuando se producen cambios insignificantes en el mercado. No hace mucho, un comprador japonés que buscaba nuevos sabores le pidió que dejara más miel a sus granos de café lavándolos con menos vigor. Después de manipular un poco el molino, Pérez produjo una bebida con un sabor ligeramente más dulce que tuvo una excelente acogida entre los aficionados al café de Tokio. «Los compradores siempre están buscando algo nuevo, y ahora podemos responder a sus peticiones —dice—. En lugar de ver cómo se desploman nuestros precios cuando cambian los gustos, podemos adaptarnos para permanecer fuera del rebaño».

El entorno también ayuda. Para aumentar las cosechas, y alentados por expertos y dinero del Primer Mundo, los productores de café de Costa Rica abandonaron los métodos de cultivo tradicionales en las décadas de 1970 y 1980 y los sustituyeron por un enfoque basado en las nuevas tecnologías. Eso implicaba talar árboles para exponer sus plantas a la luz del sol directa y utilizar fertilizantes químicos y pesticidas. Ahora, los agricultores de los micromolinos pretenden volver a convertir sus tierras en pequeños ecosistemas. Pérez ha plantado plataneros, árboles de coral y aguacates, que arrojan sombras sobre sus plantas de café y crean un hábitat natural para animales e insectos. En lugar de rociar productos químicos para fertilizar los campos, ahora esparce pulpa de café convertida en abono y enriquecida con microorganismos cultivados en la tierra de las montañas de alrededor. Grano a grano, su micromolino también necesita una ínfima parte del agua que necesitan sus rivales más grandes. No solo su tierra es más respetuosa con el medio ambiente, sino que también da más café.

El modelo de micromolinos tiene sus inconvenientes. Cuando se dispara el precio del café en el mercado de materias primas, los agricultores pueden empezar a preguntarse si valdrá la pena el esfuerzo extra para procesar su propia cosecha. Si, en lugar de eso, deciden entregarle su cosecha al megamolino más cercano, su trabajada relación con el tostador puede resentirse. Otro problema del comercio directo entre los pequeños productores y los pequeños tostadores es que los últimos asumen riesgos financieros mucho mayores. Y a pesar de las nobles promesas de forjar relaciones con los productores, algunos tostadores siguen interesados en encontrar el último café *du jour*. Poul Mark vende granos de café de los micromolinos de Pérez y de otros productores costarricenses en sus tres tiendas de mi ciudad natal de Edmonton, en Alberta. Le preocupa que el enfoque de «quiérelos y déjalos» de algunos tostadores pueda socavar el movimiento de los micromolinos. «Todavía ves a mucha gente que siempre va en busca de la siguiente novedad, así que visita una granja, se fotografía sonriente junto al productor de café, cuelga las fotos en su página web, vende el café y al año siguiente se va a otra parte —dice él—. Para que el modelo de micromolinos funcione hay que establecer una relación de matrimonio, y no una relación de una sola noche. Tienes que dedicar tiempo para establecer relaciones estables y a largo plazo. De ese modo, puedes trabajar con tus socios tanto en los buenos como en los malos tiempos. Se trata de una cuestión de confianza».

Dirigir un micromolino también comporta riesgos para los productores. El mercado del especialista en café está creciendo, y probablemente siga haciéndolo mientras los consumidores de naciones como China, que son ricas desde hace poco tiempo, se aficionan a los cafés *latte* y a los *spresso*. Sin embargo, hay nubes en el horizonte. Costa Rica tiene costes más altos que otros rivales más baratos como Vietnam, que tienen sus miras puestas en el mercado especializado del café. E incluso en su tierra natal crece la competencia, puesto que cada vez más granjeros quieren conseguir su parte del pastel. La diferencia es que los productores como Pérez ya se sienten preparados para encarar esos problemas de frente. «Sabemos que el café no se cuidará solo, y que todo entraña riesgos —dice—, pero al menos el movimiento de los micromolinos nos da el poder para descubrir nuestras propias soluciones y moldear nuestro propio futuro».

Poner a las personas a trabajar en sus propios problemas encaja en un cambio cultural más amplio. Por todas partes, la tecnología está extendiendo el poder del centro a la periferia, de una minoría a la mayoría, al facilitar la comunicación y el intercambio de información. Informada y conectada como nunca lo había estado, la gente normal encara problemas que una vez parecían más allá de su alcance. No hay más que ver cómo los ciudadanos se levantaron y derrocaron dictaduras profundamente arraigadas blandiendo sus teléfonos móviles durante la Primavera Árabe.

Delegar poder también da sus frutos en el centro de trabajo. Invitar a las enfermeras a llevar a cabo sus propios proyectos de investigación mejora los cuidados que les dan a los pacientes del Georgetown University Hospital, en Washington, D.C.[6] Una enfermera describió cómo la vieja apatía de sus colegas dio lugar a un estado de ánimo positivo en el que todo el mundo empezó a buscar cómo podían hacer que su lugar de trabajo fuera mejor. Una investigación que la Universidad de Cornell realizó sobre 320 pequeñas empresas descubrió que las que le otorgaban a su personal una autonomía real crecían cuatro veces más rápido y tenían un tercio más de facturación que aquellas que pretendían dirigirlo y controlarlo todo. Otro tanto es aplicable a las grandes empresas.

Cuando Jan Carlzon se convirtió en director ejecutivo de SAS en 1981, la aerolínea perdía dinero a espuertas, y se había labrado una mala reputación debido a los retrasos de sus vuelos. Carlzon decidió centrarse en el mercado de la clase *Business*. Racionalizó la dirección y dedicó tiempo, energía y 45 millones de dólares a mejorar cada detalle del servicio dirigido a viajes de empresa. Por ejemplo, SAS fue la primera aerolínea del mundo que introdujo una cabina separada para la clase *Business*. Sin embargo, el verdadero éxito de Carlzon consistió en darle al personal de primera línea el poder de solucionar las cosas por sí solo.[7] «Los problemas se resuelven en el momento en que surgen —dijo en ese momento—. Ningún empleado que esté en la primera línea tiene que esperar el permiso de ningún supervisor». Fue el equivalente corporativo de la revolución del micromolino, y funcionó. Un año después, SAS era la aerolínea más puntual de Europa, y volvía a conseguir beneficios. Un año más tarde, ganó el premio a la mejor aerolínea de transporte del año. SAS se ha convertido en un ejemplo ineludible en los programas de las escuelas de negocios, y otras empresas tomaron como ejemplo su modelo de entrenamiento, desde la Japan Airlines hasta Hewlett-Packard o Marks & Spencer.

Delegar problemas también funciona en las fábricas. En la línea de montaje tradicional, cada obrero trabaja en una burbuja, se ocupa de su propia tarea y no le hace caso a quienes están al lado. Toyota cambió ese modelo, y les dio a los trabajadores de sus fábricas las suficientes habilidades, conocimientos y libertad para comprender y mejorar el proceso de producción desde el principio hasta el final, de forma muy similar a Pérez.[8] Toyota también fomentó el trabajo en equipo, e incluso le concedió al obrero del grado más bajo el poder de enfrentarse a los problemas mediante la cuerda Andon. La conclusión fue que, antes de que los jefazos dejaran de escuchar a los trabajadores, Toyota creció hasta convertirse en el líder mundial del sector de la automoción.

Cuanto más control tenemos sobre nuestro entorno de trabajo, como muestran muchos estudios, mejor es nuestra actuación. En un experimento muy conocido, los investigadores pidieron a dos grupos de personas que resolvieran puzles y redactaran unos textos mientras que unos sonidos aleatorios e intrusivos sonaban de fondo. El primer grupo estaba en una habitación con un botón que podía presionarse para silenciar el ruido de fondo.[9] El segundo grupo debía realizar la misma tarea, pero no tenía esa posibilidad. Como cabía esperar, el primer grupo revisó los textos con mucha más precisión y resolvió cinco veces más puzles. No obstante, la clave es que no llegaron a pulsar el botón ni una sola vez. El mero hecho de saber que podían hacerlo, de que estaban al cargo, fue suficiente para ayudarlos a canalizar su capacidad para resolver problemas.

Darle poder a la gente humilde también puede ayudar en la guerra contra la pobreza. Muchos proyectos tradicionales de ayuda fracasan porque han sido concebidos, desarrollados y ejecutados por unos expertos que trabajan en oficinas con aire acondicionado a cientos o incluso a miles de kilómetros de distancia, de modo que los pobres son poco más que piezas o peones de un ajedrez. Cuando la sequía hizo estragos en el Cuerno de África en la década de 1980, causando la muerte del ganado y amenazando con provocar una hambruna, la Agencia Noruega para la Cooperación al Desarrollo llegó al rescate con lo que a los foráneos les pareció una solución inteligente. Los ganaderos seminómadas de Turkana, un remoto rincón del noroeste de Kenia, vivían junto a un lago lleno de peces. ¿Por qué no convertir esa riqueza líquida en una fuente continua de comida e ingresos? Enséñale a pescar a un pastor keniata, y podrá vivir de ello toda su vida. Así pues, los noruegos construyeron una planta de congelación de pescado de última generación a orillas del lago Turkana,[10] enseñaron a los pastores a sacarle el mayor provecho a las reservas de pescado, y creyeron que el nivel de vida aumentaría. Sin embargo, no lo hizo, y la fábrica se hundió. Si los noruegos se hubieran tomado un poco de tiempo para pensar bien en el proyecto, se habrían dado cuenta de que varias cosas. La cultura nómada es incompatible con la pesca y el trabajo en una fábrica. Los nómadas nilóticos de Turkana consideraban la pesca como el último recurso después de haber perdido sus rebaños. Y por último, en cualquier caso, el lago estaba demasiado lejos de las lonjas más cercanas. «Lo enfocaron todo a la antigua usanza; es decir, mirando desde las alturas —dijo Cheanati Wasike, un responsable gubernamental del sector pesquero del lago Turkana—. Los extranjeros consideraron el lago como una fuente de recursos, pero ni se les ocurrió consultar a los turkanos, ni se molestaron en preguntarles qué pensaban de pescar en él».

En la actualidad, los proyectos de ayuda con mayor éxito se basan en que los socios pobres participen en la resolución de sus propios problemas. Un ejemplo es el programa Bolsa Familia, de Brasil.[11] En la década de 1990, cuando los gobiernos latinoamericanos empezaron a desarrollar los llamados Programas de Transferencias Condicionadas (CCT, por sus siglas en inglés), Bolsa Familia comenzó a darles dinero a los pobres a cambio de que realizaran tareas que les sirvieran de ayuda. Todos los meses, las familias pobres brasileñas pueden pedirle al programa 22 reales por niño (unos 8 euros), hasta un máximo de 200 reales (75 euros). A cambio de estas transferencias, los padres se comprometen a que sus hijos asistan a la escuela y a llevarlos a revisiones médicas regulares. Bolsa Familia atiende ahora a 12 millones de familias, lo que la convierte en el mayor programa de CCT del mundo. También es uno de los que tiene mayor éxito, puesto que ha ayudado a reducir la pobreza y la malnutrición de los niños en el ámbito rural, así como a disminuir la desigualdad de ingresos y a incrementar la asistencia a la escuela, y todo ello por una pequeña parte del coste de las prestaciones sociales tradicionales. Todos los principales partidos políticos de Brasil están a favor de ampliar el programa, que ha recibido alabanzas del propio Banco Mundial y ha sido copiado por más de veinte países.

¿Y por qué funciona? Porque combina varios ingredientes de la solución lenta con los que ya nos hemos encontrado. Adopta un enfoque holístico al enfrentarse de una tacada a los tres principales pilares de la pobreza: bajos ingresos, absentismo escolar y sistema sanitario desigual. Si un niño empieza a faltar a la escuela o no asiste a una cita con el médico, la familia tendrá menos dinero para comida. Bolsa Familia también piensa a corto y largo plazo: el dinero para pagar las necesidades de hoy está ligado a la salud y la educación del mañana. Otro elemento clave es la forma en la que los CCT dan autonomía a los pobres. En lugar de limitarse a recibir limosnas y alimentos, y escuchar sermones sobre los beneficios de la escolarización y las revisiones médicas regulares, se les da la libertad de decidir por sí solos. Se ha demostrado que el temor de que los brasileños pobres despilfarraran el dinero carecía de fundamento. La mayoría de las familias gastan el dinero de Bolsa en comida, ropa y útiles para la escuela para sus hijos. «Cuando le das dinero a la gente bajo ciertas condiciones, le estás diciendo: "Tienes derechos, pero también responsabilidades, y confiamos en que cumplas con estas" —dice Paulo Moreira, un trabajador social de São Paulo—. Ese es un enorme cambio que afecta a la dinámica de la ayuda y del bienestar social. De repente, el receptor pasa de ser un agente pasivo, que está a la espera de que sean los demás quienes acudan en su ayuda con sus ideas, a desempeñar un papel activo en la resolución de sus propios problemas».

Algunos grupos de ayuda han ido un paso más allá entregando fondos sin contrapartidas. En 2006, la organización británica de ayuda al desarrollo Oxfam entregó subsidios extraordinarios a 550 hogares pobres de ocho pueblos en An Loc, una comunidad ubicada en una región dedicada al cultivo del arroz en el centro de Vietnam.[12] Los pagos eran enormes, puesto que el lugareño se embolsaba una cantidad tres veces mayor que sus ingresos anuales de una sola vez. Aparte de tener que prometer que no se gastarían el dinero en alcohol, drogas ni apuestas, las familias tenían libertad para usar el dinero como consideraran conveniente.

¿Y cómo lo gastaron? Pues resultó que con mucha prudencia. La mayoría de los lugareños invirtieron en mejorar los suministros de agua y limpieza para su hogar, así como en semillas, fertilizantes y vacas para garantizar la provisión de alimentos en el futuro. Cuatro años después de la inyección de dinero extraordinaria, la asistencia a la escuela había subido, la pobreza se había reducido en dos tercios y muchos más lugareños participaban en las actividades de la comunidad. «Sentimos que la gente pobre tiene, sin lugar a dudas, el derecho a decidir cómo gastarse el dinero —dice Steve Price-Thomas, que era el director de Oxfam en Vietnam en esa época—. ¿Acaso hay algo mejor que dejar el dinero en sus manos y dejarla que decida qué hacer con él?».

Esa misma forma de pensar es la base del movimiento de los microcréditos, donde los bancos especializados, los fondos de inversión y los brókeres proporcionan pequeños créditos a quienes son demasiado pobres como para pasar la prueba del sistema financiero establecida. Mi ejemplo favorito es Kiva, cuya página web une a los beneficiarios de préstamos de tan solo 25 dólares de países en vías de desarrollo con sus prestamistas. Los receptores demuestran el mismo espíritu emprendedor y las mismas habilidades que Pérez. Con los 575 dólares que le prestaron, Sixta comprará un congelador para bebidas y helados, y así podrá diversificar los productos que ofrece en el puesto de tortillas que tiene en Nicaragua. Naftary usará la misma cantidad para comprar una vaca para su granja en Muranga, en el centro de Kenia. Desde 2005, más de 600.000 personas han prestado más de 240 millones de dólares mediante Kiva. Lo más impresionante de todo es que la comunidad alcanza un índice de devolución que cualquier banquero de Wall Street envidiaría: casi el 99 % de los préstamos se devuelven en su integridad.[13]

Darle a la gente poder para encontrar sus propias soluciones funciona especialmente bien en el ámbito de los conflictos humanos. En el marco de un esfuerzo para hacer más democráticas sus escuelas, Finlandia estableció un programa que les encomendaba a los niños a cargo de la zona de juegos la resolución de las disputas de patio. Mientras los profesores siguen ocupándose de los casos de acoso, violencia física o daños a la propiedad, los alumnos ahora ejercen como mediadores en casi todos los demás casos de peleas. Las escuelas reservan un tiempo fijo cada semana para estas sesiones, que reciben el nombre de VERSO y tienen lugar en una habitación habilitada a tal efecto. Las sesiones, que suelen durar de diez a quince minutos, pueden iniciarse previa petición formal de cualquier niño o padre. Todas las sesiones están supervisadas por mediadores, que son ligeramente mayores que los demandantes. Los adultos nunca están presentes durante las sesiones, y los mediadores nunca proponen soluciones. Una vez que los mediadores explican las reglas de juego, los demandantes cuentan su versión de los hechos y cómo se sienten. Ambas partes proponen pasos para resolver sus diferencias de manera definitiva. Si pueden acordar una solución, la ponen por escrito y firman un compromiso para llevarla a cabo.

Como cualquier solución lenta digna de su nombre, VERSO requiere tiempo para llegar a la raíz de un problema. Aunque en un caso se vean implicados varios niños, las audiencias siempre se realizan de uno en uno, para que dispongan de tiempo suficiente para hablar. Los demandantes acuerdan volver a reunirse una o dos semanas después de la vista para confirmar que el problema está arreglado. En los casos más difíciles, pueden llevarse a cabo sesiones posteriores unos meses después del enfrentamiento inicial. De hecho, la insistencia en darles a los niños el tiempo necesario para encontrar una solución duradera irrita a algunos profesores. «Sigue estando muy arraigada la creencia de que el profesor tiene poder y no se lo quiere ceder a los alumnos —dice Maija Gellin, la especialista que concibió el programa VERSO—. Creen cosas en plan: "Puedo poner orden en este conflicto lo antes posible y sin complicarme la vida, y así retomo antes la lección". Sin embargo, esa solución rápida crea una paz superficial que no resuelve el problema más profundo».

Para ver VERSO en acción, me paso por la escuela secundaria Lotilan de Lahti, una pequeña ciudad situada 100 kilómetros al nordeste de Helsinki. Es invierno y los niños llegan a su pupitre con las mejillas sonrosadas y el pelo lleno de electricidad estática producida por su gorra de lana. Cada año se realizan 30 mediaciones en conflictos a través del sistema VERSO. Las sesiones se celebran a mediodía, en una pequeña sala de profesores. Hay pósteres de Charlie Chaplin y un desnudo de Picasso sobre una mesa al estilo de Ikea con una banda naranja y amarilla justo en el medio. Hay un fregadero, un microondas y un jarrón negro con flores frescas.

Hoy van a tratar el caso de Mikko y Oskar, dos chicos de doce años que hace once días intercambiaron unos cuantos puñetazos en la clase de gimnasia. Son amigos, y también juegan en el mismo equipo de hockey sobre hielo. Incapaces de enterrar el hacha de guerra, pidieron la intervención de VERSO el día siguiente a la pelea.

Los chicos entran en la habitación con sudadera con capucha, aspecto de estar escarmentados, y un poco tensos. Es la primera vez que ambos utilizan VERSO. Ritva, el mediador, tiene catorce años. Los invita a dar sus respectivas versiones de lo sucedido y a explicar cómo les hizo sentir el incidente. Como son adolescentes, lo que sigue no es un aluvión de emociones. En lugar de eso, se encogen de hombros y emiten gruñidos monosilábicos y pausas titubeantes. Sin embargo, también hay momentos de verdadera ternura, puesto que los chicos tienen intereses comunes. Mikko le recuerda a Oskar que él le dejó marcar un gol en un partido de hockey la otra noche. Oskar mira directamente a su amigo por primera vez y sonríe. Al final llegan a un acuerdo con respecto a su pelea: ambos son tercos y competitivos, y ambos habían tenido un mal día. La solución es simple: disculparse sinceramente el uno con el otro y no volver a pelearse, y la pareja sale de la habitación sonriente y relajada.

Después les pregunto a los chicos qué opinan de VERSO. Ambos parecen encantados: «Si no hubiéramos acudido a VERSO, habríamos seguido dándole vueltas al asunto y nos habríamos vuelto a pelear —dice Mikko—. Hablar sobre ello hace más fácil olvidarte de revanchas e intentar superar el asunto».

Oskar también está encantado. «Sin duda es más fácil sin los adultos, porque los chicos se comprenden mejor entre ellos. Hablamos el mismo idioma y pensamos del mismo modo —dice—. Estuvo guay que pudiéramos averiguar cuál era el problema y, después, arreglarlo nosotros mismos».

En Finlandia hay ahora más de siete mil mediadores de VERSO que han sido instruidos en esta tarea.[14] Todos los años, 20.000 niños asisten a sus audiencias, y el 90 % mantiene sus compromisos. Todos los años se une alguna escuela al programa, y Gellin ha ayudado a implantar programas desde Rusia hasta Italia.

En otros países tienen programas similares. Mediante clases incluidas en los planes de estudios, Peace First ha enseñado a 40.000 preadolescentes de Boston, Nueva York y Los Ángeles a resolver sus propios conflictos y a enfrentarse a los problemas sociales de sus comunidades. Aunque el personal de la escuela supervisa el programa, y jóvenes voluntarios enseñan el material, los niños, como sus compañeros fineses de VERSO, asumen el mando. En las escuelas que participan, la violencia ha descendido en un 60 %, mientras que los casos de niños que separan las peleas y ayudan a sus compañeros han subido más del 70 %.

Encargarle a la gente que resuelva sus propios problemas también puede ayudar a reinventar los servicios públicos. Desde siempre, el Estado los ha repartido con los mismos criterios que utilizan los comercios para vender ropa. Establece programas, subsidios y ayudas, y si alguna de estas opciones se ajusta a tus necesidades, saldrás de allí contento. Si no, puedes empezar a dar vueltas por el sistema durante años, probándote prendas que te aprieten demasiado en la cintura o que te queden cortas por los brazos. «La gente está condicionada para buscar una solución rápida, así que vas a ver a un experto, te hacen una valoración rápida, encuentran una respuesta, te derivan a otro departamento, te proporcionan un servicio y ya vives feliz por siempre jamás —dice Eddie Bartnik, el comisionado de Salud Mental de Australia Occidental—. Pero, por supuesto, la vida no funciona así. Si no le das a la gente el poder para diseñar sus propias soluciones, puede acabar con muchos servicios que no resuelven sus problemas en absoluto, y que la deje con la sensación de estar profundamente sola y desasistida».

En 1988, Bartnik, que por aquel entonces era director de la Comisión de Servicios para Discapacitados de Australia Occidental, convenció al Gobierno del Estado para probar un nuevo enfoque con el que se pudiera ayudar a los ciudadanos con necesidades especiales. La Coordinación de Área Local, que fue el nombre por el que se dio a conocer el sistema, cambió todo el *statu quo* de pies a cabeza. En lugar de decirles qué servicios necesitaban, al más puro estilo intuitivo de IDEO, les preguntan: «¿Qué significa para usted vivir bien?». Eso les ayudaría a hacer realidad las respuestas. El pilar del sistema son los coordinadores de área local (LAC, por sus siglas en ingles), quienes se toman el tiempo necesario para conocer a sus clientes como personas, no como simples expedientes. Los coordinadores son una mezcla de abogados, confidentes, consejeros, *networkers* y amigos, y se han convertido en la figura catalizadora que, como vimos en el capítulo 10, es imprescindible para muchas soluciones lentas. Ayudan a los clientes a elegir los servicios adecuados y a adaptarse a la comunidad. Por ejemplo, los animan a unirse a un grupo de ganchillo, un coro o un club de fútbol, o a echar una mano en la iglesia del barrio. Pero la cosa va más allá: también los ayudan a obtener dinero público para diseñar soluciones a medida para sus problemas. «La gente se ha pasado años aceptando las opiniones de los expertos acerca de lo que tenía que hacer o esperar, o de qué era lo que necesitaba —dice Bartnik—. Sin embargo, el coordinador de área local le ha dado la vuelta al modelo por el mero hecho de escuchar a la persona que tiene delante. Le hace las preguntas adecuadas y, después, le da el poder necesario para conseguir el apoyo que necesita».

Peta Barker está de acuerdo. Dirige un negocio de pintura y decoración con su marido a las afueras de Perth. Su hijo de veinte años, Kirk, es autista. Cuando tenía tres años, la familia se sintió completamente desasistida por el Gobierno. «Intentamos conseguir ayuda, pero siempre acabábamos descubriendo que si no encajabas en los requisitos, solo te encontrabas con un: "No, lo siento, no podemos ayudarte", y se pasaban el muerto de médico en médico, de departamento en departamento —dice Barker—. Era muy frustrante porque sentías que querías hacer algo, pero no sabías por dónde empezar».

La coordinación de área local lo cambió todo. Al final, los Barker consiguieron a un aliado que los conocía, pero que también conocía las reglas del sistema de arriba abajo. Su primer coordinador trabajó con ellos durante once años, y su sustituto lo ha hecho durante cinco. «Sally-Anne conoce a mi marido, a mis hijos, a mis gatos y a mis perros —dice Barker—. Incluso nos pregunta por nuestro periquito».

Cuando nos conocemos en la oficina de la LAC, cerca de su casa, Barker, que está dotada de una energía y una risa contagiosas, me dice que el programa le parece como caído del cielo. En la primera reunión, su primera asistenta de la LAC la animó a pensarlo todo bien, de forma holística y a largo plazo. «Durante todos estos años he tenido en mi cabeza una lista de cosas que Kirk necesitaba, y ella me dijo que deberíamos centrarnos en lo que necesita la familia, porque si la familia no recibe todo el apoyo y la ayuda que necesita, no podrá cuidar a su hijo —dice Barker—. Esta afirmación me sorprendió porque nunca me lo había planteado así, la verdad».

Con una LAC de su lado, los Barker encontraron la escuela perfecta para Kirk y recurrieron a fondos públicos para que pagaran sus clases de natación y de *cricket*. También consiguieron dinero para financiar una noche fuera de casa cuando la situación resultaba demasiado estresante. «Sin todo eso, la vida habría sido mucho más difícil, y no estoy segura de cómo habría sobrevivido nuestra familia», dice Barker.

En la actualidad, los Barker sienten que su calidad de vida ha mejorado. Kirk está haciendo progresos. Todos los martes asiste a un curso de habilidades sociales donde aprende a cocinar por sí mismo. Los jueves, un trabajador social le enseña a ir en bicicleta por la calle. Dos días a la semana, va solo en bicicleta a un trabajo adaptado para él en un barrio colindante, donde realiza tareas como poner etiquetas en los botes de aceitunas o empaquetar zapatos para un comercio local.

Un montón de estudios demuestran que el método de la LAC disminuye los costes estatales de ayuda a personas discapacitadas. Las autoridades de otros estados australianos, así como las de Nueva Zelanda, Escocia e Inglaterra han introducido programas similares. Por encima de todo, la LAC es altamente popular entre la gente discapacitada y su familia, a quienes se les concede la posibilidad de desempeñar un papel activo en la solución de sus propios problemas.

Aunque nuestra vida se vea afectada por una discapacidad, todos podemos beneficiarnos del hecho de que nos confíen cierto poder. Aguce su destreza mental a la hora de resolver un problema mientras asume el control de sus condiciones de trabajo, desde su horario hasta el uso de la tecnología. Cuando busque una solución lenta, pregúntese siempre: «¿A quién intento ayudar? ¿Cómo puedo implicar a los demás para encontrar la solución correcta?». Invierta tiempo en comprender lo que realmente hace que esa gente sea como es, y no solo lo que piensa, sino también lo que siente en realidad.

Mientras Barker recoge sus cosas para ir a ver a Kirk, me dice que ayudar a familias como la suya no es la única razón del éxito de la Coordinación de Área Local. Otro aspecto igual de importante es la manera con que humaniza el sistema estableciendo sólidos vínculos emocionales. «Algunas veces, lo único que necesitas es tener a alguien de tu lado, alguien a quien puedas llamar cuando tengas un mal día —dice ella—. Los miembros de la LAC lo dejan todo de lado para escucharte, te pueden ofrecer algunas sugerencias rápidas, y de repente te sientes mejor y preparado para hacer frente a lo que sea que te quiera deparar la vida. El aspecto emocional es muy importante».

12

SENTIR: AJUSTAR EL TERMOSTATO EMOCIONAL

> No puede haber transformación de la oscuridad en
> luz y de la apatía en movimiento sin emoción.
>
> CARL GUSTAV JUNG

Marta Gómez deambula por los pasillos del hospital Reina Sofía como si fuera un soldado conmocionado en un campo de
batalla después de que lo alcance una granada. Su madre lleva
en coma desde que sufrió un infarto, sentada a la mesa mientras cenaba, hace una semana. Los médicos han intentado revi-
vir a la enferma de ochenta y un años, pero su destino no parece claro, y su hija está como en un limbo, desesperada. Con los
ojos inyectados en sangre, las manos temblorosas y hablando
con una voz lenta y susurrante. «Duermo mal y tengo dolor de
cabeza a todas horas —dice—. Hay tantos sentimientos que es
difícil saber qué pensar o decir».

Pero incluso en medio de esa tempestad emocional, una
cosa está clara: cuando la madre fallezca, la familia le dará al
hospital permiso para donar sus órganos.

Y la historia que hay detrás de esa decisión señala el siguiente ingrediente de la solución lenta.

Dada la rapidez con que crece la demanda de trasplantes,
los hospitales de todo el mundo se enfrentan con un serio problema: no hay suficientes donantes de órganos. Mucha gente
rechaza la posibilidad de donar cualquiera de sus órganos vitales tras su muerte. A veces lo hace por razones culturales o religiosas. Otras veces no deja claro sus deseos antes de morir.
Pero a menudo es la familia la que se niega a firmar en el espacio en blanco. El resultado, en muchos países, es que las listas
de espera son largas, hasta extremos letales. En Reino Unido,
la espera media de un paciente que necesite un órgano es de

tres años. Cada día mueren tres pacientes en lista de espera. En Estados Unidos el número de muertes llega a los seis mil.

Por ese motivo, hospitales como el Reina Sofía, que está en Córdoba (Andalucía), una ciudad de 350.000 habitantes, están ahora en el punto de mira. Parece que, cuando se trata de convencer a la gente para que done sus órganos al morir, los españoles han dado con la clave. Allá por el año 1989, el índice de donaciones era bajo si se comparaban con la media internacional. Hoy en día es el más elevado del mundo. El 85 % de las familias españolas consienten en donar órganos en el momento de la muerte. Es el doble de la media europea, y un 30 % más alto que en Estados Unidos, la nación pionera en la cirugía de trasplantes.

Una solución popular cuando se trata de hacer subir la media de donaciones es crear lo que se llama el «consentimiento presunto». Esto significa que todo el mundo está registrado por defecto como posible donante, a menos que solicite de manera expresa que lo borren de la lista. En la práctica, sin embargo, esto produce resultados dispares. Suecia, por ejemplo, aplica el sistema del consentimiento presunto, y tiene uno de los índices más bajos de donaciones. En España ocurría lo mismo hasta 1989. ¿Por qué? Porque en el momento de la muerte, la mayoría de los médicos buscan la aprobación de la familia, y en ese punto es donde se niega el consentimiento, aunque la ley diga otra cosa.

España entendió que la única manera de afrontar la crisis de órganos era revisar la estrategia que había que aplicar antes, durante y después de la muerte. En 1989 se fundó la Organización Nacional de Trasplantes (ONT), a la que se dotó con la capacidad y el presupuesto para afinar cada paso del proceso de donación, desde la detección de posibles donantes hasta la obtención del consentimiento por parte de las familias, o cómo encontrar receptores y llevar a cabo los trasplantes. Los resultados saltan a la vista: España es ahora el país que marca el camino en cirugía experimental. En 1997, los cirujanos del Reina Sofía llevaron a cabo el primer triple trasplante en un único paciente en Europa. Unos médicos españoles fueron también pioneros al implantar la primera tráquea hecha con las propias células madre del paciente. En 2011, unos cirujanos de Barcelona ejecutaron el primer trasplante de toda la cara, incluidos la mandíbula, el paladar y los dientes, a un joven que había resultado herido en un accidente de caza.

Sin embargo, lo que realmente resulta asombroso visto desde fuera es el éxito con el que se convence a las familias españolas para que donen los órganos de sus seres queridos fallecidos. Este giro es en parte fruto de una campaña de concienciación pública para establecer la donación como un acto supremo de generosidad, bondad y solidaridad. Y en ningún lugar ha sido más vigoroso el esfuerzo por ganar más corazones y mentes que aquí, en Córdoba. A principios de junio, mientras el resto de España celebra el Día del Donante, el Reina Sofía ha instaurado la Semana del Donante. Toreros glamurosos, estrellas del deporte, bailaores de flamenco y cantantes de pop exhortan al público a donar órganos, valiéndose para ello de conciertos, desfiles y fiestas en la calle. El hospital ha publicado dos libros relacionados con la donación de órganos, en los que aparecen obras de 40 poetas, y han organizado exposiciones de obras de artistas muy conocidos y que tienen que ver con la donación y la recepción de órganos. El equipo de fútbol profesional de Córdoba se ha puesto el fajín rojo de la campaña de donación de órganos, y los taxis de la ciudad están engalanados con pegatinas que proclamaban la causa. Cada martes, un autobús cargado de escolares hace una gira por la Unidad de Trasplantes del Reina Sofía, donde escuchan a pacientes y médicos cantar las alabanzas de la donación.

Con un complejo en crecimiento de 1.300 camas y 33 quirófanos, el hospital Reina Sofía tiene el honor de ser, con diferencia, el mayor centro de donantes. En los pasillos y las salas de espera cuelgan los carteles en los que se solicitan órganos. Una pared entera está dedicada a un fotomontaje que narra la historia de los trasplantes del hospital, además de retratos de cirujanos sonrientes y pacientes agradecidos. Cerca de la entrada principal hay una escuela con delfines rojos hechos de papel maché, una sorprendente manualidad creada por enfermos mentales que expresan los sentimientos que les produce la donación. Dieciséis paneles con imágenes e historias de receptores se levantan como estandartes del regimiento en el césped en el exterior del hospital. Un imponente monumento a los donantes hace guardia junto a la entrada principal del hospital, con poemas y cartas de agradecimiento de receptores de órganos grabadas en un lateral. Uno dice sencillamente: «Gracias por el milagro».

Después de casi veinticinco años de concienciación y más de setenta mil trasplantes de órganos, España ha entrado en un círculo virtuoso: cada vez más gente conoce a alguien que ha donado o recibido órganos, y cada vez se siente más tranquila haciendo lo mismo. «Cada trasplante habla, cada familia habla, cada vecino habla —dice Juan Carlos Roble, el jefe coordinador de trasplantes del Reina Sofía desde 1997—. Son todos como discípulos diseminando el mensaje, de tal manera que cada día más gente entiende que la donación salva vidas». Firmar la aceptación para donar sus órganos forma parte de la cultura española casi en la misma medida que la siesta y los toros. Incluso Pedro Almodóvar, el genial cineasta, dirigió una película ganadora de un Óscar, *Todo sobre mi madre*, que gira en torno a una Unidad de Trasplantes. Los españoles están orgullosos de su papel de líderes mundiales en el campo de la donación de órganos. Los cordobeses dicen que su ciudad tiene dos joyas de la corona: la exquisita mezquita del siglo VIII, ubicada en el casco antiguo, y el hospital Reina Sofía.

La verdad es que ayuda el que España pueda alardear de su sistema de sanidad pública, que la Organización Mundial de la Salud califica como el séptimo mejor en el mundo. Todos los residentes en el país pueden beneficiarse de unos cuidados médicos gratuitos y estatales. Los hospitales españoles disponen de muchas camas para pacientes de cuidados intensivos, y estos suelen convalecer en habitaciones bien llamadas privadas. Es más, los equipos médicos intentan reanimar a los pacientes durante más tiempo que sus colegas de otros países. Eso significa que la mayoría de los enfermos que fallecen en los hospitales españoles lo hacen conectados a máquinas de respiración asistida, lo que supone el escenario ideal para la donación de órganos. Eso significa también que los familiares llegan al momento de la muerte de sus allegados sintiéndose agradecidos con quienes los han tratado.

En realidad, ese es el caso de Gómez. Con problemas de corazón, vejiga y estómago, se sometió a cuatro operaciones en el Reina Sofía durante varios años. Y ahora ve que los médicos no escatiman recursos para reanimar a su anciana madre. «El hospital es sorprendente, y sé que están haciendo todo lo posible por mi madre —dice—. Me siento muy, muy agradecida».

Otra pieza importante para entender el milagro de las donaciones en España es su red de coordinadores de trasplantes altamente cualificados. En otros países, el personal está sobrecargado intentando encontrar órganos y obteniendo el consentimiento para recogerlos, y a menudo están alejados del trabajo del día a día de cara al paciente. En España están enclavados en la mayoría de los grandes hospitales del país. La mayoría son también especialistas en cuidados intensivos, lo que significa que tratan con pacientes cuyas probabilidades de morir son elevadas, y pueden darles datos médicos muy precisos a la familia. En cualquier momento, los cuatro coordinadores de trasplantes del Reina Sofía pueden decir todos los donantes potenciales que hay en el hospital, cómo van progresando sus tratamientos y cuál es el estado emocional de las familias respectivas. Mientras que un médico tradicional se concentra en salvar al paciente, un coordinador español puede tener una visión más completa y a más largo plazo. «Tenemos un chip diferente en nuestra cabeza —dice el doctor Robles—. Un coordinador no trata solo de salvar al paciente, sino que también procura pensar que si el paciente muere podría ayudar a salvar a otros con la donación».

Y lo que es más importante, se entrena con rigor a los coordinadores para gestionar el difícil trago emocional de la pérdida de los seres queridos. Desde el momento en que un donante potencial ingresa en el hospital, empiezan a establecer una relación con su familia. Cada coordinador tiene su propio estilo, pero todos son expertos en cómo y cuándo sacar a colación el delicado asunto de la donación. Para ello mezclan los conocimientos médicos con el saber tratar a los pacientes. Después de contratar a coordinadores al estilo español en sus hospitales, tanto en Italia como en Portugal se ha incrementado el número de donaciones. «Puedes gastarte millones en campañas publicitarias para informar al público, puedes estar en las calles veinticuatro horas al día pidiéndole a la gente que done, puedes tener el mejor equipo, los mejores cirujanos y el mejor sistema sanitario del mundo, pero si no sabes cómo hablar con la familia en el momento decisivo, entonces todo se viene abajo —dice el doctor Robles—. La piedra angular de nuestro sistema es esa relación que se establece entre el médico, el paciente y la familia. Si eso está bien, todo lo demás fluirá sin problemas».

¿Cuál es el secreto de un buen coordinador de trasplantes? Acercarse a la familia con humildad, compasión y montones de paciencia. «Mi filosofía estriba en que un coordinador no debe mirar nunca el reloj —dice el doctor Robles—. Cada familia es única, y por eso tienes que explorar todas las vías posibles, escuchar y prestar atención a los silencios. De este modo puedes aprender algo de la gente que tienes delante, y ayudarla a manejar sus propias emociones de manera que lo que decida sobre la donación sea adecuado para ella».

Durante mi visita, el doctor Robles acompaña a la familia Gómez a lo largo de todo el proceso. Ha hablado con ellos a diario desde que su madre llegó la semana anterior al Reina Sofía. Las reuniones tienen lugar en una habitación pintada con un tranquilizador tono melocotón, con un jarrón de flores de madera sobre la mesa, y un póster y un calendario sobre la donación de órganos en la pared. El doctor Robles lleva gafas y ropa quirúrgica verde. Con cincuenta y dos años, tiene el pelo corto y oscuro, ojos amables, y la pacífica y tranquilizadora solidez de quien ya lo ha visto todo. Cuando le habla a la

familia, lo hace despacio y con claridad, dotado de una suavi-
dad que desarma. Es en parte médico, y en parte psicólogo.
Cuando lo veo en acción me acuerdo de la torpeza con que los
médicos nos hablaron a mi mujer y a mí cuando nuestro bebé
estuvo en cuidados intensivos hace unos años. «El doctor Robles es muy, muy buena persona —dice Gómez—. El otro día
yo estaba llorando y me abrazó para consolarme. Te das cuenta de lo mucho que siente nuestro dolor».

Después de un par de días, el doctor Robles sacó a relucir el
asunto de la donación. Lo cierto es que la familia Gómez no
había llegado a hablar de ello. «Habíamos oído muchas cosas
sobre la donación de órganos en la tele y en la radio —dice
Marta—. Mi madre nunca dijo con claridad qué debíamos hacer con sus órganos cuando ella muriera, pero recuerdo que se
puso muy contenta cuando oyó que los trasplantes salvaban a
otras personas».

Aun así, una de las hermanas de la madre se oponía a la
donación. El doctor Robles detuvo el caso, y dio marcha atrás
para que la familia dispusiese de tiempo y espacio para llegar a
un acuerdo. Al final, la hermana recalcitrante atendió a razones. «El médico explica las cosas muy bien, te escucha. Te da
paz —dice Gómez—. Nunca nos sentimos presionados por él,
pero al final todos queríamos decir que sí».

Otras familias pueden ser más difíciles de convencer. Cuando muere el hijo de una pareja divorciada, se pueden tardar
horas en poner de acuerdo a los padres en conflicto. Para ello
hace falta hablar, escuchar y sostener manos. El otro día murió
un hombre de sesenta y siete años en el Reina Sofía. Su familia
se dividió en dos acerca de si había que donar sus órganos.
Cinco de sus hijos estaban a favor, y los otros cinco en contra.
Como si de un diplomático recabando apoyos en una cumbre
de la ONU se tratase, el doctor Robles se pasó toda una tarde
yendo y viniendo de hermano a hermana, acallando miedos,
masajeando egos, tendiendo puentes y explicando cómo podría la muerte de su padre salvarles la vida a otros. Al final,
toda la familia dijo que sí.

Los coordinadores como el doctor Robles nunca tratan de empujar ni de confundir a la gente para que done órganos en contra de su voluntad. Eso podría hacer subir el índice de donaciones a corto plazo, pero también dinamitaría el sistema, ya que cada vez más familias se quejarían de que las están embaucando. Hay que decir en su honor que España está consiguiendo dejar de lado esa solución rápida. Un estudio reciente realizado en el Reina Sofía no pudo encontrar ni una sola familia que se arrepintiera más tarde de haber dado el consentimiento para la donación. Lo cierto es que ninguna familia se ha quejado jamás de que el doctor Robles la haya engañado. «Siempre pensamos a largo plazo, y eso significa que nuestro objetivo en la donación es unir a la familia, no dividirla —dice—. Hay que averiguar por qué una persona dice que no, y luego intentar convencerla hasta que se sienta orgullosa de decir sí. Quieres transformar las lágrimas de tristeza que se derraman tras la muerte de su ser querido en lágrimas de felicidad por las vidas que los órganos de esa persona pueden salvar. En definitiva se trata de administrar las emociones».

Y con eso, el doctor Robles indica el siguiente ingrediente de la solución lenta: hay que tomarse el tiempo necesario para comprender y canalizar las emociones. Demasiado a menudo reducimos la solución de los problemas a manejar hojas de cálculo, diagramas de flujos y diagramas de Venn con mucho arte. Si quieres arreglar algo, nos dicen los expertos, no te emociones; al contrario, haz números. Sé lógico. Sé racional. Sé científico.

Por supuesto, tenemos poco que ganar si perdemos el humor o nos dejamos llevar por el miedo ciego, pero eso no significa que tengamos que abordar cada problema como lo haría el señor Spock. Estamos amarrados a la idea de sentir. «El comportamiento humano fluye desde tres fuentes principales —dice Platón—: el deseo, la emoción y el conocimiento». Incluso cuando creemos que somos racionales y lógicos, lo que nos guía son los sentimientos. A lo largo de los años, los economistas, los sociólogos y los psicólogos han acumulado una biblioteca de investigaciones que muestra que la emoción y las predisposiciones que aquella puede generar, a menudo triunfa sobre la racionalidad. Puedes creer en la igualdad racial, pero aun así agarras más fuerte el bolso cuando alguien como Lewis Price se dirige hacia ti en una calle desierta. Pensemos en un experimento conocido como el juego del ultimátum, en el que dos sujetos —a quienes llamaremos Max y Mary— reciben diez libras y se los invita a compartirlas. Max propone cómo dividir el dinero, y Mary puede tanto aceptar como rechazar su propuesta. Si ella rechaza la oferta de él, ninguno recibe dinero alguno. En un mundo puramente racional, Mary aceptaría cada propuesta de Max excepto un reparto que le diera a él todo el dinero. Incluso si Max le propusiera quedarse con 9,99 libras para sí mismo, a Mary le convendría irse a casa con un solo céntimo. Pero en el mundo real, la mayoría de la gente rechaza ofertas mucho más generosas que esa, que dejan a las dos partes con las manos vacías. ¿Por qué? Porque en nuestras decisiones influye lo que opinemos de lo que es justo. La injusticia nos gusta tan poco que estamos dispuestos a sacrificar dinero para castigar a alguien capaz de conseguirlo a nuestra costa. En todas partes, la gente intenta alejarse de cualquier reparto que sea menos favorable que el 80 a 20.

Los sentimientos desempeñan un papel muy importante en todos los centros de trabajo de todo el mundo. Estudio tras estudio se demuestra que cuando desconectamos de nuestro trabajo en el plano emocional nos volvemos menos creativos y productivos.[1] Si un empleado está feliz, se le ocurren más ideas novedosas. Alguien que esté contento con su trabajo es más proclive a dejar que los problemas laborales se cuezan a fuego lento en un rincón apartado de su mente una vez se ha terminado la jornada laboral, y luego regresa a la mañana siguiente con una solución inteligente que ha incubado por la noche.

Ya hemos visto qué papel desempeñan las emociones en muchas soluciones lentas. Recordemos cómo hizo Enrique Peñalosa que los miembros de su equipo se sintieran queridos. Hasta qué punto el tratar a los prisioneros con dignidad ayuda a combatir la reincidencia en Noruega y Singapur. Y cuánto significaba para los estudiantes del Instituto Locke el que el personal los tratase como si fueran de la familia. «Es como si hubiera una actitud positiva cada día —dice Price—. Incluso en un día malo entras por esa puerta y piensas: "Tío, por todas partes hay gente que me anima. ¿Cómo se me va a ir la pinza en un ambiente que es tan amigable?"».

Cuando le pregunto a Ricardo Pérez sobre el papel que juegan las emociones en la revolución de los micromolinos en Costa Rica, me dice que una simple palmadita en la espalda puede ser tan valiosa para un emprendedor como una semilla, maquinaría moderna o un plan de negocio. En 2007 visitó Stumptwon Café, una enorme cafetería de moda que tuesta y vende su café en Portland, en Oregón. Mientras estaba de pie junto al mostrador a la hora punta de la mañana, a Pérez le sorprendió ver que un puñado de esnobs estadounidenses pidieran café Helsar de Zarcero llamándolo por su nombre. «Fue una de las cosas más bonitas que me ha ocurrido jamás, ver nuestro nombre allí en el tablón, y escuchar a la gente pedirlo. Tenía lágrimas en los ojos al pensar en todo el trabajo que mi familia había puesto en ello, mis padres, abuelos, en el curso de los años —dice—. Durante siglos nadie nos había dicho que nuestro café fuese especialmente bueno, y si haces algo y año tras año nadie te dice que esté bien, te descorazonas, pierdes interés en hacerlo mejor. Ver cómo alguien en otro país disfruta de tu café, tener a gente que te dice que haces un buen trabajo y que estás contribuyendo a algo en el mundo es el tipo de motivación que un productor necesita para mejorar día a día. La emoción es esencial para los seres humanos».

Muchos problemas complejos solo pueden solucionarse si se convence a la gente para que haga sacrificios, o para que haga algo que por naturaleza no desearía hacer. Apelar a la razón solo nos puede llevar al cabo de la calle. Para operar un cambio más profundo en la cultura de un aula, una empresa o una comunidad, para asegurarse la compra al por mayor que tan decisiva resulta en la mayoría de las soluciones lentas, hace falta dar con lo que Vincent Van Gogh llamó «las pequeñas emociones [que] son los grandes capitanes de nuestra vida».

¿Cómo podemos hacerlo? Una forma es entrenar a los que tienen que resolver el problema para que se impliquen desde el punto de vista emocional. Para forjar la empatía en la profesión médica, los hospitales del mundo entero animan a su personal a tomar clases de arte, música y fotografía. A todos los oncólogos del Reino Unido se les exige en la actualidad asistir a cursos de tres días donde expertos y actores les enseñan a hablar con pacientes de cáncer. Las facultades de Medicina han ampliado el diseño curricular para incluir cursos de humanidades de los que puedan beneficiarse los alumnos que destacan por sus brillantes calificaciones e inteligencia emocional. En el mismo sentido, la Facultad de Medicina de Harvard ha modificado sus requisitos de acceso de tal manera que a partir de 2016 todos los solicitantes tendrán que «hablar un inglés fluido y con dominio de sus matices».

En el capítulo 11 vimos cómo la selección de personal basada en la capacidad de este para afrontar sus problemas puede explotar sus reservas más profundas de creatividad. Esto puede también generar una compra emocional al por mayor de la solución. Incluso si la solución que la gente encuentra no es perfecta, es *su solución*. Vamos a ser honestos: a todos nos gusta ver que se ponen en práctica nuestras ideas, o por lo menos sentir que nos tienen en cuenta. Esto es de primero de psicología. Bruno Frey, profesor de Economía y Ciencias de la Conducta, analizó los datos de encuestas relativas a la felicidad y los niveles de autonomía y democracia directa. Para ello comparó datos relativos a 26 cantones suizos. Estos revelaron una correlación muy clara: cuanto más contribuye la gente al proceso democrático, más feliz es. Frey identificó dos motivos que explican esta conducta. El primero es que la democracia tiene más probabilidades de producir mejores gobiernos. No obstante, la principal razón es que nos sentimos bien gracias a que podemos influir en nuestra propia vida, aspecto que explica el efecto devastador de la pérdida de la libertad en los reclusos. Frey también descubrió que la felicidad de los suizos aumenta incluso cuando no votan. En otras palabras, el mero hecho de que nuestra voz pueda contar es suficiente para hacernos sentir mejor, tanto en lo relativo a nuestra vida como en relación al sistema político en el que vivimos.

Este podría ser el principal legado del experimento subsiguiente a la quiebra de Islandia. Incluso aunque ni una sola sugerencia de las asambleas nacionales llegara a incluirse en la nueva Constitución, o en las políticas de gobierno venideras, la inversión en *crowdsourcing* puede tener su recompensa. Los votantes sentirán que se les ha consultado, que sus ideas cuentan para algo y que tienen algo que decir en el proceso. «En los últimos años la política se sentía como algo que otros hacían por mí —dice Dagur Jonsson, maestro de Reikiavik—. Ahora siento que el Gobierno no es algo externo que opera al margen de la gente. Nosotros podemos ser el gobierno». He aquí una agradable reivindicación del trabajo Gudjon Gudjonsson, la mente pensante que hay detrás de las asambleas. Cree que el *crowdsourcing* es el tónico perfecto para revitalizar la política electoral en todo el mundo. «En este nuevo modelo de democracia, la visión y los valores que compartes le sirven de referente a la población, que de este modo desarrolla un sentimiento de propiedad sobre el sistema político».

Para ganar apoyo para el programa VERSO, los organizadores buscan las contribuciones de los estudiantes desde el principio. «Cuando llegamos a la escuela les preguntamos a los niños cómo debería funcionar la mediación y luego añadimos algunas ideas. Les contamos lo que se hace en otras escuelas, y llevamos a cabo dramatizaciones. Lo hacemos sin prisas, así los guiamos casi sin que se den cuenta al lugar correcto, pero ellos lo perciben como si la idea hubiera partido de ellos, tienen sentido de propiedad real —dice Maija Gellin—. Si la gente relacionada con un conflicto siente que no se le ha impuesto la solución, que ha salido de ella, siempre va a estar más dispuesta a que funcione».

Ojalá los autores del Tratado de Versalles hubieran entendido eso en 1919. Los solucionadores lentos de IDEO sí que lo entienden. «Hemos cambiado la percepción que teníamos de cómo atraernos a los accionistas —dice Jane Fulton Suri—. No podemos legarles unas tablas de la ley, y ya está. Para que la gente dé lo mejor de sí misma y se implique en la solución de un problema, lo mejor es que se sienta partícipe de la experiencia».

Utilizar nuestra necesidad emocional de aceptación es otra forma de comprar al por mayor. Dada nuestra condición de animales sociales, queremos encajar. Queremos sentirnos parte de un todo mayor. Queremos saber por qué otros confían en nosotros, o lo que buscan en nosotros. ¿De qué otra manera podemos explicar el simple hecho de que la gente echa más dinero a los botes de las propinas si les añadimos la imagen de un par de ojos humanos?[2] ¿Qué otro sentido tienen modas pasajeras como las corbatas anchísimas, los jerséis de poliéster y los cortes de pelo ochenteros? Para cambiar un tipo de comportamiento asentado, las organizaciones como Alcohólicos Anónimos y Vigilantes del Peso motivan a sus miembros mediante reuniones de grupo. El movimiento de microcréditos también se basa en la presión de los compañeros al unir a los receptores de los préstamos en pequeños grupos, de manera que un único retraso en el pago puede cortarles el crédito a los demás. En la guerra, los soldados no arriesgan su vida para que el Gobierno lleve a cabo su política o por seguir órdenes; se arriesgan en la línea de fuego porque eso es lo que el resto del grupo espera de ellos. En *Cohesion: The Human Element in Combat* («Cohesión: El factor humano en combate»), el coronel William Darryl Henderson, que ha sido profesor de Psicología militar en West Point, escribió: «En un campo de batalla, la única fuerza suficientemente fuerte para hacer que un soldado avance bajo el fuego enemigo es su lealtad a un pequeño grupo y la esperanza del grupo en que el soldado avanzará».[3]

Si la necesidad de encajar puede convencernos para que nos expongamos al fuego enemigo, entonces tal vez también pueda sobreponerse al comportamiento y las preferencias que se interponen en el camino de tantas soluciones lentas. Peter Why-brow, el psiquiatra neurocientífico a quien ya nos hemos referido, así lo cree. «Tenemos intereses propios y nos dejamos llevar por ellos, pero todos somos también seres sociales —dice—. Si podemos averiguar cómo engranar nuestro deseo de que nos acepten los demás, conseguiremos empezar a dejar de lado nuestro propio interés para darnos un empujón que nos lleve a pensar a largo plazo y a obtener la solución».

Una manera de ganarnos la aprobación de los demás es por medio de la humildad. Cuando la gente que está más arriba admite sus propias debilidades, los que están más abajo se sienten más inclinados a firmar la solución que se les ofrece. Al confesarse culpable de su error en el mar del Norte, Dicky Patounas inspiró a los miembros de su escuadrón a admitir su propio error. «Si ven que el encargado no da ejemplo, pierden el interés porque se están exponiendo ellos mismos —dice—. Por eso hago saber que estoy por la labor».

La humildad implica, a menudo, que se mantengan abiertos los canales de comunicación. Lo que menos le gusta a la gente es que la mantengan en el anonimato, especialmente en tiempos de crisis y cambio. Por eso las empresas parecen sobrevivir mejor a las reestructuraciones cuando la dirección es abierta con la plantilla. En 2001, la quiebra del sector de las telecomunicaciones golpeó a las Industrias Marlow Inc. de Dallas, que producían equipamiento termoeléctrico para la industria de alta tecnología. Cuando los pedidos cayeron, la firma redujo gastos a toda prisa, automatizó parte de la cadena de montaje, envió el producto final sobrante a China y recortó el personal en nómina, que pasó de 779 a 222 trabajadores. Los que quedaron se conformaron con una reducción de la nómina. Barry Nickerson, el presidente de la empresa, mantuvo alta la moral adoptando el lema: «Comunicar. Comunicar. Comunicar». En reuniones mensuales cara a cara, les explicaba a todos los empleados los entresijos del proceso de reestructuración, cómo iba la puesta a punto, lo que vendría después y cuándo volverían a cobrar la paga completa.

Como otros solucionadores lentos que hemos visto, Nickerson basó cada reforma en una visión a largo plazo para la empresa. Prometió establecer la planta de Dallas como un centro de alta producción que pudiera ser competitivo a nivel mundial, y que China daría soporte para los trabajos menos cualificados. «Cada vez que se producía un cambio celebrábamos una reunión para explicar qué era exactamente lo que estábamos haciendo —dice Nickerson—. No les ocultábamos a nuestros empleados cuál era nuestra situación financiera real. Les explicábamos exactamente cuál era el estado actual y dónde estábamos».

Industrias Marlow superó la crisis y volvió por sus fueros, más fuerte que antes. Una década después, es una empresa líder mundial en lo relativo a tecnología termoeléctrica para el hogar. La plantilla de Dallas ha llegado a los 1.100 empleados, y Nickerson sigue llevando el timón.

La comunicación con la plantilla forma parte del *modus operandi* de sir Richard Branson. Como Peñalosa, este emprendedor trotamundos con barba de chivo deja claro que está disponible para cualquier empleado del Grupo Virgin.[4] «El que los discursos calen en la gente depende de una óptima comunicación, que debe empezar por arriba —escribió en fechas recientes—. Sé valiente: da tu dirección de correo electrónico y tu número de teléfono. Tus empleados sabrán que no deben darle un mal uso ni importunarte. Si obras así, les estarás dando un incentivo psicológico increíble, porque sabrán que pueden hablar contigo en cualquier momento cuando surja un problema que requiera tu atención».

A veces, incluso la más pequeña conexión emocional puede tener consecuencias dramáticas. Los estudios realizados en una gran variedad de campos demuestran que los grupos resuelven mejor los problemas cuando sus miembros saben cómo se llaman sus interlocutores.[5] Se ha demostrado que en los hospitales donde los equipos quirúrgicos se presentan antes de una operación («Soy Sameena Tewary, el cirujano que lo atiende», «Soy Rachel Jankowski, la enfermera», «Soy el anestesista y me llamo Paul Chang») la comunicación durante la operación mejora de manera notable, y todos son más proclives a señalar problemas y ofrecer soluciones.

La lección que debemos extraer de cada solución lenta es que hay que empezar a comunicarse tan pronto como se tenga algo que decir. Green Dot aprendió esa lección de la peor manera. Al no haber lanzado con suficiente antelación la ofensiva sobre los aspectos positivos del proyecto, la sucesión de subvenciones privadas permitió que los habitantes disconformes de Watts emponzoñaran la opinión local contra sus planes con respecto al Locke. «Deberíamos haber transmitido nuestro mensaje con más rapidez», dice Ellen Lin, gerente de la escuela.

Lo cierto es que aprender a jugar con el termostato emocional está al alcance de cualquiera. Hay que empezar por escuchar más. Cuando se discute un problema, no se debe interrumpir a los que están explicando sus argumentos. Hay que prestar atención no solo a las palabras, sino también a las emociones que se esconden detrás de ellas, y ser tan abierto y sincero como se pueda. Uno debe darse el tiempo suficiente para establecer afectos con los participantes clave de la solución lenta. Asimismo, conviene prestar más atención a las relaciones en nuestro ámbito privado y exponernos a la literatura, la música, la naturaleza y el arte; en definitiva, a todo lo que ayude a afinar nuestra antena emocional.

Sin embargo, cabe recordar que no siempre basta con el enfoque afectivo.[6] Para romper con modelos enquistados de comportamiento, a menudo se necesita poner a la gente en acción. Tras muchos años en el sector privado, Marco Petruzzi aprendió cuán difícil es rescatar a las empresas que juegan con el termostato emocional, y que aquellas que se retiran suelen empezar su recuperación con una conmoción corta y aguda. «Sin la sacudida inicial, se instala la inercia y la mancha se te come».

Para crear la cantidad suficiente de conmoción y maravilla en el Locke, Green Dot se aseguró de que todos los elementos de cambio (los uniformes, los nuevos profesores, el césped, la nueva pintura, las reparaciones y el refuerzo de la seguridad) estuvieran en marcha desde el comienzo. «La idea era que cuando los chicos volvieran después de ese verano todo fuera tan diferente que debía captar su atención como si fuera un mundo diferente, en el que ellos debían actuar de forma diferente, comportarse, responder de otra manera, y en que se les exigía más —dice Petruzzi—. Lo que yo intenté aportar desde mi experiencia en el mundo laboral fue aquel ambiente totalmente nuevo en el primer día de clases».

Cuando se abrieron las puertas ese primer día, Lewis Price recuerda que sintió que el Locke estaba abriendo un nuevo capítulo para él y para Watts. «Nos imaginamos que el nuevo Locke sería como nuestra comunidad, un lugar donde debíamos andarnos con cuidado, donde la gente iba a causar problemas o darse por vencida, pero el primer día supimos que sería diferente —dice—. Al cruzar las puertas, nos saludaron con tanta amabilidad como si fuéramos de la familia. El campus estaba limpio y bonito, y todo el mundo llevaba uniforme».

¿Empujó eso realmente a Price y a sus amigos a cambiar de actitud?

> Sin duda alguna. Todo era diferente, y por eso sabíamos que teníamos que comportarnos de otra manera. Era como un juego, habían movido sus piezas y nosotros teníamos que mover las nuestras.

13

JUGAR: RESOLVER LOS PROBLEMAS
DE UNO EN UNO

> La gente difícilmente tiene éxito a menos que se divierta con lo que hace.
>
> DALE CARNEGIE, autor de *Cómo ganar amigos e influir sobre las personas*

¿Cuál es el problema más grave en el mundo? Algunos dirían que el cambio climático, la pobreza o el terrorismo están en la cima de la lista. Otros podrían optar por el crimen, el racismo o el consumismo. En muchos hogares, sin embargo, el problema que parece más espinoso para la humanidad son las tareas domésticas.

No son las tareas en sí mismas las que causan el problema. Limpiar el polvo, aspirar o pulir son cosas sencillas. ¿Cuándo fue la última vez que se encontró con alguien haciendo un curso de limpieza del hogar? El problema real es encontrar una forma justa de repartir la carga de trabajo. Pese a las sucesivas oleadas de la revolución feminista, las mujeres todavía cargan con la mayor cantidad de tareas domésticas. Un estudio realizado en 2010 en España sacó a la luz que más de la mitad de las mujeres de parejas con dos fuentes de ingresos hacían todo o la mayor parte del trabajo de la casa, mientras que un tercio de los hombres no hacían absolutamente nada.[1] En Italia, el 70 % de los hombres nunca ha usado una cocina, y el 95 % nunca ha puesto una lavadora. Incluso en algunas partes del mundo donde los roles de género son menos rígidos, como Escandinavia, los hombres aún hacen menos de la mitad de las tareas.

Esto causa fricciones. Un estudio descubrió que las tareas domésticas pueden generar más tensión que las reuniones de trabajo si la persona que las lleva a cabo se siente agobiada

porque cree que carga con más tareas de las que le correspon-
den.² En los hogares de todo el mundo, a las mujeres les irrita
la desigual distribución del trabajo. Los chats de distintos foros
están llenos de las quejas de las víctimas. En una página web de
padres, una madre de Montreal que usaba el apodo de Esclava
Doméstica atacó verbalmente a su familia diciendo: «¡No
hacen NADA en casa y esto está volviéndome JODIDAMENTE
loca!». ¿No hay estudios maravillosos que demuestran que
cuanto más trabajo hace un hombre en casa menos probable es
que su matrimonio acabe en divorcio?³ Las guerras que desencadenan las tareas domésticas son furibundas incluso en familias que se pueden permitir muchos empleados domésticos.
Cuando Barack Obama se presentó a la presidencia de Estados
Unidos en 2008, su mujer le reprochó en público el que tirara
los calcetines sucios al suelo.

¿Le suena familiar todo esto? A mí sí. En nuestra familia, mi
mujer es la que hace los reproches. No es que yo no ayude.
Cocino y de veras que me esfuerzo por mantener la cocina limpia. Hago las pequeñas reparaciones familiares, y de vez en
cuando pongo la lavadora.

Aunque me peleo con tantos almohadones, a menudo hago
la cama. Pero la verdad es que podría hacer más, empezando
por recoger mis calcetines sucios del suelo. Nuestros hijos tampoco es que colaboren mucho. Si alguien realizara un informe
sobre las tareas de mi casa, la conclusión sería que todos los
miembros, a excepción de mi mujer, podríamos hacer más.

¿Por qué no hago más? El estado de mi oficina sugiere que
la limpieza sea la mayor de mis prioridades. Mi escritorio está
abarrotado de papeles y libretas, y sembrado de miguitas de
galletas y de algunos trocitos de frutos secos. Hay un tenedor
pegajoso sobre un bote de salsa de ensalada casera. A mis pies
se extiende una pila de equipamiento deportivo y ropa sin doblar, en diversos grados de limpieza, amontonado todo junto a
la pared.

Aunque sé que semejante anarquía, más bien propia de un
soltero, es inaceptable en casa, todavía me esfuerzo por mos-

trar algún entusiasmo por las tareas caseras. Excepto cocinar, no me gustan. Tampoco disfruto entrando en una habitación ordenada. A mis hijos les pasa lo mismo. Mi hija me dijo una vez: «Si las tareas de la casa son tan importantes, ¿por qué no inventan una manera de hacerlas más divertidas?».

Pues resulta que alguien las hizo en 2007. *La guerra de las tareas domésticas* es un juego online que convierte el trabajo de la casa en algo que realmente te gustaría hacer. Para jugar, tienes que formar un grupo virtual constituido por gente con la que compartes espacio en el mundo real (un hogar, una oficina o un club social). Cada jugador escoge un avatar y luego elabora con los demás un listado de las tareas que hay que realizar, y que tendrán unas recompensas que varían desde oro virtual hasta puntos para que tu avatar destaque. También se pueden asignar recompensas del mundo real a cambio de esos tesoros digitales: una excursión al cine para los niños, quizás, o un masaje de pies para la pareja.

Como todos los juegos de rol, *La guerra de las tareas domésticas* le da a la realidad un giro épico y heroico. Las tareas son «aventuras». Por ejemplo, sacar la basura podría describirse como «liberar el reino de residuos tóxicos», mientras que limpiar el porche de la nieve derretida podría llamarse «replegar las aguas de las inundaciones de las entradas al palacio».

Sé lo que estará pensando, porque yo también lo pensé. Poco convincente, tonterías, chiquillerías... No se puede hacer que a la gente le guste el trabajo casero convirtiéndolo en una versión de *Dragones y Mazmorras*. Pero ¿qué sé yo? *La guerra de las tareas domésticas* ha conseguido que mucha gente que odiaba las tareas caseras se acerque a la mopa y el plumero. Los jugadores han informado de niños que se levantaban de la cama como empujados por un resorte para limpiar su habitación y tender la ropa; colegas que se escapaban al trabajo temprano para lavar los platos en el *office* del despacho, e incluso de estudiantes que competían por el derecho a limpiar los lavabos en la residencia. Los «guerreros de las tareas domésticas» se quedan asombrados por su propia conversión y la alegría que les causa quitar el polvo, fregar o pasar la aspiradora. «Nunca había visto a mi hijo de ocho años hacer la cama —dice una madre de Texas—. Casi me da un pasmo cuando mi marido limpió el horno».

Tampoco me entusiasma pasar el rato sentado delante de la pantalla del ordenador, pero las muestras de apoyo a *La guerra de las tareas domésticas* son demasiado entusiastas como para hacerles oídos sordos. Cuando les mencioné por primera vez el juego a mis hijos, esperaba que se enfadaran y me acusaran de intentar engañarlos para que hicieran las faenas, pero su reacción fue justo la contraria. Todavía no había terminado de contarles las reglas del juego y ya me estaban sugiriendo posibles premios (gominolas, lacasitos o M&M). Antes de que pudiera decir «Me encanta que podamos hacer planes juntos», habían agarrado un trozo de papel y empezado a diseñar sus propios avatares.

Una lección que se puede extraer de este libro es que, a menudo, la solución lenta puede basarse en la inspiración para hacer cosas que no haríamos en otras circunstancias. Hacer que la gente solucione sus problemas es una manera de conseguirlo. Cabe recordar cómo el esquema VERSO induce a los niños a llevar a cabo sus propias negociaciones de paz en los conflictos del patio de recreo en Finlandia. Otra es dirigir las emociones como el sistema de donación de órganos en España. El éxito de *La guerra de las tareas domésticas* sugiere que el juego puede tener un efecto similar, lo que nos lleva al siguiente ingrediente de la solución lenta: aprovechar la predilección humana hacia el juego.

El instinto de juego está fuertemente arraigado en nosotros. Mucho después de que el juego nos haya ayudado a construir nuestro cerebro en la infancia, llevamos a cabo juegos encantadores, desde el Scrabble (juego de las palabras cruzadas) y los sudokus hasta las damas y el ajedrez. Hace setenta años, Johan Huizinga, un sociólogo holandés, identificó el juego como una necesidad humana básica en su libro *Homo ludens*: «No se puede renegar del juego —escribió—. Puedes renegar, si quieres, de casi todas las abstracciones: la justicia, la belleza, la

verdad, la bondad, la mente, o Dios. Puedes renegar de la serie-
dad, pero no del juego».

Lo cierto es que hoy no se puede negar que una revolución
mediante el juego está arrasando nuestra cultura. Los seres humanos nos pasamos más de tres mil millones de horas semanales jugando con videojuegos.[4] Los juegos basados en pantalla
cosechan más dinero que las películas y los DVD juntos. Para
cualquiera que tenga más de cuarenta años, esto puede parecer
un poco desconcertante. A los más talluditos, los videojuegos
les recuerdan a su infancia: el bombardeo monótono de *Los
Invasores del Espacio* o las soporíferas carreras de *Pong*. El
juego ha recorrido un largo camino desde entonces.

Hoy muchos juegos son deslumbrantes, complejos y altamente adictivos. El estereotipo del jugador quinceañero lleno
de granos que destruye zombis en una habitación solitaria ya
no se sostiene. Muchos juegos actuales tienen un gran componente social: pensemos en *Los Sims* o todas esas invitaciones
que recibes para regar el jardín de tus amigos en *Farmville*. La
edad media de la comunidad de jugadores es ahora de unos
treinta años, y más de la cuarta parte tiene más de cincuenta.
Casi la mitad de los jugadores son mujeres.[5]

Después de haberse pasado cuatro décadas afinando la fórmula, los diseñadores saben qué botones psicológicos y neuro-
lógicos deben tocar para que nos enganchemos sin remedio. En
La guerra de las tareas domésticas, las recompensas por cada
aventura completada son inmediatas, y siempre puedes ver lo
poderoso y hábil que resulta tu avatar. Esto podría sonar trivial, pero el progreso continuo, mensurable y creciente es precisamente lo que anhela el cerebro.

Para convencer a los jugadores de que hagan cosas que no
querrían hacer en otras circunstancias, *La guerra de las tareas
domésticas* lleva a cabo la estrategia del palo y la zanahoria.
Cada aventura lleva a diferentes recompensas, y los jugadores
son libres de decidir qué tareas ejecutar. Esto quita el estigma
de la coacción y convierte el trabajo doméstico en una serie de
actos voluntarios que crean estrategias.

La guerra de las tareas domésticas es también profundamente social. Los jugadores reciben comentarios de los rivales, y parabienes por desbloquear las canaleras de desagüe; es decir, simpáticas bromas por rehuir las aventuras más duras. Como animales sociales que somos, nos gusta mucho interactuar con otros jugadores en la partida, sobre todo cuando se reciben elogios de los contrincantes.

Mi mujer era escéptica cuando me apunté a *La guerra de las tareas domésticas*. «¿Qué sentido tiene convertir el trabajo doméstico en un juego? —preguntó—. ¿Por qué no limitarse a ofrecer premios o recompensas a cambio de realizar las tareas?». Nuestra hija le vio el sentido de inmediato: «Porque es más divertido si es un juego».

Después de que mi mujer decidiera no participar, el resto creamos un grupo llamado Bennerley Band. Mi avatar es un campesino barbudo vestido como un centurión romano. Mi hijo escogió ser un hechicero enmascarado con ojos de acero. Mi hija se decidió por un guardabosque glamuroso con una caperuza morada. Diseñamos una lista de aventuras que iban desde poner y quitar la mesa hasta emparejar los calcetines y hacer las camas. Luego asignamos recompensas. Completar una aventura nos daba un número fijo de puntos de experiencia. Pero también generaba un número impredecible de monedas de oro, y la oportunidad de ganar una parte del tesoro como una capa invisible, pociones mágicas o una espada.

Esto significa que nunca sabes realmente cuál será tu recompensa total, lo que es un estimulante neurológico. Hay estudios que demuestran que el cerebro libera dopaminas que te hacen sentir bien cuando se consigue un objetivo, se gana un premio o se marca el gol de la victoria. Pero incluso libera más cuando las recompensas son nuevas e inciertas, lo que hace que las apuestas sean muy adictivas. En juegos como *La guerra de las tareas domésticas*, los dulces pero impredecibles triunfos anegan el cerebro con dopamina, nos mantienen activos y nos hacen volver a por más.

La Bennerley Band comenzó como una oleada. Nosotros

tres corríamos por la casa en busca de aventuras. Mi hijo llevaba un montón de ropa sucia al cesto de la ropa para lavar que
tenemos en el ático, mientras mi hija llevaba tres rollos vacíos
de papel higiénico al cubo de reciclaje. Lo nunca visto en ambos. Al mismo tiempo, yo me puse a ordenar los zapatos, botas
y patines en el vestidor, algo que no había hecho nunca. Mi
temor de que la novedad se acabara resultó infundado. Una
tarde, cinco días después de que empezáramos, les oí por casualidad a los críos amenazarse con hacer cada uno la cama del
otro por la mañana. Tras una semana de juego, la puerta principal se abrió y cerró durante el desayuno. Me pregunté si alguien estaba forzando la entrada a la casa, hasta que mi hija
entró en la cocina llevando la leche de la mañana y consiguiendo así 10 puntos de experiencia, 24 lingotes de oro y una daga.

Decidimos que nuestras monedas y el tesoro se podían convertir en golosinas del mundo real, y ser desde una canción de
iTunes y un helado de nata en la heladería del barrio hasta una
entrada para ir a ver el partido del Chelsea. No obstante, está
claro que los premios son solo parte del encanto. Le hemos
cogido gusto al juego en sí mismo, a la emoción y el placer de
jugar juntos, y nos inunda la prisa por ponernos a la cabeza de la
competición o por conseguir una pieza del tesoro inesperada.
Mi hijo me envió un mensaje de texto regocijándose de haber
sobrepasado el total de mis monedas de oro por haber recogido su habitación. Más tarde, me pillé entrando en la página
web de *La guerra de las tareas domésticas* desde el trabajo para
comprobar la situación y planear mis aventuras de esa misma
tarde. Tengo que confesar que la primera vez que el juego me
premió con una pieza del tesoro por casualidad (una brújula
mágica), di un puñetazo al aire. El momento decisivo llegó diez
días después de empezar el experimento. Mi hija me arrinconó
en la cocina con una petición que habría sido impensable antes
de *La guerra de las tareas domésticas*: «Por favor, por favor,
por favor, ¿podemos emparejar calcetines juntos?».

Por eso *La guerra de las tareas domésticas* es solo la punta
del iceberg. En todo el mundo, las escuelas han descubierto que

enseñar por medio de los videojuegos puede espolear a los niños a realizar sus deberes con gusto. Sin mediar sugerencia alguna, mi hija encendió el ordenador de la cocina para comprobar su aritmética contra la de otros niños de todos los rincones del mundo en un juego online llamado *Atletismo matemático* (*Mathletics*). En 2010, cuando se hizo público que algunos miembros del Parlamento británico habían estado falseando sus gastos a escala épica, los medios de información necesitaron convocar un ejército instantáneo de investigadores para encontrar más evidencias de argucias enterradas en casi medio millón de páginas de documentos. ¿Cuántos ciudadanos airados se habrían ofrecido voluntarios para ayudar si tan solo se hubieran escrito mensajes de correo electrónico a los periódicos en un PDF gigantesco? Exacto. Por el contrario, el periódico *The Guardian* convirtió la caza de justificantes de pago sospechosos en un juego basado en la Red.[6] Resultado: más de treinta mil personas se unieron a la carrera para desenterrar hasta el último trocito de escándalo con una única contrapartida: disfrutar del juego.

¿Qué motiva a unos programadores altamente cualificados a dedicarles cientos de horas no retribuidas a las competiciones de MATLAB?

Seguro que no es la perspectiva de ganar el primer premio: una camiseta de MathWorks. Lo que los empuja es la fiebre del juego, el placer y los *kudos** que se consiguen al jugar bien con los compañeros.

Jugar puede incluso ayudarnos a sobreponernos a las inercias que nos enclaustran en nuestros malos hábitos. Piense en el humilde podómetro. Como verdaderos jugadores, los aficionados cuentan sus propios pasos con una obsesión implacable, y compiten, animan e intercambian trucos en grandes comunidades online. Como resultado, el usuario medio de los podómetros acaba caminando unos dos mil pasos más al día.[7] En 2011,

---

* *Kudos*: Felicitaciones, una moneda ficticia utilizada en *El algebrista*. (*N. de la t.*)

los residentes de una sola calle en Brighton, en Inglaterra, comenzaron apuntando su gasto diario de electricidad. Con la ayuda de un grafitero, y una caja de tizas de colores, siguieron la pista del promedio de consumo con un dibujo moderno a lo largo de su calle, como si fuera una especie de infografía. Para fomentar más la competición, el montaje comparaba el uso de energía de la calle con el de otras partes del Reino Unido y otros países. La presión que se ejercía sobre cada residente de la calle por ahorrar más energía que el vecino siguió creciendo, e incluso la calle entera quiso ser más ecologista que otros rivales del mundo entero. En pocas semanas, el promedio de consumo eléctrico de la calle cayó un 15 %.[8]

El mundo médico también está probando las alegrías del juego. Uno de los problemas más fastidiosos que tienen los sanitarios, los aseguradores y la industria farmacéutica es nuestro rechazo a seguir las órdenes del médico.[9] Nos envían a casa con una medicación, y aproximadamente la mitad de nosotros no nos la tomamos tal como se nos indicó. En Estados Unidos, este «incumplimiento» produce al menos 125.000 muertes que podrían haberse prevenido, y le añade un gasto extraordinario de 100.000 millones de dólares al presupuesto estatal en sanidad.

Jugar puede ayudar a cambiar esta circunstancia. Muchos enfermos de diabetes tipo 1, sobre todo adolescentes, no controlan su nivel de azúcar en sangre, lo que determina cuánta insulina necesitan. Al fin y al cabo, ¿quién quiere estar pinchándose el dedo en la escuela con un monitor de glucosa cuatro veces al día? Para superar esta aversión, el Centro para Innovación de Salud Global de Toronto elaboró una aplicación para smartphone que le da al proceso un giro lúdico. Cada vez que los adolescentes se hacen un análisis de sangre, consiguen una palmadita en la espalda electrónica y ganan créditos para gastar en la tienda iTunes. Resultado: los usuarios aumentaron su control en un 50 %.

Cuando se trata de modificar un comportamiento arraigado, un elemento del juego resulta especialmente prometedor: los comentarios elogiosos derivados del nuevo comportamien-

to. ¿Se ha dado cuenta del aumento de esas señales electróni-
cas que parpadean indicando su velocidad cuando pasa conduciendo? Al principio parece que carecen completamente de
sentido. A fin de cuentas, el velocímetro en el salpicadero del
coche puede decirle la velocidad a la que está conduciendo.
Las señales tampoco parecen respaldadas por la coacción: no
hay cámaras, ni policías escondidos cerca con radares, ni debe
temer a que le pongan una multa o una denuncia. Como mucho, puede que le adviertan de que «baje la velocidad». Sin
embargo, en todo el mundo esas señales han sido muy efectivas
para indicarnos que debemos respetar el límite de velocidad.
Cuando los conductores reciben el *flash*, reducen su velocidad
en un promedio de un 10 %, y continúan conduciendo más
despacios durante varios kilómetros. Una de esas señales apareció no hace mucho cerca de mi casa en Londres. Está fijada
a un poste en una carretera larga, ancha y recta donde creo
que es muy fácil superar el límite de velocidad sin darse cuenta. En realidad, eso no es cierto. Antes de que la señal estuviera colocada, yo sabía cuándo estaba sobrepasando el límite, y
me mantenía ojo avizor por si aparecía la policía o había cámaras. Pero ahora, cuando la señal parpadea, levanto el pie
del acelerador. Cada vez que mi velocidad se aproxima más al
límite legal, siento un pequeño escalofrío. Cuando la señal me
dice que he alcanzado los mágicos 50 kilómetros por hora,
siento una modesta versión de la misma fiebre del logro que
mantiene a los jugadores pegados a sus asientos durante horas
y horas.

Esto podría considerarse una prueba de que necesito decir
algo más; pero mi respuesta a esa señal electrónica es perfectamente natural. Los psicólogos la llaman «el bucle de realimen-
tación mediante el elogio». Desde que los primeros hombres de
las cavernas comenzaron a tontear con palos y piedras, hemos
estado solucionando problemas basándonos en el método de
ensayo y error. El elogio rápido, claro y regular está en el corazón de este proceso: necesitamos saber cómo lo estamos haciendo ahora para saber cómo debemos hacerlo mejor más

tarde. En otras palabras, el cerebro humano está preparado para responder a esos parpadeos que señalan tu velocidad.

Cuando reciclas botellas, papel de periódico o llevas ropa vieja a la beneficencia, no hay bucle de retroalimentación. Nadie te dice cuánto has recortado tus emisiones de carbono semanales, y solo tienes la vaga impresión de haber hecho lo correcto. A continuación, comparemos eso con llevar un podómetro, que te da una medición instantánea de los pasos que has recorrido, o con conducir un Toyota Prius, en el que el salpicadero rastrea y muestra tu kilometraje por litro cada cinco minutos.

Si sueltas el acelerador, la cifra crece. Si aceleras o enciendes el aire acondicionado, baja. Este es el tipo de respuesta o bucle de retroalimentación que transforma una tarea prosaica en un reto personal, e incluso en un juego. Como los usuarios de podómetros, los propietarios de Prius entran en la red para presumir de la cantidad de kilómetros que han hecho con un litro y comparten trucos para mejorar su marca. Danny Hernández, un restaurador de San Francisco, tararea la tonadilla de la canción de Queen *We Are The Champions* siempre que su salpicadero indica 25 kilómetros por litro. «Cuando veo que sube el kilometraje, me siento genial —dice—. Me he convertido en un obseso del kilometraje total». Y ahora también es mejor conductor, puesto que ha solucionado el problema de exceso de velocidad que arrastraba desde que era adolescente.

No todos los bucles de retroalimentación son iguales. Si son demasiado sutiles, se disuelven en el ruido blanco de la vida diaria, y si son demasiado agresivos, los filtramos hasta que desaparecen. El secreto radica en encontrar un punto medio; por ejemplo, una señal que, como en el caso del indicador de velocidad o la del salpicadero del Prius, se nota pero no de forma dominante. Tanto si conseguimos que la gente conduzca más despacio como si se trata de que se tome sus medicinas, consuma menos energía, deje de fumar o coma de forma más sana, los bucles de retroalimentación mediante el elogio tienden a mejorar el comportamiento en un 10 %.[10] No supondrá un cambio radical, seguro, pero sus resultados le garantizan un sitio en la caja de herramientas de todo solucionador lento, puesto que, como hemos visto, el elogio desempeña un papel relevante en muchas de las soluciones que ya hemos encontrado. Recordemos a los peatones de Bogotá, que juzgaban de inmediato a los motoristas enseñándoles tarjetas con el pulgar hacia arriba o hacia abajo, o cómo los teléfonos de la RAF llamaban a los miembros de la tripulación que informaban de un error o de un pequeño fallo en veinticuatro horas y luego los mantenían informados de todos los progresos relativos a su incidencia.

Una firme defensora del papel del juego para modificar la conducta de la gente es Jane McGonigal, de treinta y cuatro años, diseñadora de juegos y residente en San Francisco. Su libro *Reality Is Broken: Why Games Make Us Better and How They Can Change the World* es una llamada a las armas, un manifiesto que trata de cómo los juegos online pueden ayudar a resolver problemas en el mundo real. Todo tipo de organizaciones, desde el mundo de la banca hasta el Departamento de Defensa o McDonald's, llaman a su puerta sin parar.

Nos conocimos en Londres. Con sus sorprendentes ojos azules, un espeso pelo rubio rizado y pantalones vaqueros negros, camiseta negra y calentadores de brazos de cachemira, parece una adaptación a Silicon Valley de una musa prerrafaelita. Es un pequeño manojo de energía luchadora. Las palabras brotan de su boca como los mensajes de texto en un teletipo de la bolsa. Tan pronto como nos sentamos, empezó a contarme hasta qué punto el hecho de jugar puede convertir nuestra mente en estructuras solucionadoras de problemas.

Cuando jugamos nos sentimos como las mejores versiones de nosotros mismos. Nos sentimos listos, capaces y seguros. Tenemos muchos aliados que pueden ayudarnos a resolver nuestros problemas, y eso nos hace más susceptibles de establecer unos objetivos realmente ambiciosos y tratar de cumplirlos, ser realmente resistentes de cara a los fallos —dice—. Es una energía muy especial. Pasar el mismo tiempo viendo la tele no hace a la gente saltar del sofá y querer salvar el mundo, pero jugar nos empuja a alcanzar un estado mental y un estado anímico que nos capacitan más para conseguir logros extraordinarios en el mundo real.

McGonigal va más allá al explicar por qué los juegos pueden ser un ingrediente clave de la solución lenta. No solo pueden inspirarnos para que nos levantemos del sofá y abordemos retos (y tareas) que en otras circunstancias evitaríamos metiendo la cabeza bajo el ala, sino que también pueden desatar la energía creativa que se necesita para descubrir las mejores soluciones. «El meollo de todos los juegos consiste en resolver problemas —dice McGonigal—. Los mejores juegos nos enseñan a empezar a resolver un problema antes de conocer todos los parámetros; a explorar un mundo, comprobando lo que se puede hacer con diferentes recursos, limitándose a interactuar con sistemas para imaginarse cómo funcionarían; a estar abiertos a cualquier reto que se presente; a aproximarnos a él con curiosidad y con ecuanimidad; a ser totalmente conscientes del medio ambiente y del panorama general; a dar lo mejor de nosotros mismos incluso cuando la primera solución que se nos había ocurrido no funciona, y a tener energía optimista y positiva».

Esto no es tan fantasioso como suena. El juego puede ser una manera profunda de comprometerse con el mundo y con uno mismo. Los artistas siempre han sabido que una mente juguetona puede revelar los secretos más ricos. Picasso decía que había que seguir siendo un niño para pintar. Henri Matisse apuntó que «un espíritu de aventura tremendo y el gusto por el juego» son el sello distintivo de los pesos pesados de la creatividad. También en la ciencia una comprobación juguetona de los límites es a menudo el primer paso hacia los rayos de genialidad que llevan a conseguir los premios Nobel. Sir Isaac Newton escribió una vez: «Me parece como si hubiera sido un niño jugando en una playa, desviándome de vez en cuando para recoger una piedrecita o una concha más bonita de lo normal, mientras el gran océano de la verdad permanecía sin descubrir delante de mí». Albert Einstein lo expresó de manera más sucinta: «Para estimular la creatividad, uno tiene que desarrollar la inclinación infantil al juego». El lema personal de Steve Jobs era: «No dejes de estar hambriento. No dejes de ser insensato».

Esto tiene sentido desde el punto de vista neurológico. La dopamina que se libera durante los juegos no solo nos hace sentir bien, sino que también nos ayuda a concentrarnos y a aprender, y enciende partes del cerebro que gobiernan el pensamiento creativo que nos permite solucionar problemas. En un sentido fisiológico, McGonigal tiene razón: jugar nos pone la mente en situación de darles una solución lenta a los problemas.

Por supuesto, no todos los juegos son igual de buenos para el cerebro. Muchos no ofrecen nada más que una montaña rusa emocional a corto plazo, donde la solitaria persecución de dividendos, recompensas y resultados elevados es un fin en sí mismo. Pero otros muchos son como un campo de entrenamiento para la solución lenta. Más que complacerse en la gratificación instantánea, los juegos más interesantes requieren horas de esfuerzo intenso y concentración. Los jugadores se convierten en expertos en el arte del ensayo y error, y mantienen la mente abierta.[11] Alrededor del 80 % del tiempo no se completan las tareas —encontrar el tesoro, por ejemplo, o matar al dragón—, pero se aprende de los errores y se vuelve por más. Prescindiendo de la ética de «el ganador se lo lleva todo», muchos juegos importantes consiguen un equilibrio entre la competición y la colaboración, entre trabajar solo y trabajar en grupo. Tan pronto como la última versión de un juego sale al mercado, los aficionados colapsan la Red para comparar sus apuntes y ayudar a los demás a jugar mejor. Los juegos como *La guerra de las tareas domésticas* funcionan porque los jugadores compiten en el contexto de una misión compartida, que es mejor que empobrecer al vecino con coste cero. «La competición es una parte saludable del juego pero no cuando se convierte en despiadado —dice McGonigal—. Por eso siempre diseño mis juegos de tal manera que los fallos de uno no beneficien a los demás y los éxitos de los demás pueden beneficiarte. No intentas empequeñecer al otro, sino que todos se esfuercen para que todo el mundo mejore».

También hemos visto un sentido de juego en acción en muchas soluciones lentas. Recordemos cómo Bogotá envió mimos descarados a la calle para ayudar a cambiar las actitudes de los conductores y los peatones. O cómo las organizaciones benéficas pueden competir por los Premios de los Mejores Fracasos. Las mejores soluciones de Odisea de la Mente funden formas de pensar serias con actuaciones juguetonas. Como lo expresa McGonigal: «Hay una línea continua desde la diversión hasta el Premio Nobel».

Así es como muchos jugadores lo ven en realidad. En 2003, cuando la Organización para la Cooperación Económica y el Desarrollo (OCDE) probó la habilidad de jóvenes de quince años de todo el mundo para resolver problemas que iban más allá de sus planes de estudios, Corea del Sur quedó por encima de todos.[12] ¿Por qué? Nadie parece estar muy seguro. El sistema educativo de Corea del Sur pone el acento en los exámenes, largas horas de castigos y aprendizaje memorístico, por lo que se ha ganado una fama merecida de no fomentar el pensamiento creativo. ¿Podría explicar el resultado la obsesión nacional por los juegos de ordenador?

Corea del Sur es el país más conectado de la Tierra, y los juegos de ordenador son el deporte nacional. Los torneos congregan a miles de espectadores y se transmiten en directo por la televisión. Todo el mundo conoce a los mejores jugadores, los aficionados los reverencian y reciben enormes sumas por publicidad. Todo ese juego electrónico tiene también un lado oscuro. Varios coreanos han muerto durante sesiones maratonianas de juego, y el Gobierno ha establecido una red de centros de orientación y campos para ayudar a los jugadores empedernidos a sobreponerse a la «adicción a Internet». Pero la comunidad de juego señala que la evidencia de las largas horas en calabozos virtuales y en mundos alienígenas online están haciendo que los niños coreanos sean más listos y resuelvan mejor los problemas.

Para recabar más información, fui a la ciudad de Chuncheon, situada a 75 kilómetros al noroeste de la capital, Seúl. Incluso en un maravilloso día soleado, las salas de videojuegos que están a lo largo de la calle principal estaban haciendo su agosto. Zone and Zone es típico. Tras subir una escalera desaliñada, pasando carteles de juegos icónicos como *Starcraft*, *Lineage* y *World of Warcraft*, la sala de juegos es una habitación con olor a moho, con una tenue luz y un olorcillo de cigarrillos y zapatillas deportivas. Hay un gran frigorífico junto a la puerta, cargado con montones de productos típicos de un soltero: cartones de leche y latas de maíz, té helado y zumo. Hay un hervidor de agua para hacer sopa instantánea, y un microondas para calentar pizzas. Hileras de gente joven, en su mayoría hombres, se sientan en sillones acolchados, jugando frente a pantallas. Cada cabina tiene un buscador electrónico que permite a los jugadores llamar a la camarera sin levantar la vista de la pantalla.

Zone and Zone está abierto las veinticuatro horas del día los siete días de la semana, y muchos clientes juegan durante días, durmiendo a ratos en su silla entre juego y juego. El récord está establecido en dos semanas. «Son un poco como zombis cuando se van», dice una camarera.

No obstante, cuando están jugando, esos jugadores no tienen nada de zombis. Por el contrario: parecen bullir de ideas e ingenuidad. Me dispuse a observar a tres amigos que jugaban a *Mabinogi*, un complicado juego de fantasía que implica luchar contra monstruos y reunir un tesoro. Dos tenían a guerreros samuráis como avatares, y el tercero jugaba como un mago de pelo de cuervo con una falda corta. Mientras entraban en una detallada mazmorra virtual, un minotauro se lanzó desde las sombras para atacar. «Vamos a atraparlo juntos, y luego nos preocuparemos de los otros», grita el primer joven. Sus dos compañeros se unen a la pelea hasta que el minotauro es derribado hecho un montón de extremidades cortadas. Luego se desata el infierno cuando un ejército de enemigos, incluyendo un oso polar y un ogro, se les echa encima. Resuena el fragor de la batalla: acero contra acero, explosiones y gritos de dolor. «Agarra al de la izquierda —le grita el segundo chico al primero—. Voy a coger a estos dos y luego vuelvo a ayudarte». Sin consultar, el tercer muchacho se retira de la pelea, lanzando pequeñas balas de cañón a la melé. Cuando uno de los samuráis se encuentra acorralado por un lagarto rojo enorme, le pide al mago: «¿Tienes alguna poción curativa?». La respuesta, susurrada a toda prisa, es: «Sí, pero vamos a guardarla para enemigos más importantes. Matemos ahora a este juntos». Mientras empieza a lanzar conjuros para ayudar a su compañero herido, grita con una sonrisa: «Y ¿por qué eres tan cagueta?».

El trío se pasa unas veinticinco horas semanales jugando juntos al *Mabinogi* en Zone y Zone. Han alcanzado el nivel 53, y esperan alcanzar el más alto, el 70, en unos seis meses. Es su manera de relajarse y divertirse. Los tres están convencidos de que gracias al juego aprenderán a resolver mejor los problemas del mundo real.

Tae lleva jugando por lo menos veinte horas a la semana desde que tenía doce años. Ahora, con diecinueve, controla el avatar mágico, y parece el más reflexivo del trío *Mabinogi*. «Desde el momento en que empiezas a jugar a cualquier juego, puedes sentir que tu cerebro se pone en modo de resolver problemas —me dice—. Todo lo demás pasa a un segundo plano, y tú estás totalmente concentrado. Debes imaginarte cómo funciona el juego, cómo encaja todo, cómo debes manejar los efectos de tus propias acciones, cómo equilibrar victorias a corto plazo con tu estrategia a largo plazo. Te olvidas del reloj y estás completamente centrado en el momento. Es casi como el zen».

Los chicos son especialmente partidarios del trabajo en equipo que los lleva a adoptar muchas soluciones lentas. Todos estudian producción audiovisual en la universidad local, y sienten que las horas que pasan juntos jugando los ayudan a colaborar de manera más creativa en sus proyectos docentes. «En el juego, no competimos realmente entre nosotros. Trabajamos juntos como un equipo porque la colaboración es la clave para resolver el problema —dice Cho—. Cada miembro del equipo tiene su propio rol, fortalezas, debilidades, ideas y experiencia. Jugar juntos nos enseña a llevarnos bien, y cómo poner en común todos nuestros diferentes talentos».

El samurái, Ji Park, interrumpe: «Al jugar, también aprendes a poner tu ego a un lado —dice—. Hablas en voz alta si tienes problemas, admites tus errores y siempre estás intentando aprender y ayudar a los miembros de tu equipo a aprender. El mejor jugador es el jugador humilde».

Cho asiente con la cabeza enérgicamente. Da un largo trago al cartón de leche antes de volver al tema. «Por eso nunca es tan fácil o tan agradable jugar con extraños —dice—. En ese momento te das cuenta de lo bien que conoces a tus compañeros de equipo y cómo la experiencia compartida y la comunicación inmediata son las claves del éxito». Como el equipo de boxes de la Fórmula 1.

Jugar puede incluso ayudar a resolver difíciles problemas científicos. *Foldit* es un juego online donde cualquiera puede encontrar nuevas maneras de doblar complejas cadenas de proteínas convirtiéndolas en figuras tridimensionales químicamente estables, que es el primer paso para desarrollar nuevos medicamentos. Incluye muchos accesorios de un juego, como gráficos de colores, música alegre, un tablero puntero en continuo cambio y mucha colaboración. Aunque la mayoría de los 250.000 jugadores no tienen experiencia previa en plegar proteínas, muchos han descubierto, a través del juego, un don para ello, e incluso han llegado a superar a los mejores algoritmos. Cuando los investigadores retaron a los jugadores a competir con el programa informático Rosetta por resolver diez puzles de proteínas, los jugadores ganaron cinco y empataron tres, y ninguna de las partes llegó a poder descifrar los otros dos. Los científicos están ahora buscando maneras de incorporar técnicas de solución de problemas usadas por los jugadores aficionados de *Foldit*, tales como encajar estructuras provisionales que son químicamente inestables, en algoritmos de Rosetta.

En 2011, los fans de *Foldit* hicieron su primer descubrimiento médico al revelar la estructura de una proteína esencial para la replicación del virus VIH. Cómo moldear la proteasa retroviral había traído de cabeza a los científicos más renombrados durante años; pero los jugadores de *Foldit* descifraron el código en unos diez días. Al escribir en *Nature Structural and Molecular Biology*, los científicos que había detrás del juego aclamaron el hallazgo como un momento destacado: «Aunque en fechas recientes se le ha concedido mucha atención al potencial del *crowdsourcing* y el juego, esta es la primera instancia en la que somos conscientes de qué jugadores online resolvieron un problema científico de larga duración». Unos meses más tarde, los jugadores de *Foldit* se anotaron otra épica victoria al diseñar una proteína enteramente nueva a partir de la nada.

Algunos hablan ahora de una nueva revolución científica favorecida por el juego. En ese mismo sentido, la revista *Nature* cambió sus normas para incluir jugadores en la lista de autores de artículos sobre las virtudes para resolver problemas de *Foldit*. «Nuestro objetivo último es que la gente normal juegue e incluso pueda conseguir una candidatura a los premios Nobel de Biología, Química o Medicina», dice Zoran Popovic, profesor de Informática e Ingeniería en la Universidad de Washington, y uno de los investigadores más importantes del proyecto *Foldit*. «Confiamos en que vamos a cambiar la manera en que se hace la ciencia, y quién la hace».

McGonigal cree que la ciencia es solamente el comienzo. En 2010, junto con el Banco Mundial, lanzó EVOKE, un juego que incita a los jugadores a afrontar problemas sociales en países en vías de desarrollo. Durante una semana, la misión podía consistir en encontrar una fuente de energía renovable para un pueblo, y a la siguiente, en mejorar el acceso a la comida o al agua limpia. Aunque use los mismos tropos que mantienen a los jugadores de *Mabinogi* pegados a sus asientos durante muchos días (bonitos gráficos, misiones, recompensas, niveles, y elogios), EVOKE está diseñado para minimizar el tiempo en el teclado. Los jugadores se pasan un promedio de cinco a seis horas realizando misiones en el mundo real por cada hora que pasan delante de la pantalla. «Estamos intentando captar a gente normal que crea que no puede desempeñar un papel positivo en grandes proyectos a escala planetaria, y transmitirles la sensación de que como individuos pueden contribuir a cambiar el mundo por uno mejor», dice McGonigal.

No obstante, EVOKE es también un ejercicio para encontrar diamantes en bruto, el John Harrisons de la empresa social. A los mejores jugadores se los recompensa con una suma de dinero y menciones como innovadores sociales. «Queremos encontrar a la gente más dotada, más brillante y más motivada —dice McGonigal—, e invertir en su capital social, desarrollo y optimismo porque algunos de ellos podrían acabar ganando el Premio Nobel un día».

Aunque pocos de nosotros diseñaremos jamás nuestros propios juegos online, todos podemos intervenir en el instinto del juego e invertir más tiempo en actividades lúdicas en nuestra vida privada, como asistir a clases de improvisación o celebrar sesiones de juegos nocturnos de forma regular con amigos o con la familia. La próxima vez que un niño le pida que juegue con él a alguna aventura imaginaria, échese al suelo y deje que su fantasía vuele libremente. Si no puede contratar a alguien como McGonigal para que su problema se convierta en un juego, busque otras formas de inyectar tropos de juego (humor, diversión, competición, y elogio) en su solución lenta.

En lo que respecta a enfrentarse a problemas del mundo real, a los juegos todavía les queda un largo trecho por delante. Los diseñadores todavía están refinando a todas horas sus conocimientos de lo que funciona y de lo que no lo hace. En lo que respecta a los gráficos, la narrativa, la experiencia del usuario, las paletas de color y la gestión de la comunidad, cada nuevo juego construye sobre el anterior. «Todavía estamos en la Edad Media en cuanto a las potencialidades de los juegos, pero no dejamos de hacer progresos —dice McGonigal—. Hay una evolución constante».

14

EVOLUCIONAR: ¿YA HEMOS LLEGADO?

> Todavía debo encontrar un problema que, por complicado que sea, no se vuelva todavía más complicado si lo examinas desde el punto de vista adecuado.
>
> POUL ANDERSON

Marco Segovia vio al bicho por primera vez en la habitación delantera. Salió corriendo de debajo del sofá, trazó un pequeño arco en el suelo de barro, luego se precipitó a toda prisa de nuevo a su escondite. Parecía una cucaracha o un escarabajo con rayas amarillas.

Segovia es un campesino en San Felipe de Aconcagua, una ignota región ubicada a los pies de las cimas nevadas de los Andes en Chile. El paisaje parece sacado directamente de un *spaghetti western*: árido, rocoso, tachonado de cactus y árboles rechonchos. Por encima, los cóndores surcan perezosamente el cielo azul tecnicolor. Segovia cría pollos y cabras, y vive con su mujer y dos hijos en una pequeña chabola con tejado de lata. Allí abundan los insectos, pero la primera vez que los vieron en su cuarto de estar saltaron las señales de alarma. «Enseguida supimos que teníamos un problema», dice.

El insecto que vio ese día era una vinchuca, que transmite el parásito más letal de las Américas. El *Tripanosoma cruzi*, que fue descubierto en 1909 por el doctor brasileño que le dio su nombre a la enfermedad que produce: Chagas. El parásito es de procedencia desconocida. Hay quien dice que apareció por primera vez en Bolivia, y que los incas o los colonizadores europeos lo propagaron por el continente. Otros creen que siempre ha existido en toda Latinoamérica. Lo que parece claro es que la vinchuca es un asesino sigiloso. Corretea sobre la cara de su presa dormida, perfora la piel como un estilete y luego chupa sangre suficiente para crecer hasta varias veces su tamaño original. Tarda más de veinte minutos en darse esta especie de atracón vampírico, que es indoloro y rara vez despierta a la víctima. Algunos llaman a la vinchuca el «insecto besucón», pero su beso puede ser el de la muerte. Mientras se alimenta, la vinchuca excreta heces que pueden ser portadoras del *Tripanosoma cruzi*, que entonces se introduce como un gusano en los tejidos internos de la víctima y en sus órganos. Más o menos un 10 % de la gente infectada acaba desarrollando la enfermedad de Chagas. Aparte de la hinchazón alrededor de la herida, los primeros síntomas van desde la fiebre hasta los vómitos y convulsiones, dificultad para respirar y la paralización de los músculos del cuello. A veces el siguiente paso es la muerte por fallo multiorgánico. Pero el Chagas tiene un segundo y más siniestro *modus operandi*. En muchos casos, las víctimas desarrollan una inflamación indeterminada y luego siguen llevando una vida aparentemente saludable, hasta que mueren por fallo multiorgánico años más tarde. Antes de que yo me fuera a vivir a Sudamérica en la década de 1990, mi médico me puso todas las vacunas preceptivas y me dio un consejo: nunca te quedes dormido sobre el suelo en una cabaña de adobe, ya que es el terreno abonado de la vinchuca. Hay quienes creen que Charles Darwin contrajo el Chagas durante su trascendente viaje por Sudamérica a principios del siglo XIX. Durante toda su vida sufrió diversos síntomas, entre ellos espasmos musculares, vómitos, eccema, zumbido de oídos y cólicos. Al final murió de un fallo cardíaco. En una entrada de su diario, fechada en 1835, escribió acerca de un incidente ocurrido en Argentina, al otro lado de los Andes y de la granja de los Segovia: «Por la noche, experimenté un ataque (ya que no merece otro nombre) de la vinchuca [sic], el gran insecto negro de la Pampa. Es muy desagradable sentir esos insectos blandos y sin alas, de unos dos centímetros de largo, reptando sobre tu cuerpo. Antes de chuparte la sangre son bastante delgados, pero después se vuelven redondos e hinchados por la sangre».

Por suerte, la familia Segovia sabía perfectamente cómo esquivar esa bala. Mataron la vinchuca, la pusieron en un bote-
cito y la mandaron analizar en un laboratorio de la capital,
Santiago. Aunque el insecto parecía estar libre del parásito de
Chagas, las autoridades sanitarias locales enviaron un equipo
a fumigar la casa tres veces. «No hemos vuelto a ver ninguna
vinchuca por aquí desde entonces —dice Segovia, que tiene
una complexión enjuta y una sonrisa precavida—. Es un gran
alivio saber que ahora estamos a salvo en nuestras camas».

Combatir las enfermedades infecciosas es uno de los problemas más apremiantes y complejos que afronta la humanidad.
La malaria, la tuberculosis, la diarrea, el sida y otras enfermedades
matan todos los años a 11 millones de personas, y arruinan la
salud de unos cuantos millones más. Si tenemos en cuenta estos
números, nos sentiremos tentados de buscar una solución rápida, una droga maravillosa que erradique la enfermedad rápidamente, una bala farmacológica mágica. Pero si lo que hemos
visto hasta ahora nos ha enseñado algo es que resolver los problemas más difíciles lleva tiempo, paciencia y mucho esfuerzo.

Chile ha tenido más éxito que muchos otros países en la
lucha contra el Chagas. A comienzos de la década de 1990, las
vinchucas vivían en más del 18 % de las casas del país, y alcan-
zaban el 40 % en las regiones más afectadas.[1] Hoy, el promedio
se acerca al 0,1 %. El último caso confirmado de un humano
infectado con Chagas por una vinchuca se produjo en 1999.

Chile lo consiguió empleando muchos ingredientes de la solución lenta. Mediante un enfoque integral, basó la batalla contra el Chagas en redoblar esfuerzos para mejorar la calidad de
vida. La vinchuca prospera en los rincones oscuros de las casas
pobres de las zonas rurales. Al construir mejores viviendas, dotadas de luz eléctrica, los insectos se alejaron. Hoy, la mayor
parte de las cabañas tradicionales de adobe, cuyas paredes de
barro resquebrajadas favorecen la presencia de la vinchuca, están habitadas por el ganado más que por los humanos.

Todos los chilenos señalan a un ingeniero carismático que
durante veintidós años desempeñó el papel de catalizador en la

batalla contra el Chagas, pero también ha habido mucho trabajo de equipo y de colaboración. En 1991, Chile realizó un esfuerzo conjunto con Brasil, Argentina, Bolivia, Paraguay, Perú y Uruguay para librar del Chagas al Cono Sur. Las siete naciones han trabajado juntas para fumigar millones de viviendas y detener la infección transfronteriza. Crearon una comisión de expertos que han desarrollado una formidable base de datos de conocimiento, una cultura muy consolidada de retroalimentación y autoevaluación, y un fuerte espíritu de compañerismo. Los llamados «vinchuqueros» conocen a su enemigo tan bien como Peter Hodgman conoce su coche de Fórmula 1.

Chile también se vale de gente que no tiene nada que ver con el mundo de la medicina. En las regiones más remotas, la policía fronteriza y las compañías mineras proporcionan la información sobre la vinchuca y llevan los insectos a los laboratorios. Chile también trabajó con ahínco para venderle su solución lenta al público. En las regiones infectadas, los médicos oficiales suelen dar charlas sobre el Chagas en las televisiones locales y en la radio, y reparten camisetas, llaveros y folletos en acontecimientos públicos. Las campañas realizadas en las escuelas han convertido a los niños en pequeños ejércitos de cazadores de insectos.

Chile podría enseñarles a los chicos de Burton una o dos cosas acerca de cómo trabajar con cosas pequeñas. Toda la sangre donada en el país se analiza para buscar el Chagas, también se le realiza un análisis a cada recién nacido en las regiones de alto riesgo. Chile también tiene un enfoque de tolerancia cero con la vinchuca. El avistamiento de un solo bicho hace que todo el sistema de control se ponga en marcha. Un equipo se desplaza a fumigar la casa tres veces, y luego vuelve tres años más tarde para fumigar de nuevo. Eduardo Astudillo, que lleva dos décadas fumigando residencias en San Felipe de Aconcagua, ve recompensado ese esfuerzo todos los días. «Antes íbamos a las casas para realizar inspecciones rutinarias, limpiábamos cuidadosamente las paredes y encontrábamos colonias enteras de vinchuca viviendo en ellas —dice—. Ahora ya no encontra-

mos insectos durante las inspecciones. En lugar de eso, nos llaman propietarios de casas que tal vez hayan visto algún insecto
en el suelo. La amenaza ahora es muy muy pequeña».

Por eso, cuando llego a Chile espero que el triunfalismo flote en el aire, desde el ministro de Sanidad para abajo. Pero lo
que me encuentro es algo mucho más sobrio: un férreo orgullo
por los progresos obtenidos, pero repleto de lúgubres advertencias de que la batalla no está ganada, y nunca lo estará.

Todavía no hay vacuna contra el Chagas, y el tratamiento
sigue siendo caro, no es fiable y suele producir efectos secundarios. Todos los años mueren unos catorce mil latinoamericanos
a consecuencia de esta, y la vinchuca ha demostrado una capacidad de resistencia mayor que la esperada. Mientras los índices de detección crecen sin parar en algunas partes de Brasil y
Bolivia, estos insectos con rayas amarillas han comenzado a
aparecer en las casas de la gente bien de las afueras de Cancún,
en México. El turismo y la emigración internacional han dise-
minado la enfermedad de Chagas de tal manera que diez millones de personas pueden estar infectadas actualmente en el
mundo, 10.000 de los cuales morirán todos los años.[2]

Mientras tanto, la campaña contra el Chagas ha perdido en
Chile parte de su carácter de cruzada. Hoy en día, a los niños
de zonas infectadas les interesa más buscar amigos en Facebook
que cazar insectos en los rincones más oscuros de su casa. Los
políticos chilenos prefieren hablar de la obesidad, que recibe
más atención mediática y de posibles patrocinadores. Veinte
años después de que comenzara esta iniciativa en el Cono Sur,
muchos santiagueños perciben el Chagas como una vaga amenaza que habita en los rincones más remotos del país.

El efecto neto ha rebajado las expectativas. Ya nadie habla
del sueño original de erradicar por completo la vinchuca y el
Chagas. Incluso el sueño original de eliminar por completo los
insectos de las casas comienza a parecer excesivamente ambi-
cioso. Hoy en día los funcionarios de Sanidad de Chile hablan
de controlar la infección manteniendo las vinchucas lo más lejos posible de los humanos.

Este cambio no resulta sorprendente. La única enfermedad que la humanidad ha erradicado es la viruela, que ahora solo existe en algunas probetas guardadas a buen recaudo en Rusia y Estados Unidos. Puede que la dracunculosis (o enfermedad del gusano de Guinea) y la polio sigan el mismo camino algún día, pero las campañas de erradicación de las otras cuatro enfermedades infecciosas (la fiebre amarilla, la malaria, la infección por anquilostoma y el pian) se han esfumado.

La resistencia de la vinchuca no le sorprende a la doctora Loreto Caldera, que supervisa la lucha contra la enfermedad de Chagas en San Felipe. «La capacidad de supervivencia de estos insectos es muy elevada, y no los podemos hacer desaparecer de forma natural —dice—. Hemos aprendido que el problema del Chagas no se va a resolver erradicándolo. Al contrario, tenemos que aprender a convivir con el problema, a cohabitar con las vinchucas y adoptar comportamientos que minimicen su presencia en nuestras casas».

Esto subraya la que tal vez sea la verdad más desconcertante acerca de la búsqueda de la solución lenta: no importa cuánto se planee, se piense, se colabore, se busquen fuentes diversas y se someta a pruebas. Tampoco importa lo duro que trabajes, cuánto te inspires y establezcas una conexión emocional con la gente que te rodea, ni la humidad con que aprendas de tus errores y casi errores, ni cuánto trabajes en los detalles o lo mucho que te diviertas a lo largo del camino. Lo cierto es que algunos problemas nunca se pueden resolver. Por lo menos, no del todo. Pueden exigir sacrificios que tal vez estemos dispuestos o no a hacer.

El 69 % de los conflictos entre las parejas tienen su raíz en «problemas perpetuos» e irresolubles, de acuerdo con el doctor John Gottman, un investigador que está en la vanguardia del estudio de los mecanismos de las relaciones.[3] Esto es lo que se sabe: a ellos les cuesta expresar sus sentimientos, y a ellas, controlar los suyos. Tampoco se ponen de acuerdo en los asuntos económicos personales. Cuando se trata de construir un matrimonio duradero, el ingrediente secreto, según Gottman, consiste en aprender a vivir con las diferencias irreconciliables, igual que Chile intenta cohabitar con la vinchuca.

Muchos de los grandes problemas que afrontamos hoy pueden ser demasiado difíciles de resolver. ¿Podremos acabar con la pobreza en algún momento? ¿Habrá siempre pobres entre nosotros? Solucionar un problema también depende del punto de vista del espectador. ¿Podemos ponernos de acuerdo acerca de cómo acabar con la pobreza? ¿O qué significa «solucionar» el cambio climático? «Los problemas más grandes e importantes son en cierto modo imposibles de resolver —decía Carl Jung—. Nunca podrán resolverse: tan solo quedarán atrás».

Este no es el evangelio de la perdición. Tan solo se trata de sentido común. Resolver problemas complejos de forma permanente y satisfactoria para todos es una tarea hercúlea, tal vez incluso de locos. Tales problemas son a menudo embrollados, fluidos y mal definidos. No se pueden controlar todas las variables ni predecir cada resultado. A menudo, el mero hecho de atajar el problema, de poner una solución en marcha puede hacer que los parámetros cambien y aparezcan consecuencias inesperadas. Cuando Bogotá prohibió que circulase cierta cantidad de vehículos motorizados en el centro durante las horas punta, de repente las calles se volvieron más tranquilas, más limpias y menos congestionadas. Entonces los objetivos cambiaron. Los conductores locales empezaron a sortear el nuevo régimen comprándose un segundo o tercer coche. Resultado final: los atascos de tráfico en Bogotá siguen teniendo unas proporciones épicas. Incluso la ciencia, que comercia con la implacable moneda de los datos y las verdades empíricas, es un paisaje movedizo e incierto. Estamos lejos de entender, y menos aún de resolver, todos los problemas científicos. Hasta las verdades más consolidadas pueden temblar como la gelatina. Desde que Einstein desvelara la teoría de la relatividad, toda la física se ha basado en la idea de que nada puede viajar a una velocidad mayor que la de la luz. Y entonces llegó el neutrino.

Esto no quiere decir que debamos abandonar la idea de resolver problemas. Por el contrario, los pasos que Chile ha dado contra el Chagas nos recuerdan que una solución parcial es a menudo mucho mejor que ninguna solución en absoluto. Más aún, la mayor parte de las soluciones no tienen anda que ver con el «hazlo o rómpelo» de las finales mundiales de la Odisea de la Mente. En su lugar, se mueven sin rumbo fijo en el mundo real. Como la ciencia misma, la mayor parte de las soluciones lentas que hemos encontrado son trabajos en desarrollo, sujetos constantemente a retoques, redefiniciones y reinvención. Norsafe ha establecido un equipo de gestión que monitoriza este proceso de cambio. «El mundo está cambiando constantemente, y por eso debemos adaptar nuestra solución para seguir estando al día», dice el propietario Geir Skaala. El mismo espíritu de evolución se puede percibir en el Instituto Locke de Los Ángeles. Cuando quedó claro que algunos alumnos estaban volviéndose adictos al *crack*, Green Dot creó la academia Advanced Path. Cuando esta se vino abajo, transfirió a los alumnos menos motivados a otros grupos. «Nos llena de orgullo estar por encima de las cosas. Por eso, cuando algo no va bien, no esperamos, volvemos directamente al punto de partida para hacer cambios —dice Marco Petruzzi—. Estamos parcheando el modelo a todas horas».

Para sobrevivir en el tiempo, incluso las soluciones más arraigadas necesitan adaptarse. Tomemos como modelo el sistema español de trasplantes. Hace veinte años, el 80 % de los donantes eran víctimas de accidentes de tráfico menores de treinta años. Hoy, gracias a la revolución que han supuesto las medidas de seguridad viaria, el 80 % de los donantes tienen más de cuarenta años. Muchos de ellos entran en el hospital con problemas de salud, lo que significa que sus órganos son de peor calidad y serán más difíciles de extraer. Al mismo tiempo, la precaria situación económica ha empujado a un gran porcentaje de la juventud española al desempleo, más de un 55 %, de modo que muchos jóvenes españoles están en contra del Estado. «Vemos cada vez a familiares más jóvenes que dicen: "No vengas a pedirme nada, porque no te voy a donar los órganos de mi madre, ni los de mi padre, ni los de mi hermana, ni los de nadie" —dice el doctor Robles—. Nuestros problemas económicos nos han llevado a que se pierda la solidaridad, y a una reacción airada contra todo el sistema». Para mantener el ritmo en este terreno pantanoso, España ha dado un paso adelante en su esfuerzo por que los hospitales compartan ideas sobre cómo conseguir donaciones y tratar a los familiares recalcitrantes. Existe una guía de buenas prácticas en la donación de órganos para asegurar su buen funcionamiento. Las autoridades sanitarias han impulsado campañas publicitarias dirigidas a los jóvenes. «No importa cuánto éxito tengas. Ninguna solución es perfecta ni completa —dice el doctor Robles—. Hay que continuar buscando maneras para mejorar y adaptarse».

Por este motivo, el ingrediente final de la solución lenta es la evolución. Ese es, por supuesto, el *modus operandi* del mejor solucionador de problemas: la Madre Naturaleza. En el mundo de la naturaleza, cada mutación de una especie pasa por un periodo de prueba. Las que no lo pasan quedan descartadas de inmediato, mientras que, si suponen una solución inteligente y a largo plazo, toda la especie las adopta. Después, el ecosistema se ajusta y absorbe los efectos colaterales del cambio. E incluso entonces las adaptaciones y las modificaciones continúan.

Se puede decir que prácticamente cada uno de los productos que usamos en la vida diaria está evolucionando. Pensemos en cómo cada nueva variante de MacBook o Xbox evoluciona a partir de la versión anterior. O en que todos los sistemas operativos, ya sea Linux, Apple OS o Microsoft Windows son obras en curso. O en el ejército de voluntarios que revisa el contenido de la Wikipedia una y otra vez. La ciencia misma avanza de una forma similar, haciendo pruebas y reformulando hipótesis constantemente. Con cada experimento, recogemos algo de trigo y desechamos la paja. Incluso el humilde cepillo de dientes está en constante evolución. Hace más de cinco mil años, los egipcios y babilonios dieron el primer paso al masticar palitos para conseguir que los extremos fueran fibrosos. Los chinos lanzaron una versión nueva y mejorada en el siglo XVI al encolar los pelos de los cerdos que vivían en climas fríos al extremo de brotes de bambú y de huesos de animales. Los nuevos cepillos de plástico con cerdas de nailon que salieron al mercado en la década de 1930 dieron lugar a un nuevo y complejo diseño de hebras entrecruzadas que alcanzan hasta los rincones más remotos de la boca. El año pasado probé un nuevo cepillo de dientes eléctrico que, sin duda, será superado por algo que ya estará tomando forma en algún laboratorio de vaya a saber qué sitio.

La piedra angular de la evolución es el ensayo y error, que tan natural nos resulta. Pensemos en cómo aprendemos a atarnos los zapatos. Las instrucciones de mamá y papá no suelen ser más que el punto de partida. Aprendemos en realidad cuando nos ponemos a practicar una y otra vez, atando y desatando nudos, aguantando días en los que nuestros zapatos están o bien demasiado sueltos o bien demasiado apretados, hasta que por fin damos con ello. La práctica supera a la teoría. ¿Cómo aprendemos a jugar a los videojuegos? No nos leemos el libro de instrucciones ni planeamos estrategias por anticipado. Nos ponemos directamente a jugar, probando, comprobando, aprendiendo de nuestros errores, imaginándonos cuáles son las reglas e inventando soluciones sobre la marcha.

Por supuesto, a nadie le gusta pensar que los cirujanos, los bomberos o los pilotos aéreos experimentan en su trabajo. Pero la experiencia en la carretera está siempre pavimentada por varios años de ensayo y error. Se aprende de los errores al ensayar, de modo que no se vuelven a cometer esos mismos errores en el trabajo.

Los negocios inteligentes están basados en el ensayo y error. Desde los programas informáticos hasta la farmacología y la banca, el mantra de los mejores solucionadores de problemas es: «Falla pronto, y falla rápido». Los capitalistas aventureros esperan que muchas de las compañías en las que invierten se derrumben y quemen. Cuando se desarrolla un nuevo artilugio, Apple hace múltiples prototipos para cada característica, que luego compiten en una maratón de pruebas de supervivencia de los mejores. El último prototipo que queda es aquel que luego está en tu iPhone o iPad.

Otros hacen su ensayo y error con los usuarios finales. Los gobiernos, las agencias de ayuda y los hospitales ensayan programas a pequeña escala en proyectos piloto. Cada año, Capital One, una compañía que está en la vanguardia de la fabricación de tarjetas de crédito en Estados Unidos, realiza miles de pruebas personalizadas sobre ideas en todos los campos desde el *marketing* y el diseño de productos hasta las políticas de recogida y venta cruzada.[4] La mayor parte de los experimentos fallan, pero los efectos colaterales son muy útiles para aprender de ellos. Ya sea al rediseñar el ala de un hospital o una estrategia de mercado, IDEO también favorece el ensayo de ideas como un paso más para dar con la mejor solución. «No nos quedamos en lo abstracto durante mucho tiempo antes de compartir ideas que inviten a la respuesta, reacción y aprendizaje —dice Jane Fulton Suri—. Sabemos que vamos a construir múltiples prototipos y que nos equivocaremos, pero convertirlos en objetos tangibles y experimentar con ellos en las primeras fases del proceso configuran nuestra manera de pensar y aproximarse al problema». Uno de los cinco principios guía de Open IDEO es «Siempre en beta». En otras palabras: siempre hay que evolucionar.

Lo que esto implica es que acometer problemas complejos lleva consigo momentos de no saber con seguridad qué estás haciendo, por qué lo estás haciendo, o qué viene después. John Keats, el poeta romántico, dijo que un hombre está de camino a conseguir sus metas cuando es «capaz de sobrellevar las incertidumbres, los misterios y las dudas sin irritación alguna e investigando a partir de los hechos y de la razón». Esto es algo que se oye en todas las disciplinas. Aunque los científicos investigan a partir de los hechos y la razón, también pasan por lugares borrosos en persecución de la claridad empírica. «La cosa más bella que podemos experimentar es el misterio. Es la fuente de todo arte verdadero y de toda ciencia —decía Einstein—. Aquel para quien esta emoción sea extraña, que no pueda pararse a maravillarse y estar absorto en la maravilla, es como si estuviera muerto: sus ojos están cerrados».

Por eso nuestros más innovadores solucionadores de problemas se alegran en aquellos momentos en que el camino hacia delante es oscuro y confuso. Cuando comienza un proyecto de IDEO, todos aportan ideas, y todas las ideas, por estrafalarias que sean, se convierten en apuntes o notas que quedan en las paredes del cuarto de proyectos. «Siempre hay muchas divergencias en las primeras fases, porque tenemos ideas, que se recogen pero no se juzgan de inmediato, o nos obsesionamos con ellas —dice Fulton Suri—. Eso significa que hay mucha incertidumbre, mucho "podría ser esto" o "podría ser aquello"». IDEO usa también las historias como una forma de explorar y juzgar ideas. «La gente aprecia la narrativa en múltiples niveles, y de este modo abre el camino para resolver la tensión entre el deseo de orden y el proceso y la necesidad de preservar una cantidad importante de confusión e imprecisión».

Detenernos en la admiración y el asombro es también parte del trabajo en Le Laboratoire en París. «A veces te sorprendes por lo que encuentras cuando te rindes a una incertidumbre y te limitas a jugar con las cosas —dice François Azambourg, el diseñador que está al mando del proyecto de WikiCells—. Te encuentras una solución que funciona y que no esperabas que lo hiciese. O tropiezas con otra solución en la que no habías pensado nunca». Digámoslo de otro modo: a veces el proceso importa más que el resultado final, y el viaje se convierte en un tesoro más rico que el destino. Si esto suena un poco a cuento de hadas, David Edwards nos lo dice de otro modo. «A los creadores les encanta que nada sea seguro, que todo fluya, toda idea tiene su propia legitimidad y hay espacio para soñar —dice—. Cuando afrontamos un problema en el laboratorio, no sabemos cuál será su final, aparte de cómo llegaremos allí. Lo aprendemos a lo largo del camino. El día en que nuestra metodología sea comprendida y clara perderemos nuestra razón de ser y dejaremos de existir porque no hay recetas fáciles ni fórmulas mágicas. El misterio es esencial».

Incluso las compañías más proclives a actuar según los datos lo comprenden. Es de sobra conocido que Google incentivó a sus ingenieros para que dedicasen una quinta parte de sus horas de trabajo a proyectos personales. No había objetivos, ni fechas límite, ni penalizaciones por errores. Por el contrario, se trataba de usar el denominado «20 %» para perseguir corazonadas, arriesgarse, cometer errores y aprender de ellos, a menudo sin saber exactamente adónde te llevaría todo aquello. Además, también se pretendía otorgarle autonomía al personal, y que de este modo pudiera dar rienda suelta a su talento para resolver problemas. Aunque la mayor parte de los proyectos no llegaron a cuajar, muchos productos de Google, incluidos algunos productos caseros como Gmail y Google News, fueron ideados durante ese «20 %».

Seamos honestos, no obstante. Ceder el control, dejar que las cosas sucedan, dedicarse más al proceso que al resultado: ninguna de esas cosas puede darse en una cultura sometida al yugo de objetivos, los horarios y las pruebas de resultados. Nos gusta alinear nuestras bajadas de cabeza y reducir todo a un diagrama o una presentación de PowerPoint. Muéstrenme los números, y lloraremos. Incluso Google ha sido acusado de frenar la libertad que había dado con su programa de «20 % de tiempo».[5] Aun así, los números rara vez dicen toda la verdad y suelen estar abiertos a la interpretación. ¿De veras es posible reducir el aprendizaje de un niño a un examen, o la salud económica de una nación a las calificaciones de una agencia de crédito? ¿De veras es «42» la respuesta definitiva al sentido de la vida, el universo y todo lo demás? Por supuesto que no. Ni el algoritmo más sofisticado será capaz de capturar toda la dimensión subjetiva y emocional que implica la resolución de un problema. Incluso después de haber resuelto un problema, luchamos por probar cuáles son exactamente los motivos. Tomemos la brusca caída en el número de delitos en Nueva York durante la última generación. Incluso después de haberse pasado años analizando datos, los expertos todavía no se han puesto de acuerdo acerca de por qué sucedió. ¿Fueron los cambios en las técnicas policiales? ¿O la tolerancia cero? ¿O el aumento del número de encarcelamientos? ¿Acaso se debe a que ha mejorado la coexistencia racial? ¿O a que la prosperidad ha aumentado? ¿Se debe tal vez a un uso inteligente de la teoría de la ventana rota? ¿O al descenso del número de niños no deseados después de que se legalizase el aborto en 1973? ¿Fue una combinación de todo esto, o hubo otros desencadenantes, más profundos, que todavía tenemos que detectar? Nunca lo sabremos con seguridad. En un mundo complejo, la única certeza es la incertidumbre.

Por este motivo, los mejores solucionadores de problemas rara vez se lo apuestan todo a una única mano. De acuerdo con los teóricos de la complejidad del Instituto Santa Fe de Nuevo México, la única forma de navegar en un escenario de parámetros y posibilidades que cambian de manera continuada es combinar montones de pasitos con algún ocasional gran salto hacia delante.[6] En otras palabras, la mayoría de las soluciones de problemas conllevan la obtención de una pequeña victoria tras otra, y con gran esfuerzo. Como decía Henry T. Ford: «No hay problemas grandes; solo muchos problemas pequeños».

Después de pasarse años investigando cómo algunas compañías dan el salto hacia un éxito duradero, Jim Collins llegó a la misma conclusión. «No importa lo radical que sea el resultado final: las transformaciones de bueno a mejor nunca se producen de golpe —escribió—. No hay una única acción definida, ni un programa magnífico, ni una innovación que acabe con las demás, ni una ruptura afortunada solitaria, ni un momento milagroso. El proceso era más bien como empujar inexorablemente un gigante y pesado volante en una dirección, giro tras giro, cogiendo velocidad hasta llegar a un punto de ruptura, y más allá».

Avanzar paso a paso es el auténtico objetivo en el Locke. En la sala de profesores, estos garabatean ideas y apreciaciones en varias pizarras. Uno dice: «No busques la mejora rápida y enorme». En otro se lee: «¿Qué pequeños pasos puedo dar para motivarme?».

Es un sabio consejo para todos nosotros. Cuando abordamos cualquier problema complejo es bueno adoptar un enfoque evolutivo. Comprobar, comprobar y comprobar muchas ideas desde el comienzo, refinando, reciclando y reinventándolas en cada giro. Tomar copiosas notas pero no ordenarlas demasiado al archivarlas, pues las ideas que ahora nos parecen desconectadas podrían ser más tarde la chispa de algún avance creativo al encontrarlas de chiripa en una mesa desordenada. En lugar de prometer el oro y el moro, tenga claro que su solución lenta siempre puede ser un trabajo en progreso. Por encima de todo, resista la presión a declarar la victoria y avanzar demasiado pronto.

En nuestro impaciente mundo, todos (gobiernos, empresas, organizaciones) están a la caza de una solución definitiva que pueda ser copiada y adoptada de inmediato. Pero una solución que funcione de maravilla en un lugar puede no hacerlo en otro, o tal vez necesite algún retoque para poder dar el salto. Bogotá es una ciudad con calles anchas, una elevada densidad de población y una arraigada tradición de viajar en autobús, lo que la convierte en el emplazamiento natural para un sistema de autobuses de transporte rápido como el TransMilenio. No puede decirse lo mismo de las ciudades antiguas de Europa, que no tienen calles lo suficientemente anchas como para acomodar bastantes carriles para los autobuses. En Norteamérica, la población está demasiado dispersa como para que el TBR sea la espina dorsal del transporte local. Los Ángeles ha construido una versión del TransMilenio, pero complementa su tradicional red de ferrocarril, y evita las estaciones cerradas y otros distintivos del sistema de Bogotá.

Por ese motivo, Petruzzi se resiste a desarrollar una revolución al estilo del Locke en Estados Unidos. Pretende lograr un par de cambios de rumbo más que funcionen antes de elevar su sistema a escala nacional. Otro grupo escolar de presión, el programa Knowledge Is Power («El conocimiento es poder»), dedicó seis años a definir su modelo en Nueva York y en Houston antes de desarrollarlo en todo Estados Unidos. Hoy, KIPP arrasa en más de cien escuelas y todavía está jugueteando con su receta.

> No soy tímido en absoluto. Estoy muy orientado hacia el crecimiento, y creo que podemos trasladar al ámbito nacional lo que estamos haciendo en el Locke —dice Petruzzi—. Pero sería estúpido dar el salto demasiado pronto. Lo haremos cuando sea el momento realmente adecuado y estemos preparados.

Traducción: nunca te apresures con una solución lenta.

conclusión

LA SOLUCIÓN LENTA PARA EL FUTURO

No soy tan listo. Tan solo les dedico más tiempo a
los problemas.

ALBERT EINSTEIN

Japón tenía un problema en 1941. Para proseguir con su con-
quista del Lejano Oriente necesitaba adquirir el control de las
reservas de petróleo y caucho de la Malasia británica y las In-
dias Orientales Neerlandesas, pero temía que la invasión desen-
cadenara una declaración de guerra por parte de Washington.
Solución: un ataque sorpresa a Pearl Harbor que paralizara la
flota naval estadounidense para así evitar que esta se plantease
la posibilidad de contraatacar. Los japoneses estaban tan seguros de que borrarían del mapa de un plumazo la amenaza estadounidense que ni siquiera se molestaron en bombardear los
depósitos de petróleo, el arsenal naval ni el resto de infraestruc-
turas del puerto.

El ataque a Pearl Harbour se ha ganado un hueco en la historia universal de la infamia, no solo porque fue un ataque
salvaje y traicionero contra una nación que no estaba en guerra,
sino también porque cosechó un fracaso estrepitoso. En lugar
de retirarse a lamerse sus heridas, Estados Unidos le declaró la
guerra a Japón al día siguiente, y Pearl Harbor se convirtió en
un estandarte de la propaganda estadounidense. La infraestructura bélica que los japoneses habían dejado intacta resultó
vital para vencerlos. Tal y como dijo uno de los almirantes japoneses: «Conseguimos una victoria táctica en Pearl Harbor, y
de ese modo perdimos la guerra».

Caer en la trampa de la solución rápida, y acabar pagando
por ello, no es ninguna novedad. Lo que sí ha cambiado desde
el error histórico de Japón en 1941 es que la presión y la sed de

soluciones rápidas han crecido de manera exponencial. Cuando se trata de encarar los problemas procedentes de cualquier aspecto de la vida, todos anhelamos conseguir victorias épicas de una sola tacada. Y a pesar de anotarnos unas cuantas victorias tácticas, acabamos perdiendo muchas guerras. Recordemos el daño que las soluciones a medias les han infligido a nuestras empresas, escuelas y vidas privadas, y también en los ámbitos de la política, la diplomacia y la medicina. O miremos el estado del planeta.

No tiene por qué ser así. La solución rápida no es obligatoria ni siquiera en nuestra cultura de las prisas. Todos podemos decidir si abordamos los problemas de manera concienzuda.

La buena noticia es que el mundo ha evolucionado de un modo que se ajusta bien a la solución lenta. Nunca antes habíamos estado tan bien preparados. La tecnología nos ha proporcionado una formidable nueva caja de herramientas para resolver problemas. La globalización ha hecho menguar el planeta, y nos ha facilitado el trabajo en equipo, así como la posibilidad de compartir ideas. Incluso nuestra manera de entretenernos avanza en la dirección correcta. Muchas de las horas que antes pasábamos delante de la televisión las dedicamos ahora a bloguear, a jugar o a realizar otras actividades online con las que hacemos que nuestros músculos cognitivos se ejerciten de un modo que resulta impensable en las reposiciones de *Friends*. La tremenda urgencia de los problemas a los que ahora se enfrenta a la humanidad también nos ayuda a centrar la mente. Incluso la crisis económica que estalló en 2008 podría acabar teniendo un aspecto positivo: ahora que no disponemos de dinero en efectivo que despilfarrar con la última solución rápida *du jour*, estamos obligados a ser más críticos y creativos. O, tal y como lo expresó Ernest Rutherford, el padre de la física nuclear, durante la irrupción de la austeridad que se produjo en la década de 1920: «No tenemos dinero, así que tenemos que pensar».

Estamos empezando a reescribir las reglas del capitalismo. Reino Unido y media docena de estados de Estados Unidos han

cambiado su legislación para que sea posible crear empresas
que antepongan los objetivos sociales a los beneficios, y varios
países europeos están planteándose legislar en este sentido. Las
cooperativas también están infundiéndole al capitalismo el espíritu de la solución lenta, al hacer hincapié en la colaboración
y anteponer al dinero rápido el bienestar a largo plazo de sus
miembros, la comunidad y el medio ambiente. Con casi mil
millones de miembros en todo el mundo, las cooperativas poseen ahora mismo casi la mitad de la energía renovable de Alemania, y están impulsando los paneles solares y otras iniciati-
vas ecologistas en diversas partes de Estados Unidos.[1]

Pronto, muy pronto tendremos un monumento a la capacidad de pensar más allá del aquí y el ahora. Un grupo de activistas está construyendo, en el interior de una remota montaña
en el oeste de Texas, un enorme reloj diseñado para funcionar
durante diez mil años.[2] De vez en cuando, sus campanadas en-
tonarán una melodía completamente nueva. Jeff Bezos, el fundador de Amazon, está ayudando a desarrollar el proyecto
para darle al mundo lo que él llama «un icono para el pensamiento a largo plazo».

Con este telón de fondo, el movimiento lento está ganando
fuerza, ya que la afirmación de que «cuanto más rápido, mejor» tiene cada vez más detractores.[3] Para formar parte de él no
tienes que dejar aparcada tu carrera profesional, tirar tu iPhone ni unirte a ninguna comuna. Vivir sin prisas no tiene nada
que ver con vivir como un caracol, sino con hacer cada cosa a
la velocidad adecuada, ya sea rápida, lenta, o al ritmo que proporcione mejores resultados. Bajo el paraguas de la lentitud
están floreciendo muchos micromovimientos: la comida lenta,
las ciudades lentas, el trabajo lento, el sexo lento, la tecnología
lenta, la educación lenta, la paternidad lenta, el diseño lento, los
viajes lentos, la moda lenta, la ciencia lenta y el arte lento.

Moraleja: aunque parezca que todo va más rápido, ahora
mismo, a principios del siglo XXI, estamos en el momento adecuado para introducir la solución lenta en el núcleo de nuestra
cultura. Sin embargo, para hacerlo debemos dominar nues-

tra adicción por la solución rápida. No será fácil, sobre todo si tenemos en cuenta la biología humana y el mundo en el que habitamos, pero siempre se puede inocular la vacuna contra el virus de la prisa. Empecemos por revisar la educación para que los niños aprendan a enfrentarse a los problemas con paciencia y método. Saquemos a las empresas de sus zonas de comodidad para animar a las plantillas a asumir nuevos retos.

¿Recuerda esas tendencias inoportunas que nos predisponían a la solución rápida? Aunque nos resulte imposible extirparlas de raíz, tal vez podamos moderar sus efectos perniciosos señalando los defectos de diseño del cerebro humano. Daniel Kahneman cree que si añadimos a nuestro vocabulario términos como «tendencia al *statu quo*», «problemas heredados» y «efecto Einstellung» nos resultará más fácil impedir que estos nublen nuestro juicio. Hay estudios que demuestran que el mero hecho de señalar el problema de los prejuicios raciales en la profesión médica puede animar a algunos doctores para tratar mejor a sus pacientes negros.[4] La prevención es la mejor preparación.

Todos podemos hacer según qué cosas cuando estamos resolviendo problemas y queremos anular los efectos de la solución rápida. Por ejemplo, emular a Toyota y preguntarnos por qué, por qué y por qué hasta que demos con la causa del problema. O cultivar lo que T. S. Eliot llamaba la «sabiduría de la humildad», que nos fuerza a examinar puntos de vista que contrasten con los nuestros. Para asegurarse de que esto ocurre a diario, adopte un enfoque clintoniano cuando inicie una nueva línea de investigación, y diga: «Estaba equivocado» o «No lo sabía». Haga un listado con sus propias soluciones rápidas que hayan salido mal, y susúrreselas a sí mismo siempre que sienta la tentación de recurrir a la cinta de embalar. Reserve algo de tiempo para pensar lentamente.

Use a las personas y las historias que se mencionan en este libro como puntos de referencia, inspiración o fábulas. Recuerde cómo el piloto Dicky Patounas ha hecho que volar en aviones Typhoon sea más seguro si se airean sus errores en público.

Cómo Geir Berthelsen rescató Norsafe tomándose tiempo para analizar y comprender las raíces de su disfunción. Cómo Green Dot llevó al Instituto Locke de nuevo por el buen camino haciéndole frente a sus muchos problemas de forma holística. Cómo centrarse en el objetivo a largo plazo de la rehabilitación de los prisioneros consigue que la tasa de reincidencia en Noruega sea envidiablemente baja. Cómo los músicos de Van Halen usaron los M&M para que la gente prestara atención a los pequeños detalles. Cómo David Edwards formó un equipo multidisciplinario para inventar un nuevo recipiente para bebidas en Le Laboratoire. Cómo Islandia está usando el *crowd-sourcing* para reformar la democracia. Cómo Enrique Peñalosa desempeñó un papel catalizador en la transformación de Bogotá. Cómo Ricardo Pérez se convirtió en un mejor productor de café al tomar las riendas de su propio negocio. Cómo el doctor Juan Carlos Robles usa su corazón y su cabeza para convencer a las familias españolas para que donen los órganos de sus seres queridos. Cómo Chile se enfrentó a la enfermedad de Chagas ajustando su campaña a las circunstancias cambiantes. Cómo juegos al estilo de *ChoreWars* y *Foldit*, y diseñadores como Jane McGonigal tratan de domar el instinto lúdico para resolver problemas.

Recuerde a los críticos, y a usted mismo, que la solución lenta es siempre una inversión inteligente. Hagan el esfuerzo ahora, y ahórrense tiempo y dinero más tarde. Recuerde cómo Green Dot ha conseguido reducir los costes de gestión del Locke. Cómo la dedicación a su oficio de los ingenieros de la Fórmula 1 les permite resolver problemas a la velocidad del rayo. Cómo los matemáticos que colaboran en el Proyecto Polymath consiguieron demostrar el teorema de Hales-Jewett en solo seis semanas.

No obstante, la mejor manera de ganarle la batalla a la adicción a la solución rápida es mediante un cambio más profundo y radical. ¿Qué sentido tiene resolver los problemas mejor si nuestra vida sigue siendo una carrera interminable hacia la línea de meta? Para dominar la solución lenta necesitamos vivir a un ritmo más razonable. Eso implica concederle a cada momento el tiempo y la atención que merece. En lugar de hacer montañas de granos de arena en una vida dominada por las prisas («¿Dónde están mis llaves?», «¿Me voy a pasar la vida en este atasco?» o «¿Por qué tarda tanto este ascensor?»), podemos empezar a enfrentarnos de verdad a las Grandes Preguntas: «¿Qué objetivos tengo?», «¿Qué mundo les voy a dejar a mis hijos?» y «¿Cómo podemos cambiar entre todos el curso de los acontecimientos para llegar a ese punto?». Si la Tierra va a tener que albergar a ocho, nueve o diez mil millones de personas, necesitamos revolucionar nuestras maneras de vivir, trabajar, viajar, consumir... y pensar. Hacerlo posible será la mayor solución lenta de todas.

Ha llegado el momento de hacer una confesión. Cuando empecé este viaje, una parte de mí esperaba que si examinaba con lupa muchas soluciones inteligentes podría encontrar las claves necesarias para resolver cualquier problema. Sigue esta receta, haz esto, haz eso, haz lo otro, y tendrás una solución lenta. La cosa no ha funcionado así, por una razón obvia: las fórmulas universales, con pasos claros que hay que seguir, van en contra del espíritu de la solución lenta. Si algo hemos aprendido de las páginas precedentes es que resolver problemas complejos es un asunto complicado, y huelga decir que el hecho de marcar casillas es una clara señal de que estamos cayendo en una solución rápida. Como dice Jane Fulton Suri, de IDEO: «No se encuentra la solución siguiendo los pasos de una lista predeterminada».

Eso no significa que nos resulte perjudicial tener una receta, siempre y cuando se use de la manera adecuada. Piense en el pan. Seguir la receta paso a paso, y con las cantidades exactas, no te garantiza nunca que vayas a obtener la mejor hogaza. La harina, el agua, la levadura, la sal, el azúcar, los hornos y las condiciones atmosféricas varían, así que los mejores panaderos se van adaptando sobre la marcha, añadiendo o quitando un poquito de aquí o de allá. Lo mismo ocurre al enfrentarse a problemas complejos como la pobreza en el mundo, un fracaso matrimonial o el proceso de paz en Oriente Próximo. El secreto reside en encontrar la mezcla adecuada de ingredientes para la receta de la solución lenta.

Repasemos esos ingredientes. Cuando se enfrente a cualquier problema complejo, tómese el tiempo para admitir errores; averiguar realmente qué es lo que no funciona; vigilar cada pequeño detalle; pensar a largo plazo y unir los puntos para construir soluciones holísticas; recopilar ideas de todas partes, trabajar en colaboración y compartir el crédito; obtener experiencia al mismo tiempo que sigue siendo escéptico con los expertos; pensar a solas y en compañía; encontrar una figura catalizadora; consultar e incluso contratar a quienes conozcan el problema más de cerca; convertir la búsqueda de una solución en un juego; divertirse, seguir corazonadas, adaptarse, usar el método de ensayo y error, y aceptar la incertidumbre. Cuando las circunstancias exijan una solución rápida, haga lo posible por encontrarla, pero no deje nunca de comprobarla. Vuelva después, cuando el tiempo lo permita, para forjar una solución más duradera. Y siempre que el tiempo apriete, desconfíe de soluciones que parezcan demasiado buenas para ser ciertas, porque normalmente lo son. H. L. Mencken dio en el clavo cuando advirtió: «Siempre hay una solución sencilla para cualquier problema humano, y es clara, plausible y errónea».

No obstante, la solución lenta se vuelve más sencilla con la experiencia. Lo que uno aprende forjando una solución puede aplicarse a problemas similares. Todos esos años de estudio de renovación urbana y de remodelación de la ciudad de Bogotá han convertido a Enrique Peñalosa en una especie de Florence Nightingale trotamundos de ciudades en decadencia. «Ahora soy como un doctor a quien le basta mirar el color que tiene un paciente para saber qué le ocurre —afirma—. Puedo conducir por una ciudad y, por el mero hecho de mirar por la ventanilla, decirte cuáles son sus problemas y qué hay que hacer para arreglarlos».

El conocimiento de la solución lenta puede también trasladarse de una esfera a otra. Después de usar el *Foldit* para transformar a los novatos en expertos en la manipulación de proteínas, Zoran Popovic ahora diseña juegos que puedan conjurar una magia similar más allá del laboratorio. «Lo que más nos emociona es que podemos aplicar el mismo método de formación de expertos en toda la sociedad —dice—. Ahora mismo estamos trabajando en juegos de formación de expertos para encontrar las soluciones a problemas clave en educación, salud e incluso en cambio climático y política».

Aplicar la solución lenta en el trabajo también puede cambiar nuestra manera de enfrentarnos a los problemas domésticos. Are Hoeidal se describe a sí mismo como un «pensador lento» cuando está lejos de la prisión de Halden. «En mi vida privada establezco objetivos a largo plazo, y después trabajo poco a poco para conseguirlos —dice—. "Cada cosa a su tiempo": esa es mi manera de hacer las cosas». Un cargo de Norsafe usa en su propia casa el método de la pausa para pensar, de Geir Berthelsen. Cuando su hija y el compañero de esta se pelearon hace poco, todos los miembros de la familia se reunieron en torno a la mesa de la cocina para discutir largo y tendido acerca de lo que iba mal: «Como familia, necesitábamos una gran bronca, con lágrimas y todo, pero también debíamos tirar de la cuerda Andon y tomarnos el tiempo necesario para comprender por qué estábamos gritando y llorando, y para dar con una solución —explica. Hicieron eso, y la armonía volvió a reinar en la casa—. Estuvo bastante bien ver que la solución lenta conectaba el trabajo y el hogar».

De una forma similar, Ashley Good se sintió incentivada a asumir más riesgos en su vida personal después de fundar la página web <www.AdmittingFailure.com>. Empezó a escalar, a hacer triatlones y a pintar. También se volvió más humilde. «El verdadero cambio personal es más sutil, una cuestión del día a día —dice—. Ahora, de algún modo es mucho más fácil admitir mis errores y debilidades, y asumir la responsabilidad, incluso cuando ser honesto al cien por cien entraña ciertos riesgos. Ahora me descubro a mí misma aceptando los límites de mis propios conocimientos y suposiciones. Al hacerlo, asumo la posibilidad de que puedo equivocarme en cualquier opinión que exprese».

Cada uno de nosotros tiene su propia manera de dar con la solución lenta. Podemos empezar usando las lecciones de este libro para enfrentarse a un problema en el trabajo o en su comunidad. También podemos cambiar de opinión sobre las energías renovables o la pobreza en nuestra ciudad, e influir en que nuestros representantes electos hagan lo mismo. O podemos empezar más cerca de casa, aplicando una solución lenta a la salud o a las relaciones personales. En mi opinión, una vez empezamos a tomarnos el tiempo necesario para resolver los problemas de la manera correcta en un ámbito determinado, el mismo espíritu empezará a extenderse a todo lo que hagamos.

¿Y qué hay de mí? Después de haberme pasado varios años haciendo el tonto y con intentos que no llevaban a ninguna parte, al final he decidido aplicar la filosofía de la solución lenta a los dolores de espalda que llevo sufriendo toda la vida. El punto de partida fue admitir que mi recuperación iba a requerir bastante tiempo.

Enfrentarme al tiempo, dinero y esfuerzo que he malgastado durante todos estos años fue más difícil de lo que parece, pero me ayudó a aclarar las cosas. Después de entonar el *mea culpa*, conseguí pensar, a largo plazo y con un poco de sentido común, sobre qué tratamiento me convendría más. Para ello tuve que leer los textos científicos que se ocultan tras los titulares y recabar opiniones de expertos y otras personas que padecían la misma dolencia que yo. Tras sopesar todas las pruebas, decidí que la mejor alternativa era practicar el yoga con regularidad. Ya había probado el yoga, pero pagar clases por anticipado me ayudó a tomármelo más en serio. Ahora me obligo a ir, incluso en las mañanas en las que lo último que me apetece hacer es el saludo al sol. También busco tiempo para asistir a clases cuando estoy de viaje.

Al adoptar un enfoque holístico, dejo que el yoga se filtre al resto de mi vida. Ahora hago estiramientos de *hatha* yoga antes y después de practicar deporte, y controlo mi postura durante todo el día, doblando mi cuerpo en *asanas* siempre que siento los músculos tensos o agarrotados, y a veces incluso cuando no lo están. Eso no significa que me ponga a hacer la postura del perro mirando hacia abajo en el metro, aunque sí presto más atención a mi postura cuando estoy de pie, me siento y camino.

¿Me funciona? Bueno, como toda solución lenta, para sanar mi espalda con el yoga debo seguir un proceso que no ha acabado. Ha habido algunos traspiés por el camino. Después de tres meses, hice tanta fuerza en un estiramiento de la ingle que apenas pude caminar durante una semana. Es difícil desterrar las viejas costumbres de las soluciones rápidas.

No obstante, los progresos han sido innegables. La siguiente ocasión en que el profesor nos pidió que realizáramos el mismo estiramiento de ingle, fui mucho más precavido, y calenté los músculos sin hacerme daño. Me noto la espalda mejor de lo que ha estado en años. Soy más flexible, puedo sentarme cómodamente durante más tiempo y llevo un año sin sentir ningún dolor en las piernas. Desde luego, no puedo decir que tenga la espalda perfectamente, y quizá no llegue nunca a ese punto. Quizá, como sucede en Chile con el Chagas o les pasa a esas parejas con «problemas perpetuos», lo mejor que puedo esperar es encontrar un modo de vivir con el dolor lumbar. Sin embargo, la prognosis es buena por ahora. Por primera vez desde que era adolescente, siento que voy por el buen camino hacia la recuperación.

Incluso el exigente doctor Woo está contento. Cuando regreso a la clínica para que me den un masaje *shiatsu*, lo veo sentado en la recepción, esperando a su siguiente paciente de acupuntura.

—¿Dónde te habías metido? —me pregunta—. Hace mucho que no vienes por aquí.

Le hablo del yoga y de cómo ha mejorado mi espalda. Asiente lentamente y sonríe.

—El yoga es muy bueno para el cuerpo —dice—. Veo que te mueves con más agilidad.

Se hace un silencio incómodo. Al no haberle dado a la acupuntura una oportunidad real, siento que he decepcionado al doctor Woo. Él nota mi incomodidad y me echa un cable.

—Está bien, me alegro de que tu espalda vaya mejor —dice, y me pone una mano sobre el hombro, en un gesto paternal—. Pero, por favor, prométeme una cosa: que esta vez no perderás la paciencia y no lo dejarás demasiado pronto.

Sus palabras contienen una suave reprimenda, pero ya no me duele, y eso es muy significativo. En lo que respecta a mi espalda, las soluciones rápidas son cosa del pasado. Después de haber actuado de forma irresponsable durante unos cuantos años, ahora tengo un plan a largo plazo para curarme, y voy a seguirlo hasta el final. Ya no soy un paciente impaciente. Por fin puedo mirar al doctor Woo a los ojos.

—No se preocupe: he aprendido la lección —le digo—. Tenía usted razón: hay cosas que no pueden arreglarse con prisas.

Y esta vez, por fin, lo decía de verdad.

AGRADECIMIENTOS

Este libro resultó muy difícil de escribir, y recibí el apoyo de muchas personas.

Como siempre, mi agente, Patrick Walsh, puso la máquina en movimiento con su habitual mezcla de encanto, sabiduría y perspicacia comercial. Tuve la suerte de contar con un maravilloso equipo de editores cuya paciencia, imaginación y rigor fueron una bendición: Jamie Joseph e Iain MacGregor, de HarperCollins UK; Gideon Weil, de HarperOne San Francisco, y Craig Pyette, de Random House de Canadá. También quiero tener una mención especial para mis correctores, Steve Dobell y Diana Stirpe, que me ayudaron a refinar el texto.

Estoy muy agradecido a mis primeros lectores, entre los que se incluyen Annette Kramer, Peter Spencer, Jane McGonigal, Anthony Silard, Geir Berthelsen y Benjamin Myers, cuyas aportaciones ayudaron a dar forma a este libro. Otro agradecimiento especial es para mi viejo amigo Thomas Bergbusch por haber mirado con lupa el manuscrito. Tiene la extraña habilidad de volverme loco a la vez que me obliga a definir mis ideas.

Me siento especialmente afortunado por haber convencido a Cordelia Newlin de Rojas para que se convirtiera en mi copiloto en este viaje. Es la investigadora perfecta: brillante, convincente, meticulosa, con buenos contactos, tenaz, clarividente, creativa y veloz a la hora de ver el lado divertido de las cosas. También fue una lectora, tan aguda como generosa, de las primeras versiones del manuscrito. Cuando ya no podíamos aguantar seguir hablando de la solución lenta, hablábamos de comida. Este libro no habría sido el mismo sin ella.

Por supuesto, este libro no habría llegado a existir de no haber sido por todas las personas de todo el mundo que aceptaron hablar conmigo durante mis pesquisas. Les doy las gracias de todo corazón a todos y cada uno de ellos, por haber dedicado su tiempo a compartir conmigo sus historias y puntos de vista, y por aguantar las interminables preguntas y las comprobaciones de los hechos. Incluso aquellos que no aparecen nombrados en el libro le añadieron piezas vitales al puzle. También estoy en deuda con todas esas personas que me ayudaron a concertar entrevistas y visitas por todo el mundo. Mi gratitud especial va para Douglas Weston, María Teresa Latorre, Alonso Parra y Park Yong-Chui.

También deseo darles las gracias a mis padres, por haberme ayudado a acabar de darle forma al libro. Mi madre es una experta de la sintaxis y la gramática, y oigo su voz cada vez que me pongo delante del teclado. Como siempre, no obstante, mi más profundo agradecimiento va para Miranda France, *la fille qui m'accompagne*.

NOTAS

INTRODUCCIÓN

1. De la investigación realizada por Pharmacopoeia para su exposición «Cradle to Grave», Museo Británico, 2003.
2. Mann, Traci, Janet A. Tomiyama y otros, «Medicare's Search for Effective Obesity Treatments: Diets Are Not the Answer», *American Psychologist*, vol. 62, n.º 3, abril de 2007, pp. 220-223.
3. Hernández, Teri L., John M. Kittelson y otros, «Fat Redistribution Following Suction Lipectomy: Defense of Body Fat and Patterns of Restoration», *Obesity*, vol. 19, 2011, pp. 1.388-1.395.
4. National Survey on Drug Use and Health from the Office of Applied Studies, 2010.
5. A partir de un informe del National Institute on Drug Abuse (NIDA).
6. De *A Big Apple for Educators*, informe de Rand Corporation, 2011.
7. Gandolfi, Franco, «Unravelling Downsizing – What Do We Know about the Phenomenon?», *Review of International Comparative Management*, vol. 10, n.º 3, julio de 2009.
8. Cifras anuales recopiladas en 2012 por Sue Bridgewater, de la Warwick Business School for the League Managers Association.
9. Del diario de a bordo del *Apolo 13*, en <http://www.hq.nasa.gov/alsj/a13/a13.summary.html>.
10. De *Análisis de la misión del Apolo 13, audiencia ante el Comité de Ciencias Aeronáuticas y del Espacio*, Senado de Estados Unidos, 91.º congreso, 2.ª sesión, 30 de junio de 1970.

1. ¿POR QUÉ LA SOLUCIÓN RÁPIDA?

1. Chernev, Alexander, «The Diter's Paradox», *Journal of Consumer Psychology*, vol. 21, n.º 2, 2011, pp. 178-183.

2. Rousseau, Paul, «Death Denial», *Journal of Clinical Oncology*, vol. 21, n.º 9S, 1 de mayo de 2003, pp. 52-53.

3. Chigwedere, Pride y otros, «Estimating the Lost Benefits of Antiretroviral Drug Use in South Africa», *Journal of Acquired Immune Deficiency Syndromes*, vol. 49, n.º 4, diciembre de 2008, pp. 410-415.

4. Estudio anual de Booz & Company sobre la facturación entre altos ejecutivos, n.º 63, verano de 2011.

5. Ott, Adrian, «How Social Media Has Changed the Workplace», *Fast Company*, 11 de noviembre de 2010.

6. Entrevista con Daniel Kahneman en el programa *The Forum* de la BBC, emitido el 20 de noviembre de 2011.

7. A partir de un estudio de 2011 de AXA.

2. CONFESIÓN: LA MAGIA DE LOS ERRORES Y EL «MEA CULPA»

1. De «A Review of Flightcrew-Involved MajorAccidents of U.S. Air Carriers,1978 Through 1990», estudio de seguridad publicado en 1994 por la Junta de Seguridad Nacional de Estados Unidos.

2. A partir de un informe de 2011 realizado por Economist Intelligence Unit titulado «Proactive response – How mature financial services firms deal with troubled projects».

3. Surowiecki, James, *The Wisdom of Crowds*, Anchor, Nueva York, 2004, p. 205.

4. *Ibid.*, p. 218.

5. Todos los detalles de la campaña en: <http://www.pizzaturnaround.com/>.

6. Publicación en el blog y vídeo con las disculpas del vicepresidente sénior en post y <http://blog.fedex.designcdt.com/absolutely-positively-unacceptable>.

7. Whited, M. C. y otros, «The Influence of Forgiveness and Apology on Cardiovascular Reactivity and Recovery in Response to Mental Stress», *Journal of Behavioral Medicine*, vol. 33, n.º 4, agosto de 2010, pp. 293-304.

8. Van Dusen, Virgil y Alan Spies, «Professional Apology: Dilemma or Opportunity?», *American Journal of Pharmaceutical Education*, vol. 67, n.º 4, art. 114, 2003.

9. Gilovich, Thomas y Victoria Medvec Husted, «The Spotlight Effect in Social Judgment: An Egocentric Bias in Estimates of the Salience of One's Own Actions and Appearance», *Journal of Personality and Social Psychology*, vol. 78, n.º 2, 2000, pp. 211-222.

3. PENSÉMOSLO BIEN: «RECULER POUR MIEUX SAUTER»

1. Travaline, John M., Robert Ruchinskas y Gilbert E. D'Alonzo Jr., «Patient-Physician Communication:Why and How», *Journal of the American Osteopathic Association*, vol. 105, n.º 1, 1 de enero de 2005.
2. Extraído de «Councils urged to cut street clutter», dossier de prensa del Ministerio de Transportes del Reino Unido, 26 de agosto de 2010.
3. Claxton, Guy, *Hare Brain, Tortoise Mind: Why Intelligence Increases When You Think Less*, Fourth Estate, Londres, 1997, pp. 76-77.
4. Decker, Scott H. y Allen E. Wagner, «The Impact of Patrol Staffing on Police-Citizen Injuries and Dispositions», *Journal of Criminal Justice*, vol. 10, n.º 5, 1982, pp. 375-382. Véase también Wilson, Carlene, «Research on One-and Two-Person Patrols: Distinguishing Fact from Fiction», informe de la Unidad de Investigación de la Policía Nacional australiana n.º 94, julio de 1990.
5. Gunia, Brian y otros, «Contemplation and Conversation: Subtle Influences on Moral Decision Making», *Academy of Management Journal*, vol. 55, n.º 1, 2012, pp. 13-33.

4. PENSAMIENTO HOLÍSTICO: UNIR LOS PUNTOS

1. «Turning Around the Dropout Factories: Increasing the High School Graduation Rate», informe del Departamento de Educación de Estados Unidos, 2012.
2. Basado en la investigación de Erik Brynjolfsson, un experto en productividad de la Sloan School of Management del MIT.

5. PIENSE A LARGO PLAZO: ENCARE HOY EL MAÑANA

1. Adams, William, «Sentenced to Serving the Good Life in Norway», *Time*, 12 de julio de 2010. Wartna, Bouke y Laura Nijssen, «National Reconviction Rates: Making International Comparisons», *Criminology in Europe*, vol. 5, n.º 3, diciembre de 2006, p. 14.
2. Berg, M. y B. M. Huebner, «Reentry and the Ties that Bind: An Examination of Social Ties, Employment, and Recidivism», *Justice Quarterly*, vol. 28, n.º 2, 2010.
3. Downes, David y Kirsten Hansen, «Welfare and punishment: The relationship between welfare spending and imprisonment», informe de la Crime and Society Foundation, King's College, Londres, noviembre de 2006.
4. Pink, Daniel, *Drive: The Surprising Truth about What Motivates Us*, Canongate, Londres, 2010, p. 57.

5. Jennings, Marianne M., *Business Ethics, Case Studies and Selected Readings*, 6.ª ed., South-Western College, [s. l.], 2009, p. 505.
6. Breiter, Hans y otros, «Functional Imaging of Neural Responses to Expectancy and Experience of Monetary Gains and Losses», *Neuron*, vol. 30, mayo de 2001, pp. 619-639.
7. Estudio publicado en junio de 2009 por Bernd Irlenbusch, del Departamento de Dirección de Empersas de la London School of Economics.
8. Pink, Daniel, *Drive: The Surprising Truth about What Motivates Us*, Canongate, Londres, 2010, p. 45.

6. PIENSE EN LO PEQUEÑO: LOS DETALLES ÍNFIMOS
QUE MARCAN LA DIFERENCIA

1. De la página web oficial de Steinway & Son: <http://www.steinway.com/about/history/>.
2. Grauman, Brigid, «Madame Bovary Goes Interactive», *Prospect*, 4 de mayo de 2009.
3. Gladwell, Malcolm, «The Tweaker – The Real Genius of Steve Jobs», *New Yorker*, 14 de noviembre de 2011.
4. Bacon, Robert y otros, «Expenditure of Low-Income Households on Energy», *Industrias extractoras para el desarrollo*, vol. 16, Banco Mundial, [s. l.], 16 de junio de 2010.
5. Goldin, Claudia y Cecilia Rouse, «Orchestrating Impartiality:The Impact of "Blind" Auditions on Female Musicians», *American Economic Review*, vol. 90, n.º 4, septiembre de 2000, pp. 715-741.
6. Keizer, Kees, Siegwart Lindenberg y Linda Steg, «The Spreading of Disorder», *Science* 12, vol. 322, n.º 5.908, diciembre de 2008, pp. 1.681-1.685.
7. Gawande, Atul, «Top Athletes and Singers Have Coaches. Should You?», *New Yorker*, 3 de octubre de 2011.
8. Ganz, Jacob, «The Truth about Van Halen and Those Brown M&Ms», *The Record*, febrero de 2012.
9. Basado en entrevistas con el doctor J. Terrance Davis, el director médico asociado que puso en marcha el programa en el Nationwide Children's Hospital.

7. PREPÁRESE: ESTÉ LISTO PARA TODO

1. Gladwell, Malcolm, *Blink: The Power of Thinking without Thinking*, Allen Lane, Londres, 2006, pp. 4-8.
2. *Ibid.*, pp. 18-23.

3. Partnoy, Frank, *Wait:The Useful Art of Procrastination*, Profile, Londres, 2012, pp. 88-89.

4. Gladwell, Malcolm, *op. cit.*, p. 108.

5. De la Junta de Seguridad Nacional del Transporte de Estados Unidos, p. 305

6. Klein, Gary, *Sources of Power: How People Make Decisions*, MIT Press, Cambridge, Massachusetts, 1999, p. 163.

7. *Ibid.*, p. 4.

8. Leavitt, Jessica y Fred Leavitt, *Improving Medical Outcomes: The Psychology of Doctor-Patient Visits*, Rowman & Littlefield, Nueva York, 2011, p. 103.

9. Tetlock, Philip, *Expert Political Judgement: How Good is It? How Can We Know?*, Princeton University Press, Nueva Jersey, 2005.

10. Redelmeier, Donald A. y Simon D. Baxter, «Rainy Weather and Medical School Admission Interviews», *Canadian Medical Association Journal*, vol. 181, n.° 12, 8 de diciembre de 2009.

11. Danziger, Shai, Jonathan Levav y Liora Avnaim-Pesso, «Extraneous Factors in Judicial Decisions», *Proceedings of the National Academy of Sciences*, vol. 108, n.° 17, 2011, pp. 6.889-6.892.

12. «Unusual Suspects – How to Make Witnesses More Reliable», *The Economist*, 3 de marzo de 2012.

13. Gladwell, Malcolm, *op. cit.*, p. 225.

8. COLABORAR: CUATRO OJOS VEN MÁS QUE DOS

1. Root-Bernstein, Michele y Robert Root-Bernstein, «A Missing Piece in the Economic Stimulus: Hobbling Arts Hobbles Innovation», *Psychology Today*, 11 de febrero de 2209

2. Ridley, Matt, «From Phoenecia to Hayek to the "Cloud"», *Wall Street Journal*, 24 de septiembre de 2011.

3. Polman, Evan y Kyle J. Emich, «Decisions for Others Are More Creative than Decisions for the Self», *Personality and Social Psychology Bulletin*, vol. 37, n.° 4, febrero de 2011, pp. 492-501.

4. Tillem, Ivan L., *The Jewish Directory and Almanac*, vol. 1, Pacific Press, Nueva York, 1984, p. 271.

5. Breen, Bill, «The 6 Myths of Creativity», *Fast Company*, 19 de diciembre de 2007.

6. Sharp, Phillip A. y otros, «The Third Revolution:The Convergence of the Life Sciences, Physical Sciences, and Engineering», MIT, Washington, 2011.

7. Wuchty, Stefan, Benjamin F. Jones y Brian Uzzi, «The Increasing Domi-

nance of Teams in Production of Knowledge», *Sciencexpress*, 12 de abril de 2007.

8. Lee, Kyungjoon y otros, «Does Collocation Inform the Impact of Collaboration?», *Public Library of Science ONE*, vol. 5, n.º 12, 2010.

9. Lehrer, Jonah, «Groupthink: The Brainstorming Myth», *New Yorker*, 30 de enero de 2012.

9. «CROWDSOURCING»: LA SABIDURÍA DE LAS MASAS

1. Lista completa disponible en la página de la Asociación de la Lengua Alemana, <http://www.gfds.de/aktionen/wort-des-jahres/>.

2. Surowiecki, James, *The Wisdom of Crowds*, Random House, Nueva York, 2005, pp. xii-xiii.

3. *Ibid.*, pp. xx-xxi.

4. *Ibid.*, p. 276.

5. Basado en mi entrevista con Scott Page.

6. Para consultar la historia completa, véase Sobel, Dava, *Longitude: The True Story of a Lone Genius Who Solved the Greatest Scientific Problem of His Time*, Fourth Estate, Londres, 1998.

7. Jake Andraka ganó el primer puesto en la Intel International Science and Engineering Fair (Intel ISEF) de 2012, un programa de la Society for Science & the Public.

8. De la página web de la compañía, <https://www.collaborationjam.com/>.

9. «Innovation Prizes – And the Winner Is», *The Economist*, 5 de agosto de 2010.

10. «The Case for Letting Customers Design Your Products», *Inc. Magazine,* 20 de septiembre de 2011.

11. Basado en la entrevista con Ariel Ferreira, de Local Motors.

12. De una entrevista en *Business Week*, 25 de mayo de 1998.

13. Basado en DeMarco, Tom y Timothy Lister, «Coding War Games».

14. Cain, Susan, «The Rise of the New Groupthink», *The New York Times*, 13 de enero de 2012.

10. CATALIZAR: EL PRIMERO ENTRE IGUALES

1. Del *Environmental Outlook to 2030 Summary*, OCDE, 2008.

2. De un caso práctico del Proyecto Ciudades Sostenibles del Colegio de Arquitectos de Dinamarca.

3. Cohen, John, «Calming Traffic on Bogotá's Killing Streets», *Science*, vol. 319, n.º 8, febrero de 2008, pp. 742-743.

4. Cain, Alasdair y otros, «Applicability of Bogotá'sTransMilenio BRT

System to the United States», Federal Transit Administration, mayo de 2006, pp. 24-25.

5. See, Kelly E. y otros, «The Detrimental Effects of Power on Confidence, Advice Taking, and Accuracy», *Organizational Behavior and Human Decision Processes*, vol. 116, n.º 2, noviembre de 2011.

6. «What Makes a Leader?», *Harvard Business Review*, enero de 2004.

7. Bryant, Adam, «Google's Quest to Build a Better Boss», *The New York Times,* 12 de marzo de 2011.

8. Lansing, Alfred, *Endurance: Shackleton's Incredible Voyage to the Antarctic*, Phoenix, Londres, 2000.

11. DELEGAR: AUTOAYUDA (EN EL BUEN SENTIDO)

1. Roy, Debarati, «Coffee Speculation Inflates Price, Hurts Demand, Starbucks Says», *Bloomberg*, 18 de marzo de 2011.

2. Surowiecki, James, *The Wisdom of Crowds,* Random House, Nueva York, 2005, p. 71.

3. Fier, Don, «The Principle of Subsidiarity and the "Welfare State"», en CatholicCulture.org.

4. De «Model Growth: Do Employee-Owned Businesses Deliver Sustainable Performance?», informe de Cass Business School para John Lewis Group, 2010.

5. Surowiecki, James, *op. cit.*, p. 210.

6. Dion Haynes, V., «What Nurses Want», *The Washington Post*, 13 de septiembre de 2008.

7. Carlzan, Jan, *Moments of Truth, New Strategies for Today's Customer-Driven Economy*, Harper & Row, Nueva York, 1989.

8. Womack, James P., Daniel T. Jones y Daniel Roos, *The Machine That Changed theWorld: The Story of Lean Production*, Harper-Collins, Nueva York, 1991.

9. Surowiecki, James, *op. cit.*, p. 212.

10. «Kenya's Turkana Learns from Failed Fish Project», *Reuters*, abril de 2006.

11. Informe completo del Banco Mundial en <http://web.worldbank. org/ WBSITE/EXTERNAL/NEWS/0,,contentMDK:21447054~pagePK:64257043~piPK:437376~theSitePK:4607,00.html>.

12. Humphreys, Rowena, «Periodical Review of the Cash Transfers for Development Project», *Oxfam Great Britain in Vietnam,* diciembre de 2008.

13. Las cifras proporcionadas por Kiva hasta julio de 2012 eran de hasta el 98,98% de devoluciones sobre los 245.905.375 de dólares que se habían prestado.

14. Proporcionadas por Maija Gellin.

12. SENTIR: AJUSTAR EL TERMOSTATO EMOCIONAL

1. Harter, James K. y Frank L. Schmidt, «Causal Impact of Employee Work Perceptions on the Bottom Line of Organizations», *Perspectives on Psychological Science*, vol. 5, n.º 4, julio de 2010, pp. 378-389.

2. Bateson, Melissa, Daniel Nettle y Gilbert Roberts, «Cues of being watched enhance cooperation in a real-world setting», *Biology Letters*, 2, 2006, pp. 412-414.

3. Henderson, William Darryl, *Cohesion: The Human Element in Combat*, National Defense University Press, Washington, D. C., 1985, pp. 22-23.

4. De una columna en *Entrepreneur*, 20 de abril de 2011.

5. Gawande, Atul, *The Checklist Manifesto: How to Get Things Right*, Profile, Londres, 2010, p. 108.

6. Breen, Bill, «The 6 Myths of Creativity», *Fast Company*, 19 de diciembre de 2007.

13. JUGAR: RESOLVER LOS PROBLEMAS DE UNO EN UNO

1. Goñi Legaz, Salomé, Andrea Ollo López y Alberto Bayo Moriones, «The Division of Household Labour in Spanish Dual Earner Couples:Testing Three Theories», *Sex Roles*, vol. 63, n.ºs 7-8, 2010, pp. 515-529.

2. Thurston, Rebecca C. y otros, «Household Responsibilities, Income, and Ambulatory Blood Pressure Among Working Men and Women», *Psychosomatic Medicine*,vol. 73, n.º 2, febrero-marzo de 2011, pp. 200-205.

3. Sigle-Rushton, Wendy, «Men's Unpaid Work and Divorce: Reassessing Specialization and Trade in British Families», *Feminist Economics*, vol. 16, n.º 2, 2010, pp. 1-26.

4. McGonigal, Jane, *Reality Is Broken: Why Games Make Us Better and How They Can Transform the World*, Penguin, Nueva York, 2011, p. 6.

5. Basado en cifras de 2012 de la Entertainment Software Association.

6. Se pueden ver las últimas cifras en <http://mps-expenses.guardian.co.uk/>.

7. Bravata, Dena M. y otros, «Using Pedometers to Increase Physical Activity and Improve Health – A Systematic Review», *Journal of the American Medical Association*, vol. 298, n.º 19, 2007.

8. Informe completo del Proyecto Tidy Street en <http://www.changeproject.info/projects.html>.

9. «Adherence to Long-Term Therapies», informe del Banco Mundial, 2003. Osterberg, Lars y Terrence Blaschke, «Drug Therapy: Adherence to Medication», *New England Journal of Medicine*, vol. 353, n.º 5, 2005, p. 488.

10. Goetz, Thomas, «Harnessing the Power of Feedback Loops», *Wired*, 19 de junio de 2011.
11. McGonigal, Jane, *Reality is Broken: Why Games Make Us Better and How They Change the World*, Penguin, Nueva York, 2011, p. 63.
12. Del informe de 2003 de la OCDE titulado «Problem Solving for Tomorrow's World – First Measures of Cross Curricular Competencies from PISA».

14. EVOLUCIONAR: ¿YA HEMOS LLEGADO?

1. Todos los hechos y cifras relacionados con la enfermedad de Chagas se basan en documentos y comentarios proporcionados por Alonso Parra Garcés, director de la Oficina de Zoonosis y Vectores del Ministerio de Salud de Chile.
2. Todas las cifras internacionales son de Pedro Albajar Viñas, experto en Chagas de la Organización Mundial de la Salud en Ginebra.
3. Gottman, John, en *The Seven Principles for Making Marriage Work*, Orion, Londres, 2007.
4. Fishman, Charles, «This is a Marketing Revolution», *Fast Company*, 30 de abril de 1999.
5. Goldman, David, «Ex-Google Employee Says Google+ Has Ruined the Company», *CNNMoney Tech*, 14 de marzo de 2012.
6. Harford, Tim, «Positive Black Swans», *Slate*, 17 de mayo de 2011.

CONCLUSIÓN

1. De un informe de Gary Gardner, del Worldwatch Institute.
2. Más detalles en <http://longnow.org/clock/>.
3. Honoré, Carl, *In Praise of Slow*, Orion, Londres, 2004. También se pueden visitar las páginas <www.carlhonore.com> y <www.slowplanet.com>. [Hay trad. cast.: *Elogio de la lentitud*, RBA, Barcelona, 2011.]
4. Partnoy, Frank, *Wait: The Useful Art of Procrastination*, Profile, Londres, 2012, pp. 99-100.

BIBLIOGRAFÍA

Leo muchos libros, blogs, artículos y estudios académicos para mi investigación sobre el arte de la resolución de problemas. Aquí hay algunos que son muy interesantes.

BUTLER-BOWDON, TOM, *Never Too Late To Be Great: The Power of Thinking Long*, Virgin Books, Londres, 2012.

CAIN, SUSAN, *Quiet: The Power of Introverts in a World That Can't Stop Talking*, Viking, Londres, 2012.

CHANG, RICHARD Y. y KEITH KELLY, *Step-By-Step Problem Solving: A Practical Guide to Ensure Problems Get (And Stay) Solved*, Richard Chang Associates, Irvine, 1993.

COLLINS, JIM, *Good to Great: Why Some Companies Make the Leap ... and Others Don't*, Random House, Londres, 2001. [Hay trad. cast.: *Empresas que sobresalen: Por qué unas sí pueden mejorar la rentabilidad y otras no*, Gestión 2000, 2006.]

—, *Good to Great and the Social Sectors*, Random House, Londres, 2006.

EDWARDS, DAVID, *Artscience: Creativity in the Post-Google Generation*, Harvard University Press, Cambridge (Massachusetts), 2008.

—, *The Lab: Creativity and Culture*, Harvard University Press, Cambridge (Massachusetts), 2010.

FRAENKEL, PETER, *SyncYour Relationship: Save Your Marriage*, Palgrave MacMillan, Nueva York, 2011.

GAWANDE, ATUL, *The Checklist Manifesto: How to Get Things Right*, Profile, Londres, 2010. [Hay trad. cast.: *El efecto checklist: Cómo una simple lista de comprobación elimina errores y salva vidas,* Antoni Bosch, Barcelona, 2011.]

GLADWELL, MALCOLM, *Blink: The Power of Thinking without Thinking*, Allen Lane, Londres, 2006. [Hay trad. cast.: *Blink: el poder de pensar sin pensar*, Taurus, Barcelona, 2005.]

—, *Outliers: The Story of Success*, Allen Lane, Londres, 2008. [Hay trad. cast.: *Fueras de serie: por qué unas personas tienen éxito y otras no*, Taurus, Barcelona, 2009.]

HEATH, CHIP y DAN CHIP, *Made to Stick: Why Some Ideas Survive and Others Die*, Random House, Nueva York, 2007.

HEWITT, BEN, *The Town That Food Saved: How One Community Found Vitality in Local Food*, Rodale, Nueva York, 2009.

HOWE, JEFF, *Crowdsourcing: How the Power of the Crowd Is Driving the Future of Business*, Random House, Londres, 2008.

JOHNSON, STEVEN, *Where Good Ideas Come From:The Natural History of Innovation*, Allen Lane, Londres, 2010. [Hay trad. cast.: *Las buenas ideas: Una historia natural de la innovación*, Turner, Barcelona, 2011.]

JONES, MORGAN D., *The Thinker's Toolkit: 14 Powerful Techniques for Problem Solving*, Three Rivers Press, Nueva York, 1995.

KAY, JOHN, *Obliquity: Why Our Goals Are Best Achieved Indirectly*, Profile, Londres, 2010.

— , *The Hare and The Tortoise: An Informal Guide to Business Strategy*, Erasmus, Londres, 2010.

KLEIN, GARY, *Sources of Power: How People Make Decisions*, MIT Press, Cambridge (Massachusetts), 1999.

MCGONIGAL, JANE, *Reality Is Broken: Why Games Make Us Better and How They Can Transform the World*, Penguin, Nueva York, 2011.

MICKLUS, SAM, *The Spirit of Creativity*, Creative Competitions, Sewell, 2006.

NEUSTADT, RICHARD E. y ERNEST R. MAY, *Thinking in Time: The Uses of History for Decision Makers*, Free Press, Nueva York, 1986.

PARTNOY, FRANK, *Wait: The Useful Art of Procrastination*, Profile, Londres, 2012.

PINK, DANIEL, *Drive: The Surprising Truth about What Motivates Us*, Canongate, Londres, 2010. [Hay trad. cast.: *La sorprendente verdad sobre qué nos motiva*, Gestión 2000, Barcelona, 2010.]

RIDLEY, MATT, *The Rational Optimist*, Fourth Estate, Londres, 2010.

ROAM, DAN, *The Back of the Napkin: Solving Problems and Selling Ideas with Pictures*, Marshall Cavendish, Londres, 2009.

ROBERTSON, IAN S., *Problem Solving*, Psychology Press, Hove, 2001.

ROSENBERG, TINA, *Join the Club: How Peer Pressure Can Transform the World*, W.W. Norton and Company, Nueva York, 2011.

SCHULZ, KATHRYN, *Being Wrong: Adventures in the Margin of Error*, Portobello, Londres, 2010.

SHIRKY, CLAY, *Here Comes Everybody: How Change Happens When People Come Together*, Allen Lane, Londres, 2008.

SILARD, ANTHONY, *The Connection: Link Your Deepest Passion, Purpose and Actions to Make a Difference in the World.*, Atria Books/Beyond Words, Nueva York, 2012.

STEEL, PIERS, *The Procrastination Equation, How to Stop Putting Things Off and Start Getting Things Done*, Pearson Education, Harlow, 2011.

SUROWIECKI, JAMES, *The Wisdom of Crowds*, Anchor, Nueva York, 2004. [Hay trad. cast.: *Cien mejor que uno: La sabiduría de la multitud o por qué la mayoría es más inteligente que la minoría*, Urano, Barcelona, 2005.]

THALER, RICHARD H. y CARL R. SUNSTEIN, *Nudge: Improving Decisions about Health, Wealth and Happiness*, Penguin, Londres, 2008.

WATANABE, KEN, *Problem Solving 101: A Simple Book for Smart People*, Penguin, Nueva York, 2009. [Hay trad. cast.: *¡Resuélvelo! Un método simple para solucionar problemas*, Empresa Activa, Barcelona, 2009.]

WHYBROW, PETER, *American Mania: When More Is Not Enough*, W.W. Norton and Company, Londres, 2005.

ÍNDICE ONOMÁSTICO Y DE MATERIAS

153.43 HON Spanish

Honore, Carl.
La lentitud como mtodo
: como ser eficaz y

09/04/20